U0017091

INVESTED
投資心智

邁向財務自由的十二則練習
風靡全美的人生增值術

How Warren Buffett and Charlie Munger Taught Me to Master My Mind,
My Emotions, and My Money

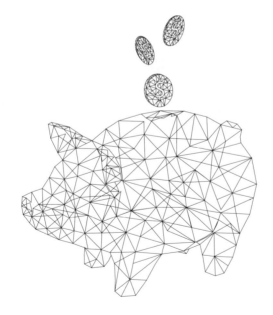

丹妮爾・湯恩
Danielle Town

菲爾・湯恩
Phil Town

著

朱崇旻──譯

給我們一家

推薦序

Marra（IG「好好理財」主編）

在我開始經營好好理財，撰寫理財文章累積了十萬追蹤者以前，我曾經聽信身邊朋友的推薦，交易期貨、選擇權，就為了實現朋友所說的「一天就賺一個月薪水」。

期貨、選擇權是風險相對於股票更高的衍生性金融商品，交易者可以利用資金槓桿，透過超低的本金就獲得巨額的利潤，因此吸引許多想要快速致富的投機者。但這個商品也有一個致命的風險，當行情看錯時，在短短的幾小時就可以把本金全部賠光。

我一心只想賺錢，沒有具體的計畫，導致自己逐利過頭，再追高殺低的過程中，做了多次慌亂且錯誤的決定，因此把剛出社會辛苦賺來的錢全部賠光了。

痛定思痛後，我開始尋求老實的投資方式，研究了巴菲特、約翰・伯格、查理・孟格等投資大師的書籍，並發現，大師們都有一個共同特點，讓他們能夠打敗市場上 99% 的人的，那就是他們強大的「投資心智」。

在《投資心智：邁向財務自由的十二則練習，風靡全美的

人生增值術》這本書中，作者丹妮爾，一名被工作壓得喘不過氣的律師，透過跟父親菲爾於每個月進行投資上的重點練習，在一年內打造出個人的投資心智。這位父親自己在年輕的時候，靠著研究巴菲特、葛拉漢等價值投資者獲得投資的知識，達到了財富自由，也將個人理財經驗出書，並獲得廣大讀者迴響。

在這對父女進行理財練習的一開始，父親菲爾就告訴丹妮爾，關於投資的第一原則就是：不要賠錢！

這勾起了我當初慘賠的痛苦回憶，不禁自覺，如果當初我在商學院時，有人可以告訴我這個最重要的原則，我就可以免於這段可怕經歷了。也因此認為，本書絕對有可看之處，因為在一起頭就講出了投資中最重要的就是控制風險。

而本書的 12 個練習中，每一個練習都如同起頭的第一原則般，抓緊了價值投資的精髓。菲爾將他研究巴菲特及其夥伴查理孟格畢生的投資筆記，濃縮在裡頭，讓在讀書的你我，都能跟著丹妮爾新手投資的視角，透過 12 個練習學會價值投資的精髓，並鍛鍊出投資心智。

達到財務自由的四個要素

很多人都想要財務自由，卻不知道該如何開始、如何下手。

本書提到，要達到財務自由必須考慮的四個要素：（1）每年最低開銷；（2）還剩幾年可以投資；（3）可以投資的金額；（4）投資的目標利率。這幾個項目與我製作給理財新手的投

資計畫表內容不謀而合。

　　要達到財務自由，整體而言就是花最少的錢，把存下來的錢拿去投資最可能穩定獲利的項目。

　　具體要計畫的話，其實就是控制上述提及的四個要素，掌握自己的開銷、認清越早開始理財越好，並且將可以投資的金額放到能夠產生你想要的報酬的商品，以求達成財務目標。

　　要透過投資達到財務目標，菲爾提到，可以將投資的能力分成四個層級，最高的層級就是無意識的有能（Unconscious Competence）。就像厲害的運動員上場可以自然而然地做出難度超高的動作般，我們應該追求自己在投資的領域，透過不斷練習達到這個階段，就可以跟巴菲特一樣花十分鐘就能決定要不要投資一間公司。

　　到達這種程度，自由便唾手可得。

能力圈

　　「為什麼投資賺錢那麼難？」這個是我常常被問到的問題，而這往往也是讓大家放棄投資最重要的原因。

　　因為有關投資方法的種類、股票、產業要學習的知識太多了，導致我們在還沒完整了解公司的全貌時，就進去投資了。

　　知識不足，導致人云亦云，別人說賣我們就賣，別人說買我們就買，所以就買在高點、賣在低點，因為我們沒有比別人了解更多，當然就跟一般小散戶做出一樣的選擇，最後就是被主力給甩到外太空去了。

作者建議我們，應該選擇自己能力圈裡面的標的，這個能力圈為三個圓的交集，分別為：（1）你喜歡什麼；（2）你從哪裡賺錢；（3）你願意把錢花在哪裡。找出這三者的交集，就是你所能掌握的。

巴菲特說：「不要買自己不懂的股票。」

他也是能力圈的最佳表率，透過持有可口可樂公司 31 年，為他帶來 10 倍以上的獲利，就是因為，一來他喜歡喝可樂，二來食品產業是他能力範圍內可以分析的。

不要害怕自己不懂複雜的產業，因為就連股神也只投資自己所能理解的公司，與其追求看起來很聰明，不如掌握自己能力圈內所能做到的，因為簡單的事情，做起來容易，也容易持續，更容易從中找到錯誤。

寫下投資故事並翻轉

我還記得自己在買入人生的第一張股票後，整天提心吊膽看著盤，只要價格有一些變動，就會開始害怕會不會大跌、要不要賣出。吃飯的時候盯盤、上班的時候也會忍不住想看，並且時不時都要滑一下新聞，看有沒有關於這間公司的最新財經動態。

書中作者給了一個很好的建議，讓我們可以免於這種沒有意義的狀態，因為過多的情緒都不會對投資有所幫助，唯一有幫助的是一顆冷靜的腦袋，讓我們能在不同情境中正確地分析。

　　在丹妮爾準備要開始投資第一筆公司之前，菲爾鼓勵她要寫下「買入這間公司的故事」，這個故事必須包含：公司有哪些部分符合投資原則、值得投資最重要的三個理由，以及曾經影響公司賺錢能力的重大事件。

　　寫完這個故事以後，還必須試著翻轉故事，把投資的三個理由翻轉成不買的三個理由，因為如果翻轉成功，就是出脫公司的好時機。

　　有了這份故事，在投資慌張的時候就能夠拿出來告訴自己，別擔心，當故事走向翻轉時，才是賣出的好時機。

　　看完這本書後，你將會發現，投資並沒有想像的那麼難。透過本書的 12 個練習，我們將在自己的能力圈底下，用作者簡單的舉例，寫下自己的投資故事，並有機會藉此翻轉人生。

5 推薦序　**Marra**

15 在我們開始之前

19 前言：如何使用這本書

23 **1** 月──**學會勇敢**
　○ 本月待辦：
　華倫・巴菲特與價值投資／投資第一定律／
　通貨膨脹／我的投資計畫
　○ 1 月的練習

61 **2** 月──**認識你的數值**
　○ 本月待辦：
　股市入門課／棄權的口味／計算我的數值／
　股市之外的投資選項／ MARO ──真心感激
　○ 2 月的練習

97 **3** 月──**用我的錢票選使命**
　○ 本月待辦：
　打造我的投資辦公室／企業入門課／
　尋找使命／一家公司的故事
　○ 3 月的練習

121 **4** 月──**價值投資的第一原則**
　○ 本月待辦：
　事件／了解一間公司／能力圈與三圓習題／
　大師／投資密集訓練
　○ 4 月的練習

163 **5 月──查理的護城河與企業經營**

　◯ 本月待辦：

　護城河／四大數值與成長率／

　偏差成長率／企業經營／

　查理的前三大原則核對清單

　◯ 5 月的練習

197 **6 月──和能力周旋**

　◯ 本月待辦：

　願望清單／夢幻投資／證券戶基礎班／

　家族金錢觀

　◯ 6 月的練習

233 **7 月──查理的第四原則：價格**

　◯ 本月待辦：

　用全公司數值定價／十資定價法／

　業主盈餘／投資回收期定價法／

　自由現金流公式／偏差成長率

　◯ 7 月的練習

271 **8 月──查理的第四原則：估價**

　◯ 本月待辦：

　安全邊際估價法

　◯ 8 月的練習

295 **9** 月—— **翻轉故事**
　　○ 本月待辦：
　　昂貴的錯誤清單／寫故事／
　　翻轉故事／練習買股票
　　○ 9 月的練習

327 **10** 月—— **編組抗跌投資組合**
　　○ 本月待辦：
　　打造抗跌投資組合／寫下願望清單買入計畫／
　　份額／準備在事件發生時管理情緒
　　○ 10 月的練習

349 **11** 月—— **何時脫手**
　　○ 本月待辦：
　　計算降低基本額／判定脫手時機
　　○ 11 月的練習

377 **12** 月—— **感激的生活**
　　○ 本月待辦：
　　投資實踐清單／ MARO ——真心感激
　　○ 12 月的練習

393 結語

397 後記

401 投資實踐計畫實用資源

405 附錄

414 致謝

在我們開始之前

假如你是完美父母，那歡迎盡情批評我，否則請給我一點同情——你要知道，這本書之所以誕生，是因為我過去沒能將自己的看家本領教給女兒。不曉得你有沒有聽過以前那些故事，鞋匠的小孩沒鞋穿、農夫的小孩沒牛奶喝，而這本書一部分是在說，投資者的小孩不會投資。

別這樣，這也不是我的錯，從我女兒丹妮爾數學夠好（可能是小學四年級吧）開始，我就想教她投資理財，因為我從1980年開始投資，到2006年寫了第一本書——《有錢人就做這件事》——之後我也成為投資理財教師。事情其實很簡單：我希望丹妮爾能過得快樂，而有足夠的錢做她想做的事，就是快樂的一環。

我知道我必須自己教她，因為除了偶爾幾本書與我教授的課程之外，沒有人將真正的投資當成可行的理財策略在教。人們常把資金分散和持有當作投資，但實際上那漂亮的包裝裡頭不過是投機買賣，每年讓華爾街那些騙子和滿口讒言的財務顧問賺上 1,000 億元 [1]。買賣你不了解的股票和債券稱不上投資。

---

1. 譯註：全書單位皆為美元。

華倫・巴菲特（Warren Buffett）說過，投資是買入能製造遠低於自身價值的現金流量的資產，例如用 5 塊錢買 1 張 10 元鈔票。換句話說，真正的投資，是用你購買資產的價錢與買下的現金流量價差，儘可能確保你會賺錢；其他的都叫作投機買賣。

除了投資以外，我也希望丹妮爾能學會換汽車輪胎，理由也同樣顯而易見。她兩種技能都不想學。

但後來她拿到第四張學位文憑，畢業後找到工作與公寓，一切都變了。她突然得面對繳稅、學貸與抵押貸款，也赫然發現即使是在優秀的事務所工作、賺不少錢的律師也很難存到錢。她終於動筆計算，發覺自己除非要當一輩子的薪資奴隸，不投資的話幾乎不可能存到夠她做選擇的一筆錢。

她問我該怎麼辦，我把我寫的兩本書給她讀。她讀完（算是讀完了）以後告訴我，那種書是寫給已經想學投資的人看的，她不想學投資，只想讓問題消失。就這樣，她踏上了一場學習理財的旅程，也就是這本書。

丹妮爾想了幾週，最後得到結論：如果連她都能對投資產生興趣、學會投資，那誰都做得到。她提議錄製播客，記錄我們關於投資理財的對話，而這次實驗的小白鼠就是她自己。我打從心底相信播客計畫只會以災難收場——導師的想法動不動就被他聰明又對投資存疑的女兒引爆，哪有人想聽這種投資播客？結果想聽這種東西的人多得出奇。我們的播客持續在商業理財類名列前茅，聽眾的來信也源源不絕。

　　顯然有很多人直覺地喜歡丹妮爾經典的英雄冒險故事，跟隨她探索未知的瘋狂世界，認識這個輸可能是贏、盟友可能是敵人的投資世界。我再怎麼努力也沒辦法逼她喜歡上投資，幸好她能自己找到投資的熱情，身為有理念的資本主義者，「票選」她重視的事物。我沒想過她會如此害怕犯錯、害怕虧錢，因為我在投資時從沒感受到這樣的恐懼，這也是我第一次將這份恐懼惦記於心。身為越戰老兵，我的態度向來是：「又沒有人對我開槍，有什麼好怕的？」所以過一段時間我才肯相信，丹妮爾不願意投資真的是恐懼的緣故。明白這一點之後，我終於能體會數千、數萬個和丹妮爾一樣非常想管理自己的財政未來，卻遲遲不敢跨出第一步的人是什麼心情。丹妮爾用自己的方式面對恐懼、打敗了壞蛋，現在她帶著希望之光與通往勝利的地圖回來了。

　　現在是勝利的時刻。這不僅是用錢投下符合自己價值觀的選票之刻，還是學會面對股災、不再害怕賠錢的好時機。現在股市生機蓬勃，不過包括我在內，一些經濟學者和投資者認為美國很快又會進入經濟與市場的衰退期。大部分的人以為衰退期不適合投資，但事實恰恰相反，這反而是低價買下好公司的大好時機。我的任務是幫助人們認識今天的市場，教大家不論市場成長與否、哪裡有戰爭、哪個總統上任、媒體與投資大師怎麼說，一樣收穫龐大的經濟利益。

　　這本書是我們得到的解答。投資者的小孩終於開始投資，為未來做足了準備。接下來，該教她怎麼換汽車輪胎了。

菲爾·湯恩

前言：如何使用這本書

我對投資有點反感。

一聽到「個人理財與投資」，我腦中就浮現一條漫長、漆黑的小徑，路上到處是濃濃灰霧、各種數字和飄在混亂空間中的資產負債表。有些人很幸運，似乎能輕鬆地在迷霧中找到正確的路，但是我很久以前就放棄了。我從小就不擅長算數，數字每次都在腦海中悠游，捕捉它們、強迫它們聽話的過程一點也不好玩。結果……我寫了這本書，記錄自己從理財白痴變成受過教育的投資者的冒險旅程。我竟然會寫一本個人理財與投資成功的書，連我自己都很驚訝。

如果我都做得到，那絕對沒有人做不到。

這一路上，我學會自己投資，從我爸、查理‧孟格與華倫‧巴菲特身上學到「第一定律投資法」（這個詞彙就是巴菲特發明的）。我學到投資的理論、策略與實踐方法，還自行添加最關鍵的要素──等投資不再是新奇的體驗時，這個要素能讓我繼續做下去，那就是用我的錢投資自己支持的使命。

我們為什麼要學投資、學這種投資法？光是根據自己的價值觀分配自己的錢財、支持值得你投資的公司，就是很有說服力的理由了──這種方法等同用自己的錢投資自己想要的未

來。我發現，如果要用自己的錢票選我支持的價值觀，那就必須克服惰性與恐懼，親自動手做。

　　這本書很大一部分是在講恐懼：我對付恐懼的方法，以及股市裡其他人如何在恐懼的驅使下行動。「用自己的錢票選使命」這種理念激起了我對投資的熱情，但我還是不敢踏進重重迷霧。包括我爸在內，有不少經濟學家和投資者相信美國又即將進入經濟與市場衰退的低潮期，但我也學到了投資的一大關鍵，學會用自己的恐懼辨識其他投資者的驚慌，利用他們的恐懼在市場上賺錢。接下來閱讀這本書時，請不要忽視自己的恐懼——謹慎並不是壞事——但也請不要忽視恐懼帶來的力量。

　　舉例而言，我經歷過 2008 年金融危機，因此對投資怕得要命。我後來學到，金融危機是經濟循環中自然的現象，無論我喜不喜歡，這種事情就是會發生，我們無法避免市場自然的衰退。我也學到，金融危機乍看之下很危險，實際上卻是我們以超低價買下好公司、躍向財務自由的良機，就像是以專櫃價的半價買到名牌衣服。這些知識幫助我了解心中的恐懼，也幫助我控制它，我因此能從財務方面改變人生。

　　我和我爸制定了所有人——不管年紀多大、收入多少、工作是什麼、數學好不好——都能每個月一步步實行、一步步學會的投資實踐計畫（Investing Practice）。為時 1 年的計畫中，每個月都有明確的主題，還有相應的行動細節與練習方法，大部分的小任務都不用花太多時間，而在練習查資料的月分，你可能得稍微努力一些。你和我一樣，我們的時間有限，而且非

常寶貴。這篇實踐計畫是為我們這些全職工作者而定，我也知道在工作之餘撥空完成平時的雜事很辛苦，我們的投資實踐計畫可以融入你的生活，不會降低你的生活品質。別忘了，這是你的實踐計畫，你可以把它調整成適合自己的形式。

　　這本書是我自己的經驗，每個人的處境與個性不同，發生在你我身上的事情也不會一樣，你的投資實踐計畫和實施結果自然也獨一無二。俗話說「熟能生巧」，但我們不可能透過練習變成完人，即使我們的方法不同，這也是一種美好。別盲目地照我的路線走，多注意自己的狀態，哪些部分對你來說比較簡單、哪些部分比較困難，了解自己的長處短處，應該會對你的投資實踐計畫有用得多。

　　把我的經驗當作晴雨表，評估你自己的財政狀況，也請善用這本書中提供的投資算式、清單與量表。站穩腳步之後，用這項計畫實現你的夢想吧！把它化為己用，你就能得到一輩子受用的強大技能，沒有任何人能奪走這份能力。希望它能讓你以不同的心態看待金錢——它將不再是用以達成目的的手段，而是快樂與自由的來源。

　　「快樂不見得會帶來快樂的感覺。」葛瑞琴・魯賓在《過得還不錯的一年》中如此寫道。每天剔牙或整理書架是小任務、小目標，在實踐的當下也許並不會感到快樂。但在財務自由這種能改變人生的方面，我的看法不太一樣。學習投資的過程中，我確實創造了我要的人生，因此打從心底感到快樂，那是一種熱情、宏大且自由的快樂。希望你的投資實踐計畫能大

獲成功，帶給你感覺很快樂的快樂。

那麼，我們開始吧。

學會勇敢

本月待辦

- ◯ 華倫・巴菲特與價值投資
- ◯ 投資第一定律
- ◯ 通貨膨脹
- ◯ 我的投資計畫

JANUARY

又熬過了漫長難耐的一週，星期五一晚的睡眠只能勉強磨去疲憊的毛邊。我不確定上回從辦公桌抬起頭是幾個月前的事了，只知道那天早上，我終於想起辦公室外面還存在著一個花花世界。

我是科羅拉多州博得市一間國際法律事務所的資淺律師，和其他許多在事務所工作的律師一樣，以為讀大學、讀研究所、讀法學院，然後在法律事務所拚命工作，就是為自己的財務未來做了「聰明」的安排。畢業自紐約大學法學院（New York University School of Law）之後，我刻意無視紐約那些血汗工廠般的事務所，回到洛磯山脈的老家，投入科羅拉多州「注重生活品質」的法律事務所的懷抱。我找到自己夢寐以求的工作，在博得市創新風潮鼎盛的創業界，從事創業資本與新創法律相關的業務，不過仍對專業法律工作心懷憧憬的我，最後還是進了一間工時和紐約差不多的大型事務所。我付出每週工作80 小時與肩負龐大壓力的代價，學到非常多東西。

然而，觀察那些職場上的高位者時，我漸漸發現等在前頭的獎勵是更長的工時、更多壓力，還有繼續依賴薪水的生活模式，這是條永無止境的道路。我以為投資在自己身上，但實際上，我投資的是一台終生保固的跑步機。

這份薪水不值得。當律師賺的錢夠我過上好生活，但我沒時間過好生活啊。我想感受生活的熱情，想要一早醒來對新的一天充滿期待。事務所的資深合夥律師累積了多年經驗，到現在仍還在跑步機上——我發現，這不是我要的生活。

　　我沒辦法在法律工作中找到快樂，但我也知道不顧金錢問題只顧尋求快樂太不切實際了。老實說，金錢能買到一種特殊的快樂，它能讓一個每天從清晨 6 點工作到半夜的律師買到自由，它能在好學區買到一棟房子，它能讓半夜醒來滿腦子是醫藥費、學貸與抵押貸款的人買到安心，它還能買到時間、經驗與人生選擇，例如一輛保時捷 911 與駕駛它的時間。隨心所欲的能力感覺不只是快樂——甚至感覺像幸福、像最純粹的自由。

　　那天早上，我望向窗外的冷天，心中完全沒有幸福的感覺。再怎麼喜歡身邊的同事和法律工作，過勞造成的痛苦終有一天會大過經驗與薪水的好處，讓這份工作變得不值得。

　　我病了，從大約 2 年前就消化不良，還開始在莫名其妙的時間點嘔吐；我有時會突然高燒 24 小時，不然就是走出辦公室時有種頭部被重擊的暈眩感。我得了扁桃腺炎，然後又得了一次、又一次、又一次。我盡量不讓同事看到這些症狀，卻藏得不是很好。吃藥控制嘔吐的症狀時，醫師柔聲告訴我，這些病症多半是壓力造成的。「我不覺得壓力大啊，我感覺很正常。」我無比認真地告訴她。那時候，我還不知道自己心目中的「正常」並不正常。

　　我早該發現身體這些反應是宇宙的警告，我離生命的目標——古印度文獻中所謂生命之「法」（dharma）——越來越遠了。活在自己的「法」中，應該和隨著平穩的河流漂蕩一樣輕鬆自在，河流總是直線前進，直到不得不轉彎才會改變方向，

這表示你面對的方向可能不是最終目的地——我們所有人都在生命的河中「之」字形前進，尋找水流的方向。

　　然而我不是在之字形前進，而是在波濤洶湧的流域賣命，一次次被水流沖往河岸，就連呼吸與浮在水面都是掙扎。我都忘了平穩的水流就在一旁，只要稍微改變方向就能輕鬆許多。

　　我逆流游了這麼久，都把這份辛苦當成自然狀態了。我的工作生活平衡協調能力是特別差沒錯，但幾乎被壓力壓垮的不只我一個人，大多數 30 多歲的朋友也在類似的環境下工作，每日與類似的龐大壓力為伍。一個律師朋友在睡眠不足的數月後，搭飛機出國出差時突然發生小中風。還有一個朋友維持了數月的高強度、長時間工作後，終於「油盡燈枯」，眼前開始冒出黑點，甚至連怎麼回家也不記得了。還有一個朋友因壓力過大而生了胃病，嚴重到兩度住院。我認識的人當中，至少有三人必須每週接受針灸治療，否則無法工作。過勞與壓力過大不只是我這代人的毛病，還有個朋友的父親在知名科技公司擔任高層主管，他是同職等員工中唯一一個撐到完全取得股票選擇權的人——其他主管不是因健康出問題離職，就是已經去世了。朋友告訴我這件事的時候，她說父親是「唯一活到最後的人」。

　　造成巨大壓力、足以改變人生的，當然不只有工作。我認識的一對夫妻忙著帶小孩與工作，因此嚴重睡眠不足，為了避免吵架，他們幾乎不再交談了。另一個朋友的未婚夫和她分手，她一夕間失去了愛人、未來與家，只能手忙腳亂地找個自

己租得起又能快速入住的棲身之處。我們無法單靠金錢解決這些問題，但它絕對買得到幫手——保母、搬家工、保證金——也稍微令人放心。

所有人都累得要命，但因為過勞的情形太過普遍，我們以為這才是正常。在職場上「挺身而進」被視為至高無上的道德，但就連該理念的提倡者雪柔・桑德伯格（Sheryl Sandberg）也在近期表示，她之前沒真正理解在家中得不到安寧時，在職場上成功有多麼困難 [1]。之所以不停在跑步機上奔跑，是因為這份挑戰能滿足我們的野心，而且一旦停下來，也許就找不到其他能用以償還學貸的跑步機了。

話雖如此，當時的我還是深信自己能撐下去。我的工作也有正面的部分，我最喜歡支持滿腦子新想法的客戶了，和機敏、務實又善良的同仁共事也是一大樂趣。問題是，後來連我的家人也開始連帶受苦，我終於忍不下去了。

我多次取消和爸媽與妹妹共度耶誕節的計畫，將假期用在加班，後來家人不再期望我露面，甚至不再邀我一同過節。反正所有人都知道我去不成，何苦一再自欺欺人呢？我們家重視努力與野心，他們也都懂，不過他們對我的擔憂日益加劇，最近甚至開始意有所指地告訴我，這種生活無法長久，沒有任何工作值得我賠上健康。那個 1 月早晨，我反覆思索，意識到自己應該保護家人才對，怎麼能一直傷害他們呢？

---

1. Sheryl Sandberg, Facebook post, May 6, 2016。

　　但我還有學貸和抵押貸款沒繳完，還不能放棄跑步機，而且我深愛律師工作的許多層面，還是放不下這份工作。

　　我打了通電話給大學時期最要好的朋友之一：卡瑪拉（Kamala）。「小卡，我已經不知道該怎麼辦了，再這樣下去我真的不曉得還能撐多久。」

　　她嘆息一聲。「我也是。我每天早上上班前都會寫一點東西，可是怎麼寫都不滿意。」卡瑪拉是才華洋溢的小說家，每天清晨 5 點鐘起床寫她的第二本書，還得兼顧自己的行銷正職。她的無限潛力，正漸漸埋沒在紐約市昂貴的房租下。「我一天到晚都累得要命，根本擠不出創意，每次想像接下來幾年，我都會想：就這樣了嗎？我要繼續掙扎下去嗎？這就是人生嗎？」

　　「不是。」我替她回答。「不行，妳明明是很有天分的作家，怎麼可以一輩子困在那種沒前途的工作？這不可能是妳人生故事的結局。」

　　「妳也是。我覺得答案很清楚，妳一定要離開那個地方，重點是那之後要怎麼解決錢的問題。」

　　「事情沒那麼簡單啊。」我還沒辦法下定決心。「我還很愛這份工作，但老實說，要做這份工作就是得像現在一樣拚命。」

　　「今年是我們改變人生的 1 年。」卡瑪堅定地說。「我們不能再這樣下去了，這種生活太……沒意義了。」

　　「好嘛。」我不情願地同意道。「好嘛」是卡瑪拉大學時

期愛用的說法，意思是「我同意，不過還是感覺很勉強」。「我實在不知道要怎麼改變人生，但我會盡量想辦法。」

「我也是。」她宣布。「說不定宇宙會發生什麼騷動，發生一些變化。」

我知道糾結不已的絕不只有我和卡瑪拉兩個人，我這一群朋友從小生長在經濟狀況不一的家庭，現在在各行各業工作，但我們經常聊到共同的夢想：在正式戴金錶、打高爾夫球、過退休生活前，賺到足以隨心所欲、快樂度日的一筆錢（前提是世界上還存在這種夢幻人生）。「財務自由」的意思，也許是銀行戶頭裡的錢足以讓我們的生活多一分彈性──讓我們繼續從事自己深愛的低薪工作，並兼顧養家的責任、兼職工作、負擔可靠又可信的兒童照顧服務、離開靠薪水度日的生活並創立非營利組織、搬到比較安全的社區、旅遊，甚至只是在末日來臨前存一些預備金。這一分彈性，能讓我們過上我們該過、想過的生活。此外，還有一個終極目標：在正式退休前到達不必為錢煩惱的境界，甚至在那之前存到夠多錢，當錢不再是問題，我們就真的能永遠從事自己愛的工作了。這就是財務自由。

「財務自由」對我們每個人的意義不一樣，對我而言，財務自由代表人生中的平衡：辭去律師事務所的工作、休養生息，還有在不必每天工作 10 小時與肩負沉重壓力的情況下，和新創公司與企業家合作。我要彈性，我要足以讓我將帳單拋到腦後的金錢緩衝墊，我要擺脫所有的債務。

我發現在財政經濟方面，其實有兩個我：現在的我和未來

的我。這兩個我都想過好生活、從中得到安全感，但「現在丹妮爾」經常和「未來丹妮爾」發生衝突——現代人總提倡活在當下、別為未來煩心，這讓現在丹妮爾恨不得拋下一切，去托斯卡尼的酒廠遊樂一番，問題是如此一來，未來丹妮爾可能就得餐風露宿了。現在讓公司的磨石一次次把我磨平，對未來丹妮爾很好，但對現在丹妮爾和我的家人而言卻一點也不好。這兩個我時時處在矛盾狀態，我也總覺得生活很不安定。我必須讓現在丹妮爾與未來丹妮爾建立互助關係，取得兩者之間的平衡。

我必須創造自己渴望的自由……但究竟該怎麼做才對？

壓力開始累積在我體內，要我現、在、就、想、辦、法。肚子裡出現忐忑不安的緊張感——是不是有輕鬆解決問題的方法？也可能沒有——緊張感更嚴重了，我焦慮得坐立難安——到底該怎麼辦？我必須動起來。我從大扶手椅起身，泡了杯茶，又撲通一聲坐回椅子上。

我打了通電話給我爸，他這個人其實有點學問。

「爸，我在認真想辦法換跑道，要怎麼做才能得到財務自由，在必要的時候離開這個工作？我不想依賴這份工作——或任何其他的工作——我不想擔心金錢問題，只想做自己想做的工作。我想弄到能換來自由的錢。」

我爸回答：「寶貝，妳很明顯不能再每週去律師事務所工作 80 小時了，妳應該也感覺到身體的警訊了吧。現在要做的事，就是想辦法找到生活的平衡點，還有賺到能過理想生活的

錢，是吧？」

「對。我真的很喜歡當創業律師，可是我也想過正常生活。」

「好，妳很愛這份工作，也很擅長當律師。如果妳想繼續走這條路，那答案不是顯而易見嗎？」

有嗎？

「妳一定要投資，然後才有錢做選擇。妳現在根本沒得選。」

喔。我還以為他會說什麼有新意的話呢。同樣的話我不知道聽他說過幾遍了。

我父親——菲爾·湯恩——過的就是財務自由的生活，他愛自己的工作，也擁有足以讓他隨心所欲過活的錢財。他知道從零開始賺錢的方法，因為他自己就是最好的案例。

我爸大學沒畢業就跑去加入美國陸軍特種部隊，年紀輕輕就在拉丁美洲當上中尉，後來在越戰中當排長。在大峽谷當河谷導遊時[2]，他偶然認識了一名投資者，學到班傑明·葛拉漢（Benjamin Graham）、華倫·巴菲特等知名投資者的價值投資策略。價值投資，是以金融為基礎，用低於實際價值的價錢買下股票，最初就是班傑明·葛拉漢與大衛·多德（David

---

2. 1970 至 1971 年：美國陸軍特種部隊中尉，S-4，Bravo 連，第八 SFG，巴拿馬古里克堡；1971 至 1972 年：警衛排排長，第五運輸司令部，越南共和國百特堡；1972 至 1980 年：河谷導遊，亞利桑那橡皮艇冒險公司（Arizona Raft Adventures），大峽谷。

Dodd）在他們 1934 年出版的《證券分析》（*Security Analysis*）一書中定義這種投資策略。

┃ 菲爾的話 ┃

「投資的基本概念，就是把股票當作公司、利用市場波動獲益，並求取安全邊際。」

——華倫・巴菲特

　　想當有錢人、並一直當下去的話，就多多研究華倫・巴菲特，他絕對是世界上最強的投資老師。1956 年，他在內布拉斯加州奧瑪哈市創立了巴菲特合夥事業有限公司（Buffett Partnership），投資自己與親友的錢，接下來 14 年間，公司的年收益平均是 31.5%，最初的 100 元變成了 2,500 萬元（大約是今天的 1.75 億元）。已經大獲成功的巴菲特在 1969 年停止營運合夥事業，鼓勵投資者購買受他與投資夥伴——查理・孟格——控制的波克夏・海瑟威公司（Berkshire Hathaway）股票，也將自己所有的資產投入這間公司。波克夏就幾乎等同巴菲特，他透過公司買下美國運通（American Express）、可口可樂（Coca Cola）等數十間上市公司的股份，甚至直接買下蓋可（Geico）與冰雪皇后（Dairy Queen）等公司。最

> 初投資巴菲特的人，親眼看見自己的 1 萬元成長到 12 億元，這也是巴菲特被稱為「奧瑪哈的神諭」（Oracle of Omaha）的由來。時至今日，他已是價值投資界的老前輩了，高齡 87 歲的他身價超過 734 億元，到現在還在經營波克夏。這本書裡幾乎所有的投資學問，都是華倫‧巴菲特與查理‧孟格教我的。

在投資世界的重重迷霧中，我爸像是走在有路燈的康莊大道上。在短短 5 年內把 1,000 元變成 100 萬元後，他以學來的方法發展出自己的一套深度價值投資（deep value investing）策略，叫作「第一定律投資法」（Rule #1）。之所以取這個名字，是為了致敬巴菲特的名言：投資只有兩條定律，第一是不要賠錢……至於第二條，就是別忘了第一條定律。

我知道這怎麼聽都是顯而易見的道理，誰都知道要賤價買入、高價售出，但這件事聽上去簡單，做起來不見得容易。我爸的重點其實沒那麼膚淺：買下一間好公司（他就愛這麼稱呼自己喜歡的公司），但一定要在價錢低的時候買，而且你要先確定那間公司 10 年後會升值。買了以後，你就慢慢等——也許得等好幾年——讓你看中的這間公司和其他好公司一樣，隨時間增值。你要對自己這間公司有信心，即使股價下跌也別擔心，一定要堅持到價錢回升，而且在理想情況下永遠別賣出手裡的股份。這，就是不要賠錢的方法；這，就是投資第一定律。

我爸發現其他人對他的投資策略感興趣，於是寫了兩本

書：《有錢人就做這件事》（*Rule #1*）和《投資回收期》（*Payback Time*），兩本都上了《紐約時報》暢銷排行榜的榜首。這兩本書出版時我都讀過，讀了覺得它們寫得非常好……然後立刻把書中內容忘得精光。我最近才發現，我爸在 CNBC 節目上正確預測了 2008 年的金融危機，也猜到 2009 年會是市場的谷底。現在他沒在投資就是在打馬球，還有去他在亞特蘭大市郊買的馬場慢活。他非常熱衷於個人投資教育，世界各地都有人千里迢迢來向他求教。

但我不是那種人。

我從小在愛荷華州一座小鎮長大，鎮上包括我們家在內的半數人都為了加入超覺靜坐（Transcendental Meditation）社會，特地搬到這個有自己的大學、私校與靜坐圓頂屋（meditation dome）的社區。我每天上學除了修課以外，還會靜坐與做瑜珈。我爸之所以能帶全家搬到這座小鎮，是因為他無論在哪裡都能從事投資工作。

我們住在爸媽自己設計、自己建造的一棟大房子裡，附近一大片土地都屬於我們，窗外是一片玉米田與大湖的美景——像是《夢幻成真》（*Field of Dreams*）電影中的愛荷華風景。我 5、6 歲時，屋子還未完工，我和我爸就發生了意外。那段時間我們很常在一起，我總是跟著他在房子的工地中檢查工程進度，那天他為了抖下幾塊石膏板上的水泥，將靠在走廊牆邊的厚石膏板稍微往我們的方向一拉，沒想到這一拉之後，他再怎麼用力也無法把它們推回原位了。他大聲叫我離開，自己則多撐了

幾秒鐘，退到樓梯間。我慌忙跑走後，石膏板倒在我爸身上，壓在他雙腿的重量與下方還未打磨的銳利階梯，無情地緩緩壓斷了他雙腿脛骨。我從石膏板上爬過去，坐在我爸上方的階梯上，看他沒有起身，我心裡越來越困惑、越來越害怕。「寶貝，能不能去找人幫忙？」他問我。換作是我，應該會痛得放聲尖叫，他卻一直保持鎮定嚴肅，不愧是受過特種部隊訓練的人。當時沒有手機，我們又在荒郊野外。我終於明白了，我爸起不來，我嚇得幾乎無法呼吸。我跑到車上按喇叭，但那是條空無一人的泥土道路，沒有人經過。較遠處有一座農場，我雖然不敢獨自進陌生人的大房子，卻別無選擇。我飛奔過田野，鼓起勇氣盡量大聲敲門，小聲對和顏悅色地應門的太太說，我爸好像受傷了。那之後發生什麼事，我已經不記得了，只知道我們後來去了醫院，我爸雙腿纏著繃帶、撐著拐杖、開著玩笑出院。1週後他就康復了，當時總是同進同出的我們一起解決了問題，又能天天散步、騎腳踏車、聊天和檢查工程狀況。

但後來爸媽離婚了，那時我 11 歲，我和妹妹主要跟媽媽住，爸媽的關係只能形容為「戰爭」。戰爭就表示我和妹妹沒辦法每天見到爸爸，好不容易和我爸見面時，無論是我或妹妹都不想花時間討論長期儲蓄帳戶或財務報表。我們比較關心重要的問題，像是不讓家庭分崩離析，還有煩惱我們未來該住哪裡。

我和妹妹一直都知道爸爸會賺錢，我們以後不會有金錢問題，但那場離婚風波深深震撼了我們的世界，我和妹妹就卡在

爸媽的拉鋸戰中間。村上春樹寫過這麼一句話：「幸福只有一種，不幸卻有千百種樣貌。」[3] 我們的不幸就是爸爸不在身邊，我怎麼也想不到他離我們而去的理由，只知道自己無法成為他留下來的理由。

　　戰爭也製造了財務壓力，我媽開始在鎮上的私校教書，賣了他們一起蓋的房子，我們母女三人搬到瑪赫西大學烏托邦公園（Maharishi University Utopia Park）——供大學師生住宿的拖車屋停駐場。它絕對算得上不錯的拖車屋停駐場，不過從大房子搬進拖車屋還是很難適應。搬家那天，我們將滿屋子的東西塞進比舊家客廳還小的拖車屋，到晚上，當了數個月堅強姊姊的我，終於崩潰大哭。雖然爸媽都希望我們姊妹倆能得到愛與金錢保障，我們卻同時失去了兩者，搬家那天也是我真正意識到現實的那一天。我哭得很有罪惡感，因為我知道媽媽很難受，我不想讓她痛苦的一天變得更慘，但我再也忍不住心裡的悲傷了。我明明 12 歲了，還是像 4 歲小孩一樣爬進她懷裡哭泣，她抱著我，對我說「沒關係，不會有事的」。

　　她為了我們勇敢，失去了丈夫、搬出自己設計與建造的房子、和前夫為財產而戰的她，還是找到了安慰我的情緒能量。我永遠忘不了她那一晚的勇氣，那種堅持下去、為孩子堅強的勇氣。我爸在加州做生意，我媽則努力不讓我和妹妹感受到父母離異的餘波。

---

3. Haruki Murakami, *Kafka on the Shore*, 2005。

　　滿心傷痛的我開始想像我爸一個人過單身富豪生活，為命運的不公氣憤不已。我媽一直確保我們吃飽穿暖，也偶爾帶我們到愛荷華小鎮上的餐廳吃午餐，但原本寬裕的生活消失得無影無蹤，除了生活必需品之外我們幾乎什麼都買不起。

　　我爸似乎偶爾會在週末空降過來，訂飯店房間、買任天堂遊戲機，和他在一起的時光表面上很愉快，實際上卻充斥著無盡的驚恐。他基本上就是典型的「迪士尼爸爸」（Disneyland Daddy），媽媽平時努力賺錢養小孩，爸爸只有偶爾出現，帶我們去地中海俱樂部（Club Med）度假，我甚至覺得他讓人丟臉。然而，儘管理性告訴我們這不公平，我和妹妹還是深愛他，每次都等不及和他出門遊玩。

　　2 年後，我爸回來了，他買下烏托邦公園裡和我們相隔四車的拖車屋，我和妹妹天天在爸媽的拖車屋來回奔走，他們則盡量撫平離婚後的波瀾。是時候改變我們一家人的人生了。爸媽和我們搬到懷俄明州傑克遜市，在俯瞰山谷的山上買下兩棟能徒步來回的房子，我們開始重組離異家庭的生活。事情並沒有從此風平浪靜、輕鬆自在，不過爸媽都努力給我們姊妹最好的生活，所以儘管我們在爸媽離婚後受了不少傷，最後還是成功了。金錢不再是問題，我爸除了離婚後分割財產之外，還另外花錢資助我媽讀研究所。現在我們過節時全家團聚，爸媽能和平相處，基本上可說是一同經歷過許多風風雨雨的熟人。這就是我們的家庭。

　　我在傑克遜讀高中時，我爸開始提到投資。我爸做的那

些，值得我花時間研究嗎？我打死也不肯認真聽，因為他做的一切都染上了「拋家棄子」的汙名，每當他在父女三人吃飯或開車時滔滔不絕地要我和妹妹投資，我們只把他的話當耳邊風。

在我爸看來，投資是世界上最有趣的事，一旦開啟這個話題，他就會變成雞尾酒會上那種口若懸河地講述自己一整天的大小事、壓根沒發現你只是在禮貌性閒聊的人。他喜歡在腦中做種種盤算，我則喜歡讀名人八卦部落格──這是我們各自放鬆心神用的娛樂，別人有沒有關注這些議題，對我們而言不太重要。他一說就是好幾個鐘頭，我後來學乖了，只要安靜吃飯，讓他把他要說的數學說完就好。等他好不容易說完，我就會轉移話題，努力忘掉他剛才說的一切。爸媽離婚已經讓事情複雜無比、讓我們喘不過氣來了，我不需要更複雜、更讓人無法呼吸的金融理財問題。只要是和投資有關的話題，都令我回想起爸媽剛離婚那段充滿財務壓力的時期。

儘管如此，我在 20 多歲時也認識了一些有在買股票或委託財務顧問的人，發現除了我爸之外，還有人認為股市值得他們投入時間研究。我偶爾會想，投資理財似乎是相當有用的技能，我是不是不該對它懷有偏見？此時我和我爸關係不錯，我漸漸對他用以賺錢的技能起了興趣。我心想，不試試看，怎麼知道自己喜不喜歡投資呢？

於是，我試了。我學一些朋友，在大學時期嘗試我爸不怎麼讚許的當日沖銷（day trading）。我對自己的無知一無所知，

結果 2 天內虧了一半的本錢，部分原因是我本錢太少，光是佣金就高過我可能得到的利潤，還有一部分原因是我憑直覺與朋友建議買的股票不爭氣。我很快就發現，股市是一片陌生、神祕的泥沼。

雖然這次失敗了，我還是相信這些神祕的「投資技能」很有用，也想多了解我爸，於是花一個夏季幫他做投資研究──簡單來說，就是幫他把數字輸入試算表。我機械式地完成他交代的工作，但那是他的方法、他的習慣，我也沒花太多精力試著了解這些方法。那是我第一次近距離看他工作，不是聽他解釋工作內容，而是實實在在地看他做事。我因此對他的努力與投資方法肅然起敬，卻還是沒學到太多。

對一個手裡拿著鎚子的人而言，什麼東西都長得像釘子。在我爸看來，自己投資就是排除萬難的絕佳方法。

時間拉到那個陰冷的 1 月早晨，回到我和他的電話對話。「爸，我不想自己投資。」我對他說。「那太難了，我沒時間，而且它真的太難了。」聽到他的笑聲，我接著說：「我太忙了。連天才也會在投資股票的時候賠錢，那真的太難了。我哪有時間學投資？」

我爸哈哈大笑。「所以妳覺得投資太難、妳太忙了？」

「謝謝你聽懂我的言外之意啊。沒錯，我就是這麼認為。」

「妳想辭掉工作、做自己想做的事情，那得到這份自由要花多少時間，我們來算一算吧。」

「爸，我沒辦法。我知道你想說什麼，也知道我前途堪憂，

可是我只想保守一點。」

「保守！」他咳著說。「還記得投資第一定律嗎？」

「不要賠錢。」我平板地唸道。

「還有比不賠錢更保守的嗎？」

「不賠錢很重要，這點我完全同意，但買股票真的是最好的辦法嗎？我不信任市場。一定有更安全的方法。」

他終於放過我，改變了話題，我們聊幾句之後掛斷電話。我早就知道他會說什麼，卻還是希望這次和以前不一樣。同樣的話我已經聽幾千遍了，他每次都會拿出試算表，高速唸出一連串我聽不懂的數字，然後叫我學華倫·巴菲特投資，用他的方法投資就對了。就這樣，沒有細節，也沒有實質幫助。

我已經夠累了，沒心思學華倫·巴菲特投資法，就連這種投資法是什麼也不清楚。我也知道我爸和數字是什麼關係——我這個人在一些領域有天分，這些領域不包括數學，我百分之百確定我這種人不該拿自己的錢開玩笑。

一定有別條通往財務自由的途徑。我把問題推到腦中一角，專注於法律工作，然而接下來數週，我在過這所謂的「生活」、吃下一顆顆胃藥時，一直努力思索同樣的問題：該怎麼做，才不必繼續當社畜，為薪水操勞一輩子？

現在的問題是，金融服務業一點也不親民，它是根深蒂固的龐然大物，稱作「金融工業複合體」還比較實際。那些擺出宇宙之主姿態、在 CNBC 大聲鬥嘴的人物令我反感，相關報紙與書籍用的往往是陌生的財經語言，而過去兩次經濟衰退期也

告訴我，股市可說是完全不值得信賴的合作夥伴。

我只想遠遠避開財經世界，根本不想自己學投資。話雖如此，我還是得想辦法解決問題。

金融工業複合體告訴我，想賺更多錢，就只有兩種選擇：

1. **當守財奴**：不買任何不必要或娛樂用的東西，努力存錢、存錢、存錢，只做最保守的投資。
2. **棄權**：把我的錢拿給財務經紀人，花錢讓他把我的錢交給別人，無論他幫我賺錢或賠錢，我都只能默默接受。

我當然不想自己賠光家產，但我也不想讓別人幫我賠錢。我加入勞力市場的時間點非常糟糕，當初在 2000 年代初的經濟衰退期大學畢業，又在 2000 年代末的經濟衰退期從法學院畢業，前後兩次都是金融工業複合體一片混亂的時期。這些人怎麼老是學不乖？市場狀況好的時候，每個投資客都像天才一樣，可是到經濟蕭條時，這些人全都暴露了自己的無知。當守財奴聽起來很安全，安全聽起來非常棒，於是我輕鬆得到了結論。

我決定當守財奴。

我對自己的決定十分滿意，開始瘋狂上網查資料。該上哪裡找守財奴成功的故事呢？哪裡有 80 幾歲的守財奴富豪到處撒錢呢？

我沒找到這種故事，倒是發現了「短期國庫券」這種聽

上去有趣、實際上一點也不好玩的東西。短期國庫券是美國財政部發售的債券，被視為無風險投資——這裡的無風險當然是以投資而言——因為政府就等於印鈔機。全世界都把它當成低風險投資的標準，甚至稱短期國庫券的利率為「無風險利率」（risk-free rate）。只要是風險較高的投資，利率都必須高過無風險利率才划算。

　　幸好網路能幫我解惑，否則我們這些「一般人」只會被晦澀難懂的財經語言耍得團團轉，就連最簡單的交易也得靠中間人完成。對抗那些金融家，我只能仰賴因網路而普及化的資訊，努力查詢他們嘴裡冒出來的專業術語。

　　我開始建構守財奴計畫。以譬喻的方式來說，我打算把存款藏在床底下；換言之，我可愛的儲蓄金會存進儲蓄帳戶，安安全全地待在戶頭裡。我知道它不會成長多少，但金額也不會變少。我會在不破壞現有生活方式的情況下盡量存錢，不過，和朋友到博得農貿市場的咖啡攤買美式咖啡是人生中的必須，絕對省不得。只要身體還撐得下去，我就會繼續在律師事務所工作、還清學貸，然後完全無視市場波動，看自己的儲蓄存款漸漸成長，也許在短期國庫券利率上升時花點錢投資。只要身體能多撐幾年，我就能升遷到公司內壓力較小的職位，從此再也不必煩惱。

　　在我看來，這就是勝利，我爸要是知道了也會這麼認為。投資第一定律是不要賠錢，我這不是老老實實地遵守法則了嗎？

　　我為自己當守財奴的決定驕傲不已，甚至在 1 月底，我爸來博得市住幾天的時候，興奮得等不及將計畫告訴他。他每隔一陣子就會來附近開商務會議，順便在我家住一個週末，和我共度父女時光。那週日，我們到我在鬧區的公寓附近一間餐廳吃早午餐，我得意洋洋地宣布這項守財奴計畫。

　　「我決定把錢存在床底下，先存一筆錢再來想要拿它怎麼辦。」

　　沉默。我知道他心裡一定在想：早知道當初寫書，除了主動投資（active investment）之外，也該建議讀者開儲蓄帳戶。老爸，這就是人生啊，現在後悔也來不及囉。「怎麼都沒人想過這個避免賠錢的好方法？」我問他。

　　「存錢？」他回道。「就只有存錢嗎？」

　　「我知道儲蓄帳戶沒有利息，也知道這樣錢不會變多，但至少我不會賠錢啊。我可是在嚴格遵守投資第一定律喔！」

　　「那通貨膨脹怎麼辦？」他問我。

通貨膨脹？

　　「妳應該知道通貨膨脹（inflation）是什麼吧？」他像在考我。我大概知道有這個東西，大家都知道通貨膨脹這回事，簡單來說就是物價會隨時間上漲，金錢的購買力則會漸漸下滑。至於為什麼，我不知道。反正就是政府一直印鈔票，所以流動的錢變多了，就表示錢變得比較沒用……比較沒價值……比較不好……反正就是比較不好？好嘛，我說不出「通貨膨脹」的確切定義。

　　「通貨膨脹的意思是，妳的錢的購買力會隨時間下降。簡單而言，政府希望大家都有工作，所以就鼓勵所有人借錢，當市場上流通的錢增加了，消費者就會買更多東西，消費者的需求增加了，物價也會隨時間上漲。另外，公司為了迎合增加的需求量，就會調升薪資或製造新的工作機會，經濟也跟著成長。經濟成長起來，消費量跟著提升，需求也一併提升，然後就調升薪資、製造更多工作、讓消費量繼續提升。這叫作通貨膨脹的『良性循環』。」

　　他指著他的可樂，那是他週日難得的糖分來源。「我小時候只花 1 分錢就能買到一罐可樂，現在我得花 1.5 元才買得到同樣的可樂；可樂沒變，是那 1 毛錢的價值跌到幾乎什麼都不剩了。班傑明・富蘭克林（Benjamin Franklin）說『存下 1 分錢，就是賺到 1 分錢』這句話時，1 分錢能買到今天花將近 1 元才買得到的東西。從班傑明的時代到現在，通貨膨脹讓 1 美分的購買力下降了 98%。」

　　「這聽起來很有道理沒錯，消費水準提高、薪水調高、工作變多，這就是良性循環。可是你為什麼要問我通貨膨脹的事？」

　　「妳現在有一筆錢，如果要維持這筆錢在今天的購買力，妳就必須用錢滾錢。」

　　「不對不對不對，你不是常說寧可『保留現金』也不要買太貴的公司、不要在市場上賠錢嗎？我現在就是要『保留現金』。」

　　「技術上而言，妳這樣確實是『保留現金』沒錯，但如果長期留著現金，妳只會因為通貨膨脹而賠錢。通貨膨脹會漸漸降低這筆錢的購買力，今天存的錢，到明天購買力就下降了。明天、後天、大後天，錢的價值會一直降低，10 年後這筆錢能買的東西會少很多，30 年後就少更多了——妳什麼事都不做，1 元的價值就會自動降到只剩 4 分。」

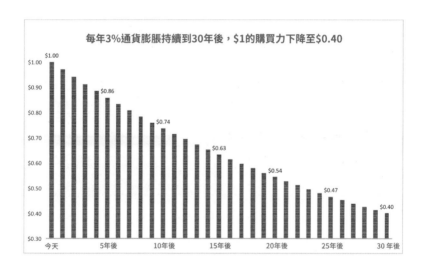

每年3%通貨膨脹持續到30年後，$1的購買力下降至$0.40

　　我現在 1 年花 8 萬元換得的生活水準，到 30 年後必須每年花將近 20 萬元才買得起。

　　通貨膨脹形成的金融巨坑漸漸在眼前成形，光是確保我的錢不會每年流失購買力，我就必須多賺 3% 甚至更多。「不會吧……我只是存錢而已，明明沒有做錯事，為什麼錢會越來越少？所以我非得投資才能維持現況嗎？投資只是為了原地踏步

嗎？」

　　「就是這樣。」看到我驚訝的表情，我爸一臉困惑。他又用更淺白的方式解釋道：「從過去的紀錄來看，每年的通貨膨脹比率平均是 3%，所以妳必須每年賺到大約 3% 的利潤才能抵銷通貨膨脹。」

　　我不是沒聽懂，我這次真的聽懂了。重點是，我從未想過通貨膨脹和我的存款之間有什麼關係。他說得好像全世界每個成年人都知道，不投資就無法和每年 3% 的通貨膨脹抗衡，但為什麼以前沒人告訴過我？**他**怎麼沒告訴過我？等等，該不會除了我之外，全世界都知道這件事吧？難道我是失敗的大人？老師上「確保每年賺 3% 利潤，不然通貨膨脹一定會找上門，就和死神一樣躲不掉」那堂課那天，我該不會翹課了吧？

　　「我還以為存錢是中立的好方法，」我嘆了口氣說。「只要每個月把錢放到一旁，不用特別做什麼就能累積一大堆錢了。」

　　「沒那麼簡單。」我爸還沒說完。他告訴我，一些重要的商品價錢上漲的速率比通貨膨脹還快：他爸媽 1951 年在奧勒岡州波特蘭市買第一棟房子時，花了 5,000 元，差不多是我祖父一個菜鳥記帳員的年薪。現在要用記帳員 1 年的薪水買下一棟好房子，已經很難了，而且你更不可能在波特蘭那種人人想住的大城市買到便宜的房屋。到了今天，當初用 5,000 元買的房子已經價值 30 萬元，而就連波特蘭市的資深記帳員年薪也只有 4 萬元。

　　「65 年間，通貨膨脹讓記帳員的薪水成長了 800%，這是每年平均成長 3% 用複利計算後的結果。但因為地點好、人口增加、政府的房地產貸款擔保（real estate loan guarantee）與收稅政策，波特蘭市同一間屋子的價格成長了 6,000% ——年複利率大概是 7%。」

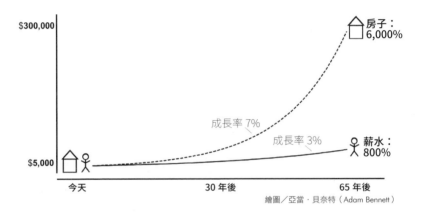

繪圖／亞當・貝奈特（Adam Bennett）

　　我爸接著說：「如果妳的存款不成長，那等妳退休了，就連去好一點的餐廳吃晚餐也會變得困難，甚至是不可能。還有健保，這個問題更大。所以，妳說得沒錯，光是想原地踏步就必須投資，而且要每年賺超過 3% 才有辦法前進。」

　　「可是大家都說要存錢啊！這才是正確的作法吧！守財奴才是正義！存錢！保護你的錢！投資第一定律就是不要賠錢啊！」

　　他對我哈哈大笑，絲毫沒有掩飾的意思。**老天，別讓我用叉子插死這個男人。**要是真的插下去，我的律師證照就不保了。

「鼓勵妳存錢，意思是要妳別亂花錢。因為通貨膨脹，商品到了『明天』就會變得更貴，很多人急著『今天』把自己所有的錢和借來的錢拿去花，所以才要鼓勵大家省錢。這個意思不是說，妳存到錢之後就把它放在儲蓄帳戶裡不動。」

可惡。我煩躁得差點從椅子上跳下來。難道就連提倡儲蓄的人，也只是把存錢當作投資的前提嗎？光是存錢還不夠嗎？

「光是存錢還不夠。」我爸正經八百地說。他努力不笑，只讓我更不高興。

「通貨膨脹會把我的存款搶走。」我幾乎是語無倫次地對他說，到現在還努力想消化他說的一切，努力吸收這些令人絕望的資訊。「你怎麼從來沒告訴過我？」

他笑得令人火大。「我有啊！我告訴過妳啊！」

我可不記得。就算他說過，他也沒確保我有把話聽進去。

「天啊。」我以自言自語的方式釐清前因後果：「所以結論就是沒救了，不管我怎麼想，我就是和經濟還有股市脫不了關係。」

「沒錯。」我爸說了大概第十四次。「妳怎麼一副恨不得爬到餐桌下躲起來的樣子？」

「我不想躲起來，我只想找到除了拿自己的錢去投資以外的解決方案！我以為找到好方法了，結果你說存錢只會讓我穩定賠錢。」

我爸定定地看著我。「沒錯。」

「好煩啊！」我幾乎是尖叫著喊出這句話。

我需要活動身體，於是我們散步走幾條街回我的公寓，我爸看著我滾上地毯進入瑜珈的下犬式，他完全不以為意。從我小時候，爸媽就確保超覺靜坐與瑜珈完全融入我的生活，做瑜珈成了我防止煩躁的情緒在身心生根的方法。我深吸一口氣到後腰，盡量讓氣息進入太陽神經叢，消弭那種多年來漏了一份重要資訊的焦慮與驚慌。我開始真正理解「通貨膨脹會吃我的錢」這件事，大腦開始翻來覆去想解決辦法。把錢藏在床底下感覺明明很安全，結果現在彷彿有老鼠在床底下築巢，正一張張啃食我好不容易賺來的寶貝鈔票，用它們蓋一個豪華大鼠窩。

沙發被我爸占用了，於是我坐上大扶手椅。他每次要解釋和金錢有關的什麼事，都會做同樣的動作：打開 Excel、做試算表，然後把電腦轉向我。我隨便掃了螢幕一眼。我這個人和試算表不熟，也沒有深入認識它的意願。

我爸總結了表單內容：「妳可以像小氣財神一樣節儉過活、生活中完全沒有娛樂，然後 30 年後退休，但妳所謂的退休生活只撐得了 4 年，到時候通貨膨脹會嚴重到連最簡單的生活都變得非常昂貴。」

聽起來⋯⋯很慘。

「妳現在知道我為什麼要投資了吧？」他吸一口氣說。「我 28 歲的時候在法國一個間靜修處修行了 6 個月，每天靜坐 12 小時，那之後我才開始思考錢的問題。靜坐讓我放下越戰的回憶，算是成功了。問題是，我接下來 6 個月得花 4,000

元繳住宿費，但是我繳不出來，想到我和心靈啟蒙之間唯一的阻礙就是錢，感覺糟透了。」

「你覺得再多靜修 6 個月，你就可以達到心靈啟蒙了？」我完全不信。

「這個嗎，現在想想好像不大可能。」他笑了。「但那是我的夢想，那時候我只想得到心靈自由，卻因為錢的問題被拒之門外。回到美國以後，我一邊教人靜坐冥想，一邊繼續當河谷導遊，可是我一直離不開錢的問題。後來我認識了那個教我投資的人 [4]，之所以向他學理財，是因為受夠了瀕臨破產的感覺。一旦開始學理財，我就發現這是正確的選擇，感覺和順著水流前進一樣輕鬆簡單。」

他不懂，投資**不會**讓我感到開心，反而會害我嚇得魂飛魄散。

我打從心底相信，要是哪天我鼓起勇氣跳進這個坑，開始自己學投資，這筆投入市場的錢一定會被我賠光光。我爸把這個現象稱為「投資情緒定律」（Emotional Rule of Investing）：你一買股票、一期望它上漲，它馬上跌給你看。你問為什麼？完全是因為你決定買這支股票。這就像買東西時排隊結帳，我每次都選看上去最快的那一條，結果我加入隊伍的瞬間它馬上停止前進。買股票和排隊似乎是一樣的道理，只不過選錯的代價

---

4. 我爸認識投資導師、改變人生的故事，收錄在他的第一部著作《有錢人就做這件事》中。這本是暢銷書喔！

高得多——但是，重點是，購物的時候你非排隊不可，股票就不一樣了，沒有人會逼你買股票。

　　一想到可能讓一間公司股價下跌的種種因素，我感覺像是推開一扇沉重的門，走進通往昏暗停車場的水泥樓梯，樓梯另一頭又是一扇沉重的門，可是我沒帶防狼噴霧劑出門，一來是因為包包塞不下，二來是怕在熱鬧、擁擠的酒吧喝酒時，不小心噴到人。好吧，我是喝了幾杯陳年波本威士忌沒錯，不過腦中的警報器還是響了起來，苦口婆心地告訴我：「丹妮爾，不要走那邊的水泥樓梯。」微醉時的恐懼最可怕，因為即使你神智不清，還是能感受到那種驚慌，也知道事情真的很嚴重。世界上有兩種人：第一種人看到封閉的水泥樓梯間，不會特別多想；第二種人看到這地方就會想說，我很可能死在這裡。第一種通常是男人，第二種多半是女人。男人，別否認了，你一定從沒注意過樓梯間有沒有封閉、是不是很危險；女人，妳是不是常對封閉的水泥樓梯間起直覺反應，也知道男人從不花時間考慮這條路的安全性？

　　比起男人，女投資者可接受的風險低很多，近年一篇研究顯示，透過富達投資（Fidelity）投資的女性當中，只有 4% 願意為利潤增加的機會投入較多本金，男性投資者中卻有 15% 願意投入更多本金。90% 的女性在一生當中，會在某個時期成為家中唯一的財政決策者，我自己也是，不過一想到在股市投資，我的直覺就開始尖叫：**快離開封閉的樓梯間，叫台 Uber 回家，多花一點錢也沒關係！**

「可是你和我的反應很不一樣，我感覺好像天要塌下來了，根本沒有投資的信心，你卻一副胸有成竹的樣子。」

我爸靜了片刻。「我一開始也沒有自信，這都是學來的，不過一個人嘗過身無分文的滋味之後，的確會變勇敢。我現在有信心，是因為我相信一間公司真正的價值，並且只在價錢非常低的時候買入這間公司的股票，畢竟我們總會遇到一些出乎意料的事。我們每個人都有出錯的時候，這就是我自保的方法。」

「但是你喜歡高風險情境，你是真心喜歡冒險。」

「其實我一點也不喜歡冒險，一個人只有在盲目行事的時候才叫冒險。我喜歡想清楚再做事。」

「我是律師，我討厭冒險，也完全不想接近危險的情境。」

「這是投資者該有的特質，妳不該拿自己的金錢未來下賭注。」他令人火大地對我一眨眼。「妳也許比自己想的還適合做這一行。」

「喔。」我不置可否地咕噥一聲。避免冒險投資對我而言是十分合理的選擇，這個選擇驅散了封閉樓梯間那種真實且帶有實質壓力的危機感，但我只要不考慮投資，選擇無作為，就能使討厭的恐懼消失無蹤，那種感覺消失了最好。但另一方面來說，我得知自己的退休生活只撐得了 4 年，封閉樓梯間的危機感又回來了，我似乎來到進退兩難的境地，被兩旁的水泥牆向內擠壓。

我轉移話題，聊起和投資無關的事情，那天我和我爸都在

家工作。那週末，我們只談「安全」的議題，週末結束後，他回亞特蘭大了。

想到自己漏了如此重要的資訊，我就感到心煩意亂。這是我一直隱隱明白卻不曾細想的議題，現在經我爸一提，我感覺彷彿鼻孔裡有一大塊隨時會掉出來的鼻屎，你其實一直都知道它在那個漆黑的洞穴裡，但直到現在才看清它噁心的真面目。通貨膨脹的問題在腦海中揮之不去，每次想到這件事，我又會想：我是不是還漏了什麼重要資訊？是不是還有我不知道自己不知道的事？我怎麼也放不下心。

那週的公務活動中，我碰巧遇到財務顧問朋友。我赫然想到，我從我爸那裡學到的事情非常重要，應該把這份情報分享給朋友，讓她警告她的客戶。「妳聽過通貨膨脹的事嗎？」我激動地問。

她沉默半晌，接著才狐疑又困惑地回答：「聽過啊？」

「那妳知道妳什麼事都不必做，通貨膨脹就會侵蝕妳的錢的價值，直到那些錢變成廢紙嗎？」我越說越大聲，先前的焦躁又排山倒海地襲來。

「知道啊？」她邊說邊啜一口葡萄酒，一副氣定神閒的模樣。她顯然不明白通貨膨脹的可怕。

「它會搶妳的錢！就算我一直存錢，一直存一直存一直存，我的錢也會一塊一塊消失，最後什麼都不剩！**什麼都不剩！**」

「妳對了一半。」她和顏悅色地說。「通貨膨脹會減少妳

手上的錢的購買力，購買力平均每年下降 3%，所以妳的錢本身不會消失，只是購買力下降而已。」

「所以妳早就知道了。」

她不自在地聳肩，露出為我憂心的神情。「我不知道妳不知道。」

可能是我太過無知，也許我該展開調查。

通貨膨脹這顆鼻屎相當有趣，在經濟學家看來，宏觀而言它其實是一股正向力量。國際貨幣基金組織（International Monetary Fund）與其他人的研究顯示，只要通貨膨脹保持相對低幅度且穩定，消費、薪資與工作機會的良性循環便會持續下去，製造更多工作機會或持續提升勞工的薪水[5]。但假如膨脹程度高於「好」的幅度，我們的錢財貶值速度太快，調薪與新的工作機會就跟不上金錢貶值了，這時候，存款的價值會被迅速侵蝕。通貨膨脹當然也會侵蝕債款的價值，鼓勵消費者借款與消費，但如果消費者不花錢，良性循環就循環不下去了。以日本為例，他們長時間困於通貨緊縮狀態，膨脹程度極低，原因就是消費者的需求太低。日本的勞力市場沒有提升薪資，消費者的消費額只占收入的一小部分，比起花錢，他們更希望存錢[6]。公司營收與盈餘通常會隨通貨膨脹上漲，因此股市通常

5. 請參閱 M. Sarel, "Non-Linear Effects of Inflation on Economic Growth," *IMF Staff Papers* 43 (March 1996)。另請參閱 R. Barro, "Inflation and Growth," *Federal Reserve Bank of St. Louis Review* (May/June 1996)，與 M. Bruno, "Does Inflation Really Lower Growth?" *Finance and Development* 32, no. 3 (September 1995)。

也會一同上漲[7]。簡而言之，通貨膨脹會使存款貶值，卻會讓股價上漲。

唔，我可能真的該認真研究股市了。

這個念頭在我腦中徘徊了大約 1 週，我不想撥這通電話，但也知道自己真的該拿起電話。我還不完全確定自己想開啟這扇門，和我爸進行與金錢息息相關的互動；然而換個角度想，我們家就有一位願意幫忙的理財專家，不問白不問。哪種選擇對我的未來最有幫助，我自己也心知肚明。

接下來的週末，我深呼吸之後，打了通電話給我爸。

「我可能有點想和你討論理財的事。」我這麼開啟話題。他早就知道我會投降，早就準備受降了。

「我有個想法。」他跨出第一步。

我同意他的請求。「什麼想法？」

「我認為妳該把未來這 1 年用來學第一定律投資法，在 1 年間從新手變成有能力、有自信、能夠用自己的錢投資的投資客。」

什麼？封閉樓梯間的危機感又回來了。我知道自己必須為財務自由展開行動，但對我來說，自己投資還是下下策。可惡的通貨膨脹讓我不得不刪去守財奴這個選項，但把錢交給

---

6. Paul Krugman, "What Is Wrong with Japan?" http://web.mit.edu/krugman/www/nikkei. html；Robin Harding, "Japan Returns to Inflation for First Time Since 2015," *Financial Times*, March 3, 2017。

7. http://www.investopedia.com/university/inflation/inflation4.asp。

財務顧問這種方法仍然有吸引力。我沒辦法把錢交給我爸，因為他的基金受美國證券交易委員會（U.S. Securities and Exchange Commission，SEC）的規範限制，只替高身價投資者理財，我銀行戶頭裡的錢還沒那麼多。話雖如此，我還是能請別人替我理財……說不定還能找到比我爸更厲害的人呢。

他也知道自己還沒成功說服我。

「妳的想法我很清楚，」他說。「我可以現在就告訴妳，讓別人幫妳理財沒辦法換來財務自由。我可以證明給妳看，證明完之後，用這1年時間教妳怎麼投資。」

「你很有信心嘛。」

「那當然，我百分之百相信妳做得到。」

我開始思考，我哪來的時間學投資？現在就連約會的時間也沒有啊——其實這對我來說是好事，之前和長期交往的男友分手後，我還需要一點單身時間。我決定等生命中有容納另一人的空間之後，再開始和人交往，難得能把心思放在我自己身上也不錯。然而，即使已經盡量簡化自己的生活了，我還是無法堅持下去，無論是身體狀況或家庭都不允許我繼續操勞下去。就算我不顧自己的身心健康，也必須為家人找到更好的生活方式。之前和卡瑪拉約好要想辦法，我也的確想處理財政問題，總不能光抱怨卻完全不動手吧？

其實我根本別無選擇。宇宙對我伸出一隻手，我除了握住那隻手以外，還有別條路可選嗎？

我小心翼翼地握住那隻手。「如果把它當成生活中固定的

一個環節，那說不定可行。假如我要花時間投資，它就一定要和瑜珈一樣融入我的生活。」

我爸也同意。「它會完全成為妳生活的一部分，而且妳也會持續進步。我之所以喜歡投資，是因為能隨時認識新的產業、新的公司、新的工作，它就像我們和這個世界之間的一扇窗。」

「現在的法律工作要求我持續進修，」我微微一笑。「醫師也得不斷學習新知。各行各業的人都必須學習新知，還有實踐這些新方法。」

「我喜歡這種說法。這就是妳的『投資實踐計畫』。」

沒錯，它就是我的投資實踐計畫。

這讓我聯想到阿圖．葛文德（Atul Gawande）醫師的文章，他回顧自己仍是實習醫師的日子，表示自己幫病人插中心靜脈導管（一條插進大靜脈、用來輸送各種液體的長管）時經常失敗，結果有一天他突然成功了。「我到現在還不曉得那天和之前的方法哪裡不一樣，只知道從那時候開始，我每次插導管都成功。練習這件事就是這麼神奇，一開始好幾天，你只能摸到一件事情的皮毛，但有一天你終於能看清事情全貌，有意識的學習成為無意識的知識，中間是什麼過程你也說不上來。」[8]

如果我爸能把投資的皮毛教給我，我會一直練習，希望自

---

8. Atul Gawande, *Complication: A Surgeon's Notes on an Imperfect Science* (New York: Picador, 2003), 21。

己有天能拼湊出這門學問的全貌。

「可以說一下你的教學流程嗎？」我問道。

「我在評估一間公司時，通常會寫下它的故事。我每個月會教妳認識故事的一部分，直到妳能輕鬆查資料和自己寫故事為止。我會和妳一起列一張妳喜歡的公司清單，討論買股票的時機，然後建立抗跌投資組合。妳可以配合工作時程，自己調整練習時間。我們這樣辦吧。」

他開始說明每個月的進度：

「這個月是 1 月，本月重點是學會勇敢。妳開始想這些已經很好了，其實大部分的人都不會花時間考慮怎麼理財，我也知道這有點可怕。妳願意走上這條路，真的讓我非常驕傲。」

我笑了。「爸，謝謝你。」

「妳一定會持續進步。下個月—— 2 月，我會說服妳不要棄權，幫妳計算妳的『數值』，這是妳得到財務自由所需的數目。妳會發現，把錢交給財務顧問的話，妳永遠不可能達到這個數字。這沒什麼爭議，所以 2 月會相當輕鬆。到 3 月，我們來討論股市究竟是什麼，還有它的運作機制。4、5、6 月，我們會探討好的投資策略、如何選公司，還有如何判斷一間公司好不好。到 7、8 月，我們來談估價，還有判斷自己該出多少錢的方法。」

「唉。」我忍不住出聲。

「我知道妳不喜歡數學的部分，所以我們會花特別多時間學數學，用整整 2 個月來學習妳實際上只花 1 天就能理解的事

情。妳可以多花一些時間練習，等漸漸熟悉了再繼續前進。」

「好喔，那最後幾個月呢？」

「9 月的項目妳應該會覺得很親切——我們會針對妳喜歡的公司反訊問和翻轉討論，想辦法證明投資那些公司不划算。10 月和 11 月，我們會組建抗跌投資組合，利用危機獲利。最後，我們會在 12 月做總結。這 1 年的介紹加起來就是一間公司的故事，學到年底，妳就會知道該怎麼自己投資了。有了這個一輩子都不會離妳而去的技能，妳就可以走上財務自由的路。這個計畫，妳覺得如何？」

我吸了一口氣，露出笑容。我可不打算輕易表示贊同。

「那你得先說服我不棄權。」

1 月的練習

我會踏上投資之路，是因為我發現自己太擔心金錢問題，無法過想要的生活。來一場腦力激盪，想想看：對你來說，什麼是財務自由？假如你獲得財務自由，你會做什麼？你會繼續工作嗎？還是減少工作時間、當志工、換工作、償還學貸或醫療費、幫助家人、旅遊、捐錢給慈善機構，或在晚上睡得安穩一些？如果能得到這些，你會有什麼感受？勇敢寫下來吧！

/ 2 月 /

認識你的數值

本月待辦

- ⟳ 股市入門課
- ⟳ 棄權的口味
- ⟳ 計算我的數值
- ⟳ 股市之外的投資選項
- ⟳ MARO ──真心感激

FEBRUARY

　　我爸前幾週來看我之後，又回到亞特蘭大的家，他回去之後，我花了不少時間思考我們討論的一切。我還不相信我能自己投資，所以這份忐忑不安的心情再加上平時工作的壓力，讓我的胃病變得更嚴重了。我真的能一整年專注於投資嗎？

　　生活總有忙碌的時候，想保持專注一整年，我就必須建立有效的責任架構。我請我爸每週透過電話和我討論投資實踐計畫，確保持續按進度前進，否則生活中的繁雜事務很快就會令我們分心。每每想到這項計畫，我就不由得心想：股市？我真的要相信股市嗎？

　　「股市」或「市場」其實是通稱，泛指世界各地的股票交易。最知名的交易所應該是紐約證券交易所（New York Stock Exchange，NYSE），不過很多國家都有自己的證券交易所，而這些的集合體就是全球股市。我爸提到股市或「市場」時，通常是指美國的證券交易所，包括紐約證券交易所、那斯達克股票交易所（National Association of Securities Dealers Automated Quotations，NASDAQ）與其他規模較小的交易所，在這些交易所進行股票買賣的公司多達六千家。他說要「比市場更好」或「超越市場」，指的是自己的投資組合平均利率高過美國市場整體的平均利率。

　　1600 年代，荷蘭人突發奇想，間接發明了今日的市場：他們將一間公司分割為許多股份，讓大眾買下股份之後成為公司的部分經營者。人們可以互相交易公司股份，這後來成了我們的股市——不過在當初，股票交易其實就是一群人坐在酒吧裡

喝酒，討論公司的船隻成功往返印度後，它的股份價值會如何波動[1]。

最早期的公眾公司（public company）──與公眾公司相對的是私人公司（private company），這些公司並沒有開放大眾買賣股份──股市幾乎和我們今天的股市一樣，許多買家和賣家大聲討價還價，最終買賣雙方會喊到彼此可接受的價格，就這麼成交，市場上的價格上下浮動就是這個原因。股市有點像你們家附近的跳蚤市場，沒有任何一家公司有公定價，決定股價的完全是當下買家願意付的錢，還有賣家願意脫手的價格。

時至今日，金融工業複合體做的事，還是和數百年前那些在酒吧喊價的荷蘭人差不多，只是規模大上許多。荷蘭人在酒吧裡討價還價，而股票交易的價格也是由買家和賣家討價還價得來的，投資者會在交易所的交易大廳──專門進行股票交易的場所──面對面買賣股票，只不過現在通常有中介協調買賣，以免股價漲跌得太突然。你在交易所買賣股票時，是從股東手上買到股份，或者把你的股份賣給另一個投資者，完全沒有透過那間公司，從中協調的就只有交易大廳那些穿著鮮明外衣的人而已。我爸在交易大廳受 CNBC 採訪時，那些人就在後面走動。電腦普及化之後，很多人都是透過網路買賣股票，所以我們很少看到中間的交易過程，不過交易時還是有人在討價

---

1. 史上最引人深思的一次股市泡沫也發生在荷蘭，鬱金香花苞的價格不停上漲，漲到和房屋一樣貴之後才猛然下跌。

還價，只不過協調過程花幾毫秒就能完成，而不是由買家花 30 秒對一旁的賣家喊價。

有些人想到新的賺錢方法，那就是代替別人選股票，財務顧問這份工作與理財顧問產業就這麼誕生了。我和我爸約定好的第一通電話將在幾天後進行，兩邊的封閉樓梯間似乎在步步逼近，擠得我無法呼吸。我決定早一步開始投資實踐計畫，查一些聘請財務顧問的資料，如果調查結果不錯，那說不定就能現在終結我爸「自己來」的計畫。

我靈魂深處的黑暗角落，有一個聲音極力贊同棄權，那個聲音認為直接把錢交給能幹的財務顧問才是最佳選擇。《新岳父大人》（*Father of the Bride*）電影中，飾演婚禮策劃師的馬丁・肖特（Martin Short）安慰史提夫・馬丁（Steve Martin）說：「相信我，這可是我的看家本領。」我現在迫切需要一個可靠的人替我理財。

我當然知道這麼做不划算。金融工業複合體一再聲稱財務顧問才是理財專家，要我把錢交給他們管理，那些人讓我相信理財投資太過困難、削減我自己理財的信心，我才會花錢請人代勞。

不得不說，他們的行銷真的非常成功，我就算知道這是他們從我身上賺錢的策略，心裡還是隱隱認為花錢讓專業人士替我賠錢，總比我自己賠錢好。至少如此一來，錯就不完全在我自己，我只不過是選錯機師而已，實際上駕駛到墜機的是沒用的財務顧問。

　　為了試試水溫，我撥了通電話給財務顧問朋友。我其實不想讓友情和工作扯上關係，但聽她推銷自己應該挺有趣的……結果她非但沒有推銷自己，還說我的錢不夠多，她沒辦法替我理財。

　　我大吃一驚——避險基金受證券交易委員會的規範限制，不能為小投資客理財，但我朋友是在一般的大銀行上班，我還以為他們的客戶就是我這種小散戶。她告訴我，因為收費規定的緣故，她只接受本金超過 25 萬元的客戶。我的錢還差得遠呢，根本不可能請她幫忙。

　　收到委託之後，這位朋友每年收客戶大約 2% 的錢，不過事情還沒結束，如果財務顧問用你的錢投資其他基金，那些基金也有相應的費用，這筆費用自然是客戶買單。因此，客戶必須有足夠的本錢才能支付種種費用，而不會讓財務顧問白忙一場又賺不到錢。理論上，財務顧問會為客戶賺到夠多錢，扣除委託金等費用之後還是有賺。

　　但是話說回來，這是你請得起財務顧問的情況。朋友告訴我，許多財務顧問都不接少於 50 萬元的單；如果是規模較大的金融機構，那少於 300 萬元的單他們根本看不上。此外，無論財務顧問替你賺錢還是賠錢，你都得繳代理費給他們。不管我有沒有賺錢，財務顧問都會跟我收費。我再重複一次：無論他們投資成功或失敗，都能賺到你的錢。我們這是花錢買到當客戶的資格，這筆錢並不是績效獎金，而是服務費。

　　而且我就算想花錢棄權，讓銀行代替我管理自己的錢，他

們也不肯接我的案子。

　　想棄權的人不可能只有我一個。2017 年全球股市一共有大約 70 兆元的資金[2]：

$$\$70,000,000,000,000$$

　　很多 0 吧。顯然大部分的人都不願面對學習投資理財、股票、期貨和會計的壓力，我們都忙著過自己的生活，不相信自己有辦法真的學會這些技能。儘管如此，我們還是想投資股票，股市有 85% 的資金來自我這種散戶，這些全是來自 401(k) 退休福利計畫、個人退休帳戶（individual retirement account，IRA）、銀行帳戶與保險的錢，也全都是一般人交給專業人士管理的錢。

股市上 85% 的資金是「我們」的錢。

　　我們能控制市場，不過這只是間接控制，畢竟付服務費或一部分的錢給別人、讓他們替我們做決定，還是輕鬆許多。問題是，花錢請別人代勞，就表示我們得先找到有能力的人（這並不簡單），把自己一部分的血汗錢付給他（這不好受），而且我們通常不會知道自己的錢被拿去做什麼（這不是什麼好主

---

2. https://data.worldbank.org/indicator/CM.MKT.LCAP.CD。

意）。

　　我心想：好吧，棄權又不是只有把錢交給財務顧問一種方法，也許我比較適合不同口味的棄權，等找到好方法再問我爸的意見。

各種口味的棄權

◯ 共同基金（mutual fund）
◯ 指數型基金（market index fund）
◯ 交易所交易基金（exchange-traded fund，ETF）
◯ 智能理財（robo-adviser）

　　共同基金：共同基金是一組股票與基金，通常是由財務顧問挑選的組合，但無論基金賺錢或賠錢，財務顧問都會收一筆服務費。你沒看錯——就算我虧錢，財務顧問也會賺錢！聽我爸說這件事的時候，我還不敢相信。除了服務費之外，你還得付 1% 到 2% 的費用給基金經理，外加共同基金行銷費用。這種基金叫作「主動式管理基金」（actively managed fund），表示背後有真人在想辦法超越股市。在指數型基金（請見下方的介紹）出現之前，小投資客想輕鬆買下市場的一部分，就只能透過共同基金。至今還有人選用這種投資方法，是因為大部分的401(k) 退休福利計畫要求用戶買他們基金公司或基金供應商的基金。401(k) 計畫管理人或顧問收取的費用，再加上共同基金經理的收費，隨隨便便一加就是 3%。你原本就會被通貨膨脹

吞掉 3% 的錢，現在又把另外 3% 交給別人，無論賺賠都會先扣除 6% 的錢，真是莫名其妙。

指數型基金：市場指數（market index）指的是一組股票，只要取這些股票的平均數值，我們就能大概知道股市的情況。這些是我們每天在新聞看到的股票，不過一直到現在開始查資料，我才發現它們的重要性。標準普爾 500 指數（Standard & Poor's 500，S&P）就是典型的市場指數，這就是 CNBC 等財經節目常提到的「標普 500」或「史坦普 500」，人們認為這 500 支股票能代表市場上的 6,000 多支股票，反映市場行情。「道瓊指數」則是道瓊工業平均指數（Dow Jones Index，The Dow），它以 30 間大型工業公司的股票指數代表整體市場。領航投資（Vanguard）這種基金管理公司會按不同比例買下指數內所有的股票，模仿指數與市場整體，將這些股票組成基金賣給我們。指數型基金不是標準共同基金那樣被「主動管理」的股票和債券，它算是「被動式管理基金」（passively managed fund），簡單說就是沒有人在研究哪些股票該買、哪些不該買。想買指數型基金，就必須和基金管理公司或基金供應商買，好處是費用比較低，也許是 0.05% 到 0.74%，最低購入額是 1,000 元以上。但如果是你的財務顧問替你挑選指數型基金，他們收取的服務費又會增加 1% 到 2%，每年共收大約 3% 的費用 [3]。

---

3. 例 如 guides.wsj.com/personal-finance/investing/how-to-choose-an-exchange-traded-fund-etf；https://www.fool.com/investing/general/2015/07/23/vanguard-500-index-fund-low-cost-but-are-there-bet.aspx。

　　交易所交易基金： ETF 是相當熱門的選項，它和指數型基金一樣跟隨市場指數浮動，不過你可以像買賣其他股票一樣到證券交易所買賣 ETF，價格也會隨買家與賣家的人數多寡漲跌。因為這種基金相對有彈性，費用也比一般的指標型基金貴一些，多半在 1% 以下，不過也有部分證據顯示它們的費用其實和財務顧問一樣，介於 1% 和 2% 之間，因為 ETF 的市價和實際股價有價差[4]。像我之前說的一樣，假如你請專業人士替你選基金，就得眼睜睜看著戶頭裡的錢每年蒸發 3%。

　　智能理財： 智能理財顧問和真人財務顧問一樣提供一系列的基金供你挑選，只不過你的顧問不是人，而是電腦，所以費用便宜一些。你可以透過應用程式或網站使用智能理財顧問，現在也有越來越多傳統證券經紀人為了追上最新潮流，提供相關服務。智能理財的費用介在 0.15% 到 0.5% 之間。說了你可能不信，但有些財務顧問甚至會推薦智能理財顧問給客戶，再另外收一筆服務費，所以總收費也許高達 2.5%。

我的數值

　　研究過棄權策略之後，我感覺胸有成竹，可以面對第一通每週一次的投資實踐電話會議了！我知道我爸會卯足全力告訴

---

4. Jason Zweig, "The Expensive Ingredient of Cheap ETFs," *Wall Street Journal*, April 14, 2017。

我棄權沒有用，但我有話要先說。

「爸，我查了幾種投資選項，有一些想法了。」

「好啊，妳查到什麼？說來聽聽。」

「如果我不想自己投資，還是有幾種選擇，不過大部分都是每年收 2% 到 3% 的服務費。」

「酷喔！」他的反應很奇怪。「真的有能力的人當然要收一筆不少的服務費，才願意承擔幫妳決定要怎麼投資的責任。來，我們先計算妳的數值，再看看妳有沒有辦法透過那些選項達成目標。」

「我的數值？」我想討論棄權啊。

「妳的數值，就是辭掉工作之前必須先存多少錢。」

開什麼玩笑？我怎麼知道要存多少錢？腦中最先冒出來的想法是：「越快越好。」第二個想法是：「那不是要考慮很多因素嗎？」第三個是：「嘖，我最討厭討論數字了。」我的思緒頓了一下，最後我什麼都沒說。

我爸選擇無視這段奇怪的沉默，繼續說：「在計算妳的數值之前，妳得先認識『複利』這股強大的力量。」

喔，以前和我爸吃飯的時候，我就聽過複利的力量了。請想像一張兔子繁殖的表格，一開始有十隻兔子，三代以後就不知怎地冒出幾百萬隻兔子了。複利就像那些瘋狂交配的兔子，意思是你如果一直把投資賺到的錢拿去繼續投資，錢就會越滾越多，從本金到利潤不停地指數成長。舉例而言：

1. 我投資 $10，在年底獲利 20%，所以我賺了 $2。
2. 我接著又把 $2 拿去投資，現在我投資的錢包括原本的 $10 本金，再加上 $2「賭資」。
3. 我又得到 20% 利潤，這次因為我投入 $12，賺到的錢變成 $2.40。

　　多出來的 4 分錢就是我們說的錢滾錢，是重新投入賭資賺來的利潤，我自己投入的錢並沒有增加。它就像聚寶盆變出來的錢，我不必把更多錢投入市場，獲益就會不停不停不停地成長。複利真的十分強大，能讓一個人的財富自動增長。

　　「妳 1 年不投資賺錢，就是失去 1 年的複利回報。」我爸說。「一開始差異還小，但最後這些小錢有機會改變妳的人生。多 1 年複利收益，妳可能就多賺幾百萬元。長期投資的人和前幾年才剛開始投資的人差別非常大，差距甚至大到能買一架私人飛機。」

　　「真的假的？」聽到私人飛機，我瞬間有了興趣。我可不想成為少別人一架飛機的輸家。

　　「丹妮爾，妳其實非常幸運，妳還年輕、受過良好的教育，而且妳自己賺了不少錢。就算妳只存下收入的 10%、買指數型基金和習慣省吃儉用，還是能安心退休，但我們這些年紀比較大的人如果沒有存錢和投資，又錯過好幾年的複利回報，那就完蛋了。我這個年紀的人之中，只有 15% 存到超過 50 萬元，這表示大部分的嬰兒潮世代很可能退休生活過到一半就沒

錢了。對妳來說，好消息就是妳這個年紀的人還有很多年可以賺複利回報；妳的收入本來就高，只要學會成功投資，就很難不變成大富翁。」

好嘛。繼續說些私人飛機啊、大富翁啊什麼的，我就聽你算我的數值。我爸果然是名不虛傳的生意人。「好啦。」我對他說。「你這麼想算就快算吧。」

電話另一頭傳來他的打字聲，還有「儲存格」之類的喃喃自語。你等著瞧，我爸馬上會跳上數字與試算表的高速列車，把我遠遠拋在後方的塵土中。

「妳現在有多少錢？」他問我。答案是不多，但我還有最後的王牌。

「如果我把公寓賣了，就能還清學貸，最後剩大概 4 萬元。」

「好，如果妳真的想改變人生，就必須冒這種險，開始存錢。」

明明是賣房子這種人生大事，他卻說得雲淡風輕，彷彿在推薦他喜歡的披薩配料：**丹妮爾啊，如果妳想做最好吃的披薩，那就一定要賭一把，試試看羅馬番茄。**但我爸就是這種人，他就是冒險先生，對他而言，賣房子真的沒什麼大不了的。而且，他推薦的披薩配料還沒說完呢。

「妳現在的本錢大概有 4 萬元，那假設妳從現在開始每年把 1.5 萬元存進退休存款帳戶，雖然有點辛苦，但還是過得下去吧？再來，我們假設妳的收入會逐年增加，所以每年的存款

會增加 5%。」

「我還以為你會叫我每年多存 5 萬塊呢。」

「我哪會這樣說。如果妳可以賺更多錢、存更多錢，那當然最好，這樣妳就能快一點得到財務自由，但我們還是別抱太高的期望。我們先假設妳自己投資可以賺非常多錢，當作參考：假設妳的年複利率是 15%。我知道這個數字聽起來很高，但妳自己投資還是做得到。妳現在有 4 萬元，每年把 1.5 萬元存進免稅戶頭，而且每年多存 5%，這時候如果妳每年賺到 15% 的利潤——那妳 30 年後退休，以今天的錢來說每年花 8 萬元，到 95 歲的時候妳還會有 6.15 億元。」[5]

「你說 6.15 億元？」

「沒錯，這就是每年賺 15% 和複利疊加的效果。當然，到妳 95 歲的時候，妳最愛的通貨膨脹會讓金錢的價值下跌，所以那時候的 6.15 億元價值等同今天的 1.05 億元——但這還是一筆可觀的財富。」

「等等，你說什麼？ 6.15 億的實際價值會變成原本的五分之一？」

「沒錯。通貨膨脹嘛。」

封閉的水泥樓梯間，現在似乎貼上到處印了「通貨膨脹」的壁紙。話雖這麼說，等我 95 歲了，用 1.05 億元生活還是綽

---

5. 在這一章的計算中，我們還假設每年的通貨膨脹是 3%，以及 65 歲開始從經認證的退休計畫中提取資本時，聯邦與州稅率一共是 30%。想用不同的數字估算自己的數值的話，請造訪 www.danielletown.com。

綽有餘。

「好，那我們接下來討論實際賺到 15% 利潤的方法：棄權並把錢交給財務顧問、買指數型基金，或是自己投資。我前面說的這些數字，是妳自己投資、每年賺 15% 利率的結果。」

我爸找出分析師估算的市場成長率，接下來 7 到 10 年的成長率大約是 1% 到 6%[6]。「就這樣！」他激動地說。「請注意，沒有人認為市場會像 1980、1990 年代，或是 2009 年到現在一樣高速成長。」

我爸又打了些字，接著說：「哇，天啊。巴菲特通常會用兩處資料來源，判斷現在的市場在高點還是低點，我剛才一看，兩個都說市場現在是在制高點。我過一段時間會把這些資料給妳看，不過就現在的估算而言，接下來幾年市場就算每年只成長 1% 也不奇怪了，如果接下來 30 年市場能有平均 6% 的成長，那就算非常了不起了。我們可以先大膽假設，如果加上股息，股市的年平均成長率會維持過去 100 年的平均值：大約是 7%。」

「好喔。」我同意道。我聽到我爸在鍵盤上敲敲打打，幾分鐘後他的聲音又冒了出來。

「好，如果妳棄權，把錢交給財務顧問買 ETF 和共同基金，那我們可以合理預估……假設市場利率為 1 年 7%，財務顧問和基金經理每年抽 2%，那妳可以賺到 5%。如果妳接下來

---

6. 晨星基金（Morningstar）。

30 年每年賺 5%，而且這 30 年都持續工作、持續當守財奴，像我們說的那樣持續存錢，然後賣掉公寓、繳完學貸後剩 4 萬元，每年存 1.5 萬，那妳會在 72 歲那年——退休 7 年後——把錢花完。那之後呢，寶貝，妳一直到死都得在沃爾瑪超市（Walmart）裡打工賺錢。」

「哇。」我說。「好慘。」不然還能說什麼？

「那麼，」我爸接著說。「我們來看看，如果妳買費用很低的指數型基金的話……還是不夠。妳退休 12 年以後錢就用完了，到時候妳還是得在沃爾瑪打工到死。」他幫我總結道：假如市場繼續照歷史上的平均值成長，我就算接下來 30 年爆肝工作、只把錢花在最必要的地方，還是會在 76 歲就把存款花光光。如果到 76 歲我還身體健康，那就只能過 20 年左右的貧民生活，我最好祈禱政府趕快解決社會福利和健保問題。

我們默默坐在那裡，消化這些資訊。

「好慘。」我語調平板地重複道，比較像是喃喃自語。「你剛剛說的 6.15 億元去哪了？」

「終於問到重點了。」他說。「我來稍微調整數字，給妳看看不一樣的結果。」

我爸又在試算表上打了幾分鐘的字，最後得意洋洋地說：「好了！」他心情最愉快的時候，就是玩試算表和數字的時候。「現在，我們來看看妳每年投資賺 20% 的結果。」

我咳嗽一聲。「20% 比 7% 高很多——也比 15% 高不少。」

「但還是可行。」我爸回道。「有人做過研究，只要用和

華倫‧巴菲特一模一樣的方式買賣股票，學他投資 30 年，就可以每年賺超過 20%[7]。假如妳能學會年複利率 20% 的投資方法——我當然會把好投資者的方法告訴妳——而且每年投入我們之前提到的數字，再繼續工作 30 年，那等妳退休以後每年花掉隨通貨膨脹調整的 8 萬元，不僅**不會**把錢用完，到 95 歲的時候還有 73 億元可以留給子孫。」

我到底該怎麼做，才能賺到那麼高的利率？我爸說的數字根本是天馬行空，但我還是被這些天文數字吸引，開始感到好奇。

「那傳說中的 26% 呢？」我開玩笑地問。不知道為什麼，他老愛說每年賺 26% 利率的事。「如果我玩股票玩得夠成功，那還要幾年才可以退休？」

「華倫‧巴菲特說過，要不是他管理的資金數目太大，他絕對能每年賺 50%[8]，所以妳別太悲觀，26% 的年利率不是不可能。如果妳的投資技巧和華倫‧巴菲特那些第一定律投資大師一樣好，賺到每年 26% 的複利回報，那過 9 年妳就不用上班

---

7. Gerald S. Martin and John Puthenpurackal, "Imitation is the Sincerest Form of Flattery: Warren Buffett and Berkshire Hathaway," SSRN, April 15, 2008, Table VII。

8. 「如果有人說金額不會損害投資表現，那個人就一定是賣家。我之前在 1950 年代創下最高利率的紀錄，完全擊敗了道瓊指數，那些數字才是真的可觀。不過那時候我投資的只是一些小錢，其實錢少反而在結構上非常有利，如果我用 100 萬元當本錢，那應該可以 1 年賺 50%——不對，是絕對可以。我跟妳保證。」（Warren Buffett as quoted by Amy Stone, "Wisdom from the 'Oracle of Omaha,'" *BusinessWeek*, June 5, 1999。）

了。從現在開始算，9 年而已！這就是足以改變人生的數字，而且它完全不會傷到妳，等妳 95 歲就會有將近 150 億元的財富了。當然，到時候妳的生活水準應該會比每年 8 萬元高，所以對妳來說 150 億可能不算太多錢。」

「別開玩笑了。」

「我是認真的。妳自己看看這些數字。」他把試算表寄給我，我打開一看才發現他說得沒錯，照表格的估算，如果我的本金是 4 萬元，年複利率是 26%，那 60 年後我會有 149 億元，隨通貨膨脹與購買力差異調整過後，相當於今天的 25 億元。當然，前提是我和現在一樣每年花 8 萬元購買力的錢——但我想必有了更多錢就會多花一些，這點相當重要。自己變動試算表、找到可以不再工作的時間點，比我想像中有趣很多。

整體而言，這些數值太不可思議了。9 年——不是 30 年，是 9 年。這就是複利的力量。

「為什麼要把 26% 當作目標？這個數字是哪裡來的？」

「想在 3 年內把手上的錢翻 1 倍，年複利率就必須是 26%，我們的目標就是每 3 年讓妳的錢翻 1 倍。有個名叫莫赫尼什・帕布萊（Mohnish Pabrai）的第一定律投資專家，他對 26% 這個數字執著到連車牌號碼都是 26。當然，如果妳問莫赫尼什，他會告訴妳，當妳的本金是幾千、幾萬塊，得到高利率不難，但是等妳必須管理好幾億元，事情就沒那麼簡單了。」

電話另一頭傳來不同人的聲音。「啊，等我一下。」我爸對我說，然後對別人說了聲：「謝謝。」餐盤碰撞的聲響傳了

過來，他似乎在辦公室裡頭擺放餐具。「管家剛幫我送早餐過來。」

「我、的、天、啊。」我搖頭說。

「是啊。」他同意道，聲音帶有濃濃的笑意。「我過得很不錯吧！」他開始大聲吃早餐，繼續透過電話和咀嚼聲介紹世界上的頂尖投資者，有多少人用這種方法投資、賺到多少利潤，還說這些全是公開的事實，知名基金經理彼得‧林區（Peter Lynch）甚至寫書說明他的投資方法。這些人早在多年前就一直告訴大眾，自己投資才能賺到比較多的錢，不僅不用繳各種費用，還能得到較多的收益；相比之下，把錢交給財務顧問、放棄管理金錢的責任與權力，實在太不划算了。華倫‧巴菲特是這種投資方法的代表人物，我爸也列出其他採用巴菲特投資法的投資者。他一面吃完早餐一面告訴我，這種投資者的紀錄非常好，數十年的平均年利率經常高達 20% 甚至更高，就連投資數十、數百億元的投資者也能得到這種高利率[9]。

我一面報復性地在話筒旁大聲喝茶，一面消化資訊。如果他說的那些數字是真的，那這種投資法果真有用⋯⋯但重點就是這裡的「如果」。「如果我可以每年賺到 15% 的利潤，我的數值會是什麼？」

「年利率 15% 的話，就是 170 萬元，妳可以在 17 年後達

---

9. 想了解個別投資者審計報告中的收益金額，請參考附錄的「超級投資者與審計紀錄」。

成目標。」我爸回答。「如果妳每年賺 26% 又繼續上班，從現在的 4 萬元本金算起，妳的數值就是 78 萬元，妳可以在 9 年後辭掉全職工作。」

9 年。我的頭腦飛速運轉，開始思索該怎麼做才能讓時間縮短到 2 年，這才是最理想的情況。

我爸似乎讀懂了我的心思。「從現在起步，盡量把錢用來投資就好。」

「跟我收費的財務顧問，應該沒辦法幫我弄到這麼高的利潤吧。」

「沒錯。」他同意道。「如果妳選擇棄權，就不可能得到這麼高的利率回報，就算退休也撐不了多久。賭這一把其實划算，贏了可以賺大錢，輸了也沒什麼大不了的。」

「指數型基金和 ETF 都是隨市場成長，所以光買那些根本不夠。」

「對。巴菲特也說了，如果一個人不認真學投資，那買標普 500 這種隨市場漲跌的低費率指數型基金，算是次佳選擇，這樣平均每年賺 7%。買指數型基金，基本上就是賭美國會持續成長，這樣賭其實還不錯，因為相比其他國家，美國在競爭方面有持久的優勢。我們有兩片海洋形成的實體護城河、全球最強軍力、穩定的貨幣、自由媒體，還有能用來投資未來的數兆元。除此之外，我們還有聰明的人才、勤勞的勞工、優秀的倫理道德、提倡個人責任的文化、公平的稅制，而且政府對市場的干預有限。這就是為什麼把錢投入美國股市算是一種投

資，而且還算划算；如果把同樣的錢放進希臘或阿根廷股市，那就是在賭博了。但是，我剛才也把數字算給妳看了，光是投資市場指數的話，沒辦法達到妳要的財務自由，除非妳的本金比現在多很多。」

「我還是希望可以直接棄權，把錢交給神人級別的基金經理。」我沉思著說。即使說到這裡，我還是不願意面對明擺在眼前的現實：我不該當守財奴也不該棄權，而是該成為投資者。這句話觸動了我爸的開關。

「妳太相信他們的能力了。事實上，那些基金經理幾乎不會超越市場，基金的利率甚至可能低於市場平均值。」[10]

「怎麼可能？如果他們沒辦法贏過市場，那怎麼會有人把錢交給他們管理？」

「就是有可能。他們之中幾乎沒有人能超越市場，不過好像沒有人在乎這點，大部分的人都對金融理財一竅不通，也根本不關心這件事，他們和妳一樣滿腦子想棄權。要是選擇棄權，妳會失去非常多機會。」

「你少來，應該還是有好基金經理願意幫客戶賺錢，值得我們花錢委託他們吧？不然客戶為什麼要一直仰賴他們？共同基金經理這份工作能存活到現在，就是因為他們可靠啊。」

---

10. 根據標普道瓊指數公司（S&P Dow Jones）的一篇研究，大型成長股票型基金（large-cap equity fund）當中只有 5.88% 能在 3 年後超越市場，而到了第四年，這些大型成長股票型基金沒有任何一支能繼續超越市場。（S&P Dow Jones Indices, "Fleeting Alpha: Evidence from the SPIVA and Persistence Scorecards"。）

　　「替別人理財的人通常都滿口胡言，連神棍和他們一比，都顯得誠實了。共同基金經理這份工作之所以能存活至今，是因為它是網路時代之前的產物，那時候我們還沒辦法接觸網路上大量的資訊、沒辦法自己理財，才需要這些人的服務。而且啊，有些基金經理其實只是幫客戶買別人管理的基金，他們大部分的時間都拿去拉客戶了，因為這些人做好投資也不會賺比較多錢，多拉幾個新客戶還比較實在。」

　　「哇，真的假的？」

　　「真的。」我爸說。「驅使他們好好投資的動力只有一個，那就是讓潛在客戶看到他們的紀錄比同行優秀，還有讓現有的客戶繼續留下來。他們往往會杜撰美好的童話故事，讓妳以為只要付錢請他們幫忙，妳就會得到超越市場的利率。實際上除了極罕見的例外之外，一些人雖然能幫客戶賺到一些錢，卻只維持一小段時間，剩下的時間，基金經理只是讓妳的錢隨市場成長而已。他們的目標不是得到高利率，而是把客戶鎖在身邊。」

　　「那真正的問題不就是怎麼找到好的基金經理，請他們幫你投資嗎？」我語帶諷刺地說。「我就該找你剛才說的那些第一定律投資者啊！」

　　我爸聽了嗤之以鼻。「想找到好的投資者，妳就必須了解投資方法，有能力評估他們的表現。這樣想吧，學投資的好處不只有得到自己投資的能力，妳還會得到豐富的知識，在投資房地產或買私人公司的時候都派得上用場。要棄權的話隨時

可以棄權，到時候等妳學會第一定律投資法，就知道該怎麼評估基金經理的能力、判斷他們究竟是好經理還是伯納‧馬多夫（Bernie Madoff）那種騙子了。而且，到時候妳的本金比較多，也能引起好基金經理的興趣。」

「你的意思是說，就算我想請好的基金經理幫我理財，我還是得學投資才能找到好經理？」

「基本上就是這樣。我們下個月就來解釋他們沒辦法超越市場、第一定律投資者卻經常超越市場的原因。」

「好啊，那就來討論**這個**吧。」我同意道。他說的話沉甸甸地壓在我肩頭：只有學會投資，我才有找到好投資者的眼光；只有學會投資，我才有辦法賺到足以換取自由的錢。

「我明白了，賺到高利率我才有辦法得到財務自由。」我同意道。「但我還是不認為股市是賺高利率唯一的方法，我還是不信任它。」

「我沒說妳一定要投資股票。」我爸告訴我。

「什麼？」我驚呼。「可是你每次都在說要買股票啊！」

「那是因為每個人都能輕鬆地在家買賣股票。妳調查過後應該也發現，其他種類的投資就沒這麼容易了，不過我說的第一定律投資法原則上也適用其他種類的投資，只要是製造現金流的投資，都能用上這些原則。」

「房地產也是嗎？」

「對。還記得妳當初買公寓之前，我們討論過這筆買賣究竟是不是好投資、其中包含了多少不同的因素嗎？」

「記得。我們有談到博得市空間有限，大學穩定提供新的人口，這裡有自然的美景、地點也不錯。我們還討論到如果科技業和 2001 年一樣暴跌，或是房市像 2008 年一樣崩盤，會發生什麼事。」

「我們最後認定買這間公寓是好投資，而不是投機買賣，理由有兩個：第一，博得市的房地產能長久經營下去；第二，妳買下公寓之後就能直接租給別人，馬上有現金入帳。這就是第一定律投資法──其實妳已經不知不覺做了一次第一定律投資分析，而且妳分析得很好。」

我笑了。「所以這種投資法其實很簡單嘛！我了解我住的城市和社區、了解購屋和之前租房子的價格，不用研究財務報表或推測我不認識的公司執行長會怎麼做，就完成購屋分析了。」

「投資分析也是一樣的道理，雖然買股票時要注意的資訊多了幾層，但基本的流程差不多。妳必須判斷什麼是投機買賣、什麼是真正的投資，這中間的差異就是事情的確定性。」

我想了一想。假如我一開始就專注於投資出租用的房地產，那所有的錢都會被單一的投資物套牢，想把房子賣出去也沒那麼簡單，更何況我不會修馬桶，要是房客找我幫忙就麻煩了。但如果我投資股市，就能把錢投入幾間不同的公司，就算坐在自己家沙發也隨時能售出股票。我還在努力尋找替代的選項，一來是因為我不想相信我爸說的話，二來因為我不想信任股市。

「妳還有別的選項。」他又說。「我有個朋友專門開達美樂披薩（Domino's Pizza）加盟店，賺到夠他整天打馬球的一大筆錢。開披薩店對他而言是非常好的生意，重點是地點、品牌和如何經營品牌，只要能兼顧這些要素，妳也能賺大錢。他現在好像有四十幾間加盟店了。」

「可是我完全沒有經營披薩連鎖店的經驗，哪有可能開達美樂加盟店？」

「想走這條路，妳就得學他在店裡工作、當店長，然後買下自己的一間店。不過妳說得對，妳的長處應該不在這裡。」

「就是嘛。必要的話我當然可以學習，但難道我要為了開披薩連鎖店，放棄我的法律事業？難道披薩店就是我的畢生之作？怎麼可能。」

「是啊，妳平常說話會用到『畢生之作』四個字，就表示妳這個菁英主義者不適合做這行。」他開玩笑道。「其實開加盟店挺困難的，現在基本上所有的好地點都已經有速食餐廳了，妳只能選擇在較差的地點開店，或是加入新公司，但這種投資的確定性就低很多了。」

「我可以開科技新創公司啊。」我提議道。

「是嗎？」我爸說得很慢，卻沒有不贊同的意思。

「這就是我有經驗的行業了──好吧，我沒有直接經驗，但我也和幾十間新創公司合作過，它們會遇到哪些問題我都知道。我知道哪裡有陷阱、哪些事情重要，也知道一些第一次開公司的創業者想不到的小訣竅。」

「是沒錯，」他又緩緩地說。「但這種生活不好過。」我爸投資和經營過幾間新創公司。「不管有多少人寫書說失敗是好事，失敗對一個人來說，通常就是一場災難。我們通常會看到成功的企業家、連續創業者和成功的創業投資者，卻不會看到那些失敗七次以後沒有任何存款、沒有任何事業的人，也不會看到那些已經 50 歲了還沒成功的人。如果妳不夠厲害、不夠幸運，創業人生就會過得非常坎坷，只有兼具能力與運氣的人才能成功。」

我回想當初選法律而不是創業的理由：創業律師可以和新創公司合作，但不必自己冒險。

好吧，我無話可說，被逼得走投無路了。除了拿自己的錢投資股票之外，我已經沒有退路了，一想到這件事我就胃痛。我真的不想把自己的錢賠光。

「寶貝，」我爸對我說。「先倒退一步，看看是什麼問題讓妳這麼焦慮。妳擔心自己失敗、怕錯失讓自己以後過好生活的機會，但妳沒發現這個機會已經握在手裡了！」

換個角度想，他說得還真有道理。

「妳現在選擇原地踏步，結果肯定比冒險還要糟糕。想清楚！妳不學投資的話，就算退休也只能過幾年的退休生活，現在擔心失去那短短幾年退休生活有什麼用？別被投資嚇退了，另一個選項也同樣可怕，妳有投資這條路可選，就已經比大部分的人幸運了。還記得竹田和平嗎？」

嗯？我好像沒聽過這個名字。

「竹田和平是日本版的華倫·巴菲特。」

「他也靠投資賺了好幾億嗎？還是他和巴菲特一樣是有名的價值投資者？」

「兩個都是。我前幾年去日本的時候和他見過一面，妳忘了嗎？他的投資方法當然和巴菲特一樣，但我比較好奇的是，除了這之外，他還有別的成功祕訣嗎？妳猜他是怎麼回答的。」

「不要賠錢？」

我爸笑了。「他腦子裡應該是這麼想沒錯。」

「他只是不想把華倫的原則占為己有吧。」

「他是真的給了答案，他說他的祕訣是『MARO』，意思是真心感激。這個人是全球最富有、最成功的投資者之一，結果他的祕訣竟然是感激。」[11]

我忍不住笑出聲。「這應該是他為了應付『你有什麼祕訣？』這種問題，隨便亂掰的回答吧？」

我爸不笑了。「重點是，在日本，他就是以真心感激聞名。這是他投資的核心理念，他投資的每一間公司都建立了感激的制度。」

哇，他居然真的說到做到。

---

11. 甚至有人寫書介紹竹田的感激精神：Janet Bray Attwood and Ken Honda, *Maro Up: The Secret of Success Begins with Arigato: Wisdom from the "Warren Buffett of Japan"*（Amazon Digital Services, 2015）。

「他在投資一間公司時，會請執行長在全公司制定感激的政策，經常提醒員工懷有感激之心，在開會時感激彼此，真心感激成了他們公司文化的一部分。如果一間公司的執行長不配合，竹田就會售出手上的股份。他告訴我，他養成了一天感激一千次的習慣，這也是他成功的關鍵。」

「一千次？那還有時間想別的事嗎？一天十次就已經很多了。」

「好吧，那我們不要一天一千次，但妳有沒有辦法每天想兩次？甚至一次就好？」

「當然可以。」這個主意其實不錯。感激一般來說是好事，不過我之前試過有意識地多多感激，卻做得很勉強，結果越努力越覺得自己很假，又因為自己假裝感激而產生罪惡感。「我不認為勉強擠出來的感激對我有幫助。」

「嗯，我懂。」他想了片刻。「那妳能不能在遇到不滿意的事情時，找到其中的小確幸？對妳遇到的問題說聲『謝謝』？妳不必強迫自己產生什麼感受，只要對那份經歷的一部分說『謝謝』就好。」

我想了想。這種感激我喜歡，如果能在問題當中找到一點好處，就能轉變事情的能量，讓一件事從負面變成正面。

在當下，我對身體產生的壓力心懷感激，是它讓我知道我多麼迫切需要改變人生。我爸有知識、有經驗、有時間幫助我，我也對他心懷感激。我這個月找到了面對財務現實的勇氣，稍微讓緊繃的胃放鬆了點，這也值得感激。這些都是貨真價實的

感激之情。

我爸輕聲說：「妳這麼勇敢、讓我幫忙，我非常感激。我知道這不容易。」

聽他這麼說，我不知該如何回應才好。照他以前的說法來看，放手躍進投資的世界是一件再輕鬆、再自然、再簡單不過的事，現在聽他承認投資可能會有點可怕，但他願意盡力教我，我有些不知所措。聽他說這些，我感覺自己不必再竭力反對他的意見，也許他多少能體會我的心情。我不再希望自己能證明他錯了，內心也沒有先前那麼糾結了。

我爸清了清喉嚨，開始總結之前的對話：「簡單來說，想達到財務自由，妳就得考慮四個簡單的數學要素：

1. 每年最低開銷。
2. 還剩幾年可以投資。
3. 可以投資的金額。
4. 投資的目標利率。

「第一項——開銷——就交給妳了。我以前過了每年花不到 4,000 元的 13 年，那時候我都沒注意到自己有多窮。越戰時期，我在陸軍薪水最高的時候月薪 441 元，這還包括跳傘和派駐戰區的加給。妳要花的錢比我多，不然妳肯定會覺得自己過得太苦。第二項——時間——是固定的，妳從現在到老的時間有限，如果想成功利滾利就得現在開始。第三項——金錢——

也是固定的，除非妳突然發現能變出更多錢的魔法。我們大部分的人都沒辦法突然增加收入，而且賺錢這件事說來神奇，當妳賺的錢變多，不知為什麼開銷也會跟著增加，結果存下來的錢還是不夠多。」

說來難過，他說得非常有道理。

「妳一定要努力克制自己，盡量把錢拿去投資，尤其在一開始時間最多、最能夠累積複利的時候。」

「如果你早點叫我投資就好了。」我大著膽子說。

「我也很想啊！可是妳說什麼也不聽。」

「也是。」

「所以妳一定要現在開始投資。還有，別忘了達到財務自由的第四要素：利率。對大部分的人而言，利率是固定的，就算想得到超越市場的利率沒有意義，除非──除非妳願意做出改變人生的選擇，學巴菲特和孟格的投資法。」

「那就像全職工作一樣耶。」我出聲抗議。「我只能花一部分時間投資，沒辦法像你一樣花時間研究，而且話說回來，我根本沒時間投資啊！光是維持現在的工作，我的時間就不夠用了。」

「我知道年利率 26% 這個目標感覺非常困難，但如果妳能以低於投資指數型基金的風險，獲得達成目標的機會呢？只要現在花一些時間研究，未來的獎勵會十分驚人，但如果妳不做，以後就……」

「好啦，我知道。」我打斷他。「就是在沃爾瑪打工到

死。」現在的丹妮爾和未來的丹妮爾在我腦中爭鬥，我現在沒時間，但我一定得擠出時間，否則就會錯失在幾年後獲得嶄新人生的機會。

「我當然不希望妳變成那樣，所以才要把我所知最有用、最能夠保護妳的技能教給妳。妳為什麼不願意學？」

他提出無法用「是」或「不是」回答的問題，開啟了錯誤的一扇門。這是他第一次犯錯，我心中所有的恐懼也一口氣潰堤。

「因為總體經濟（macroeconomics）會對股市造成我無法預測也無法想像的影響。因為之前在 2008 年，我根本不曉得不動產證券（real estate security）會拖垮美國經濟。因為可能有世界大戰。因為有的公司會對監管機構說謊。因為我不了解產業界，不知道某個產業的某間公司值不值得投資，也不知道是不是整個產業都要倒了。」我爸消除了我實務上的疑慮，結果在我心中潛藏已久的擔憂全都湧了上來。「該學的事情**好多**。我知道你對你的投資有一定的信心，可是我不知道要怎麼變得和你一樣。我怎麼知道自己是不是知道得夠多了？」

我爸知道，我擔心自己找不到正確的情報和資訊。「這是好問題。等妳知道得夠多，妳就會知道了，因為我會親自教妳。」

我還是不確定我要如何得知自己學得夠不夠多。公司是由人組成的，人總是會犯錯，還會做出情緒化的決定，而且這些人除了工作之外還會遇到其他的事情，有些人會撒謊、把責

任推給別人，有些人想做正確的事卻做不到，有些人會偷竊並湮滅證據。我們不能把一間公司當成一個龐大而不會動搖的個體，我必須在調查與研究的時候，看出一間公司有沒有動搖的跡象。

「首先，我想讓妳看到，選好公司究竟有哪些好處。」我爸打斷我說。「接下來，我們會深入探討選擇特定公司該注意的細節，還有如何獲取正確的資訊。投資的祕訣就是等待，在妳做好準備、市場時機正確之前，我不會讓妳做任何交易。」

「你這麼說，讓我想到你之前說的『專精的四個層級』（Four Levels of Mastery）。」

「沒錯，就是它！」我爸興奮地說。

我爸經常提到「專精一種技能的四個層級」，我一直把他的話記在心裡。學習新技能的第一層級是「無意識的無能」（Unconscious Incompetence），這時候你完全不會這種技能，甚至因為完全不了解它，而不為自己的無能感到擔憂。現在想來，我在快艇競賽這方面就是無意識的無能。

第二層級是「有意識的無能」（Conscious Incompetence），這時候你知道自己該有哪些技能，但做得還不是很好。在唱卡拉 OK 這方面我是有意識的無能，我也沒有要進步的意思，我寧可窩在包廂角落喝古典雞尾酒、幫朋友歡呼，還有在別人唱布蘭妮（Britney）的歌時起來跳舞。這就是我定義的「不差的夜晚」。但假如我今天想掌握唱卡拉 OK 的技能，停留在有意識的無能這個階段就會非常痛苦。

第三層級是「有意識的有能」（Conscious Competence），意思是你知道自己該知道什麼，只要有意識地專注於這項技能，你就能做得很好。到達有意識的有能層級後，你就能進步得更快，將有意識的無能那種痛苦拋在身後，朝光明的前方前進。

第四層級是「無意識的有能」（Unconscious Competence），在這個階段，你不用多想就能把一件事做得很好。運動員常把無意識的有能這種極端經歷稱為「領域」或「神馳狀態」（the zone），在這種狀態下，你似乎可以超脫自我，見證籃球輕輕鬆鬆射進球框。華倫‧巴菲特說他只花幾分鐘就能決定要不要買下一間公司，他應該已經到無意識的有能境界了。至於我呢，我只要能觸及有意識的有能，就心滿意足了。

「妳一定很快就會進入有意識的有能狀態了。」我爸信誓旦旦地說。

我爸真好，願意把自己的時間用來教我投資。他這個人很忙，我也是考慮再三才接受他的好意，雖然不確定他有沒有辦法堅持一整年，只要他願意來教我，我除了學學看之外也沒有別的選擇。我知道未來的丹妮爾需要這些投資課，也許現在的丹妮爾也能有些收穫。我平常上班都在替別人處理計畫和工作，這次的投資實踐計畫是我為我自己做的一件事。也許在學習過程中，我還能加深對我爸的認識——至少從不同的角度認識他。

話雖如此，我還有一個疑慮。我當初選擇法學院而非商

學院，就是因為數字往往在我腦中游來游去，最後從耳朵漂走，再也不見蹤影。對我而言，會計報表長得就像好幾排可怕的黑色小數字，我甚至能感覺到它們傷害我的大腦，彷彿在我腦中發生電解作用。害怕會計的絕對不只有我一個人，而且我怕數學是有原因的——2001 年的安隆醜聞案（Enron accounting scandal）證明了一件事：即使對擁有會計證照的專業人士來說，財務與會計仍可能是一門神祕的學問。

「你應該知道我數學很差吧？我一點也不喜歡看財務報表。」

我爸有點不好意思地說：「我在評估投資學生能不能學某種新東西的時候，通常會拿妳做實驗，只要妳學得會，他們就一定能學會。」

我笑了。「好喔，那看來你也知道我的數學有多慘。我還有救嗎？」

「當然有救。我會教妳如何估算一間公司的價值——照巴菲特的說法，我們的目標不是跳過六英尺高的障礙，而是先從六英寸的小障礙開始。別擔心，妳可以的。」

「那我很快就要買股票了嗎？我真的不想買。」

「不用！妳就算想買也不能買，這樣總可以吧？到時候妳還沒準備好就會等不及買股票了。」

聽到這句，我給了他一個他看不到的眼神，但他還是隔著電話感覺到了。「在這 1 年結束之前，別指望我讓妳買公司。」他接著說。「妳一定要先吸收知識、找到重心，『確立自身，

而後行』。」他引用《薄伽梵譚》（*Bhagavad Gita*）的句子。

他想表達的意思我也懂。我小時候除了超覺靜坐和瑜珈以外，還讀了英文與梵文原文的吠陀文書，在我們家中，用 5,000 年前絕跡的古老語言引用《薄伽梵譚》中的名句，感覺再自然不過。沒辦法啊，我爸媽就是那種莫名其妙就成為人生勝利組的怪人。我爸引用這句話，意思是說，我必須先在心中奠定投資知識的基礎，如此一來我的直覺才有參考的價值。這正合我意，因為我也很怕他要我用真錢投資股票。

「爸，你不用擔心，我應該不會急著買什麼股票。到時候你叫我買，我還不想買呢。」

「我覺得妳會越學越喜歡。」

我也只能接受他的說法，準備認真學習投資的每一個步驟。我下定決心，既然要學投資，就要學好。我沒有花好幾年瞎搞的餘裕，而且快速得到自由的念頭像是一塊大磁鐵，不停把我吸過去。

我們說再見之後掛了電話。我爸成功說服我不要棄權了，我只能自己投資。這時候，我心中混雜了好奇、焦慮與一股神奇的力量。我要自己投資了。

我要自己投資了。

2 月的練習

　　我起初不想算自己的數值，但知道確切數字之後，我卻覺得達成目標也許沒那麼困難。我建議你自己做決定、找到屬於自己的數值，掌控它，也可以試試用不同的利率、不同的基本金額估算數值，摸索通往財務自由的各條道路。我在我的網站上放了「Your Number」計算機，讓你輕鬆計算自己的數值，歡迎到 www.danielletown.com 使用網站上的資源。最重要的是，記得規律地練習意識自己面對的問題，並且努力找到值得真心感激的那一小部分。

用我的錢票選使命

本月待辦

- ◯ 打造我的投資辦公室
- ◯ 企業入門課
- ◯ 尋找使命
- ◯ 一家公司的故事

　　反對投資的種種理由丟到一邊之後，我下定決心和我爸一起執行投資實踐計畫。我之前提出的藉口都是事實：我還是忙得不可開交，我的數學還是和以前一樣差，要裝進腦袋的資訊還是多得令人頭暈目眩。我怎麼可能讓投資習慣完全融入生活，讓它跟我一輩子？走到這一步，我該考慮實務層面了。

　　我感到暈頭轉向時，總是靠整理東西找回平衡，把身邊的東西整理好，大腦內部也會整齊許多。

　　下一個星期六早晨相當清冷，我在家裡的風景窗前，看著日出被一片藍天取代。我坐在大扶手椅上，開始思考怎麼學投資。我該在什麼時候、什麼地方練習投資？練瑜珈時，我可以把瑜珈墊當成重心，只要人在墊子上──即使只有短短 5 分鐘──那天的瑜珈練習也算是完成了。最近的時間實在不夠用，我只能把自己鎖在辦公室的無障礙廁所裡，一面想像自己身在別處，一面深呼吸、彎腰伸展。我死也不敢碰廁所地板，但至少能想像自己在瑜珈墊上練習，至少我努力過了。對習慣跑步的人而言，穿上跑步鞋、走出家門就是練習的開始。那在投資的練習這方面，有什麼東西能替代瑜珈墊和慢跑鞋呢？

　　我學投資的時間，是取自本該用來做其他代辦事項的時間，如果身邊的環境無法點燃我對投資實踐計畫的熱忱，那隨著其他代辦事項的急迫程度提升，我學投資的意願只會持續降低，直到最後消失無蹤。

　　老實說，我身邊根本不存在適合投資的環境。我家裡沒有辦公室，小公寓裡也沒有這種空間。

收納專家近藤麻理惠告訴我們，要明確地想像一塊理想的空間[1]。我舒舒服服地窩在扶手椅上，一如往常地望向窗外——城市另一側是宏偉的大學校區——思考該怎麼激發投資練習的火花。在理想的環境中，我會謹記自己開始投資的理由，這塊空間還會有一些有助於投資的道具，還有讓我堆資料和其他投資雜物的空間。想到這裡，我開始動手打造投資空間。

打造投資空間的魔法

巴菲特信徒蓋伊·斯皮爾（Guy Spier）在《華爾街之狼從良記》（*The Education of a Value Investor*）一書中寫道，他在辦公室裡放了一張他和華倫·巴菲特的合照，用他最寶貝的照片提醒自己時時向這位英雄人物看齊。此外，他用站立式書桌確保自己保持清醒，也盡量不看其他人分析各家公司的文章，以免影響自己的判斷。我爸就不一樣了，他大部分時間都坐在桌上型電腦前，經常讀別人寫的分析，了解對立方的論述。他辦公室裡也有擺照片，只不過照片都放在背後，所以他不常看它們。看來每個人都有自己的布置喜好。

我這間小箱子般的公寓裡，每個角落都已經有東西了。但近藤麻理惠說得對，想像一塊空間的理想狀態時，我確實能分

---

1. Marie Kondo, *The Life-Changing Magic of Tidying Up*（Berkeley, CA: Ten Speed Press, 2014）。

清事物的重要性，我知道自己喜歡在家裡的飯廳或廚房工作，這些地方比較有活力、有擺放東西的空間，還有一些零食。想把工作做好，就絕對不能忘記零食的重要性。

我決定了，投資實踐計畫的執行地點就在飯廳的餐桌上，但這也表示我必須經常收拾投資相關資料，所以我會把投資相關用品放在一個箱子裡，算是可攜式辦公室。我的投資箱就等同投資辦公室。

我在箱子裡放了一些護身符，用來提醒自己如何引導思緒和心念，還有幾件辦公室日用品。首先是提醒我在問題中尋求感激點的護身符：幾年前，我的心臟冒出一些不好診斷的毛病，整件事終於結束時，醫師送我一塊心形石頭，要我記得事情總會有好轉的一天。

第二件護身符，是在我疲憊時、不想再花時間研究投資時，給我動力、讓我繼續做下去用的。這可以說是我的北極星，指引我朝價值投資大師的方向前進。每次坐下來實行投資實踐計畫，我不管往哪看都能看到我爸的身影——電話上、電郵裡、我的腦海裡。此外，餐桌旁的書架上，我爸寫的兩本書就擺在最顯眼的位置——都是初版，還有他寫給我的親筆簽名。我爸就陪在我身邊。

把書當護身符倒是不錯。我將其他幾本書堆起來當筆電架：多的幾本《有錢人就做這件事》、《投資回收期》，還有《華爾街之狼從良記》、伊方·修納（Yvon Chouinard）的《越環保，越賺錢，員工越幸福！》（*Let My People Go Surfing*）、

葛瑞琴·魯賓（Gretchen Rubin）的《過得還不錯的一年》（*The Happiness Project*），以及阿圖·葛文德的《一位外科醫師的修煉》（*Complications*）。我把《麻理惠的整理魔法》（*The Life-Changing Magic of Tidying Up*）放在書堆上，提醒我保持整潔，還有在財務整理時保持效率與果斷。我也用《大賣空》（*The Big Short*）提醒自己，我不能只看事情的表面，還得考慮市場上的種種總體經濟力量，而且有時候事情似乎非常順利，實際上可能正朝災難邁進。

斯皮爾辦公室裡放了父親的照片，因為父親是最初帶他走上投資之路的人，看見父親的照片，他就會想起自己努力工作的理由。我媽和妹妹不見得需要我，但是我幻想財務自由時，總是想像自己有能力照顧她們，所以我從架上取下一張母女合照，擺在電腦旁邊。這樣感覺還可以，但好像還不夠，畢竟我小小的公寓裡到處都是家人的照片。我把自己、卡瑪拉和兩個好朋友晚上在紐約玩的合照放在一旁，他們也成了我學習投資的動力來源，受朋友鼓勵的感覺還不錯。我也放了一張我爬山的照片，那次我和朋友去爬一座風景極美的山，朋友拍了我的照片之後當禮物送我。之所以把它當護身符，是因為它讓我感覺自己視野遼闊，也提醒了我：如果達成心目中的財務自由，我就有空閒時間可以爬山……去海邊玩……到城裡玩……做我想做的事。我很愛這幾張照片，也想常常看到它們，而現在我只有乖乖把照片從投資箱拿出來、擺設投資辦公室，才可以看到它們。這是小小的動力，但也是暖心的小動力。

還有什麼呢……我找到能鼓勵我打開箱子、製造吸引人的氣氛的東西了。我把一個香氛蠟燭放進投資箱，以後坐下來練習投資就能聞到宜人的香味了；我也順便將打火機放進去，省下每次找打火機的功夫。

我考慮把耳機放進箱子，讓自己在工作時輕鬆戴上，不過我只有一副好耳機，我也想在練習投資以外的時間聽音樂。反正耳機平時就放在門口的碗裡，每次要用再拿也不會太麻煩，所以我沒把它放進箱子。

最後，我把幾年前在加德滿都的紀念品攤買到的小祈禱輪放了進去，祈禱輪雖然轉軸有些偏了，也不怎麼精緻，但它總能讓我產生一種神奇的感覺。在藏傳佛教信仰，一面祈禱一面轉動祈禱輪，就能讓祈禱的能量送入宇宙。我把祈禱輪放在書架上，和我爸的簽名書擺在一起，轉了小輪一下，將我的心願、祈禱與我對投資實踐計畫的希望送入宇宙。它的存在也時時提醒我，光是許願無法讓事情成真，我必須轉動祈禱輪、必須練習投資。

這就是我的辦公室，它裝在醜醜的塑膠儲物箱、放在書架上，是不是很別致啊？一堆書、一個蠟燭、一些護身符、相片，還有筆記型電腦，全部擺在餐桌上，和蓋伊·斯皮爾精挑細選的藏書差得很遠。好吧，沒關係，我也提醒自己別為了追求完美而走火入魔。

即使只是做一些小事、打造理想的辦公空間，也讓我感覺自己多少能控制這項計畫。我還是覺得自己正一頭衝進渾沌迷

霧，但至少我的東西比較整齊了。

　　我接著開始在電腦上做準備，新增一個名叫「投資實踐計畫」的資料夾，放在桌面顯眼的位置。我本來就用記事應用程式整理剪報[2]，現在我直接創一個標題同樣是「投資實踐計畫」的新記事本。我其實不確定這些資料夾和記事本裡要放什麼，但至少我做好準備了。我想把資料都整理好，假設 2 年、8 年或 10 年後想回來看我針對某間公司查的資料，就能輕鬆找到這些資訊，不必一再重複蒐集同樣的資料。

　　準備就緒後，我可以開始研究要投資的對象——企業。企業是所有股票與公眾市場的根基，想了解現在的企業如何運作，我就必須認識它的起源。企業經理能領百萬元的高薪，把公司治理得一團亂，就是企業與責任的演化結果；我想先充分了解這個體系的基礎，再把我自己的錢投進去。

企業：一種法律擬制的簡史

　　企業為我們提供商品、運輸、食物與住所，這不是理所當然的事嗎？企業和股市都是人組成的，是我們人類發明了這些概念（我們律師喜歡稱之為「法律擬制」〔legal fiction〕），如此一來我們即使投資這些公司，也不必為它們的行為負責。

---

2. 我目前用的是 Evernote，不過網路上還有很多好用的筆記與檔案整理應用程式與網站，值得你去探索。

就是它們的歷史導致我那天站在公寓裡，一面欣賞剛打造完成的投資辦公室，一面思考怎麼防止自己把錢交給寡廉鮮恥的企業經營團隊。

企業是早在幾千年前就存在的東西，但在荷蘭人發明股票交易後數百年，英國人也有了足以改變歷史軌跡的發明：業主有限責任（limited liability）的概念。有限責任就是字面上的意思，公司老闆的責任僅限於公司資產，向公司討債的債主，不能動老闆的個人資產。新概念萌芽後，人們開始積極創業，不再擔心自己經營失敗後全家遭牽連。有限責任對創業者而言非常美好，但是對公司與投資者而言是把雙面刃。英國經濟學家亞當·斯密（Adam Smith）假設人們一定會為自己的利益理性行事，但這下不道德的行為受到企業這面盾牌保護，我們必須稍微修改斯密的基本假設。

美國漸漸接受了「企業」的概念，即使偶爾有企業行為失當，企業存在的益處仍然多過壞處。公司實體的演進，同時允許天使與怪獸存在：一間公司能將王族般的享受帶給中產階級，另一間公司也許會摧毀許多社區；一間公司能幫助窮人致富，另一間公司卻使富人破產。我知道自己如果要當投資者，一定要成為謹記自己價值觀與使命的投資者，並學會區分天使公司與怪獸公司。有哪些企業表現得值得褒獎，依照我心目中的重要規則行事？有哪些公司不守規則？這些是我想知道的事。

不對等的問題

　　擔任企業律師期間，我一直注意到公眾公司與股東之間資訊不對等的情形，如果我要投資自己熟悉的專業領域──草創初期的新創公司──我必須先了解公司創辦人的個性，才能決定一間公司是否值得下注。大投資者也會以類似的方式評估上市公司，他們通常會和公司經理見面、參觀辦公室與工廠，並請專家分析公司的財務報表，但我這種小投資者就沒辦法這麼做了。我不敢投資公眾公司還有一個理由，那就是股東手上的資訊比公司經營者少得多，因此處於劣勢。公司掌握的資訊和股東掌握的資訊，永遠不可能一模一樣。

　　股東是公司的所有者，卻不是經營者──身為律師，我一直覺得企業結構在這方面實在很有趣，但從潛在投資者的角度來看，這件事其實非常可怕。有限責任給了我這個潛在投資者成為企業所有者的選項，同時也讓我不必過問公司的營運方式，這就是我之前說的雙面刃。股東可以票選一間公司的董事，由董事會為公司做重大決策，這些人又會僱用並指派特定的人當經理，實際經營公司的就是經理。董事會有受託人責任（fiduciary duty），這不僅是法律責任，還是道德上的責任，他們應該做對股東有利的決策，不過達成這個目的的方法就有很高的自由度了。理論上如此一來，股東就能間接控制公司，假如某位董事做得不好，股東能票選別人取代那位董事（假如董事嚴重違犯受託人責任，股東還有各式各樣的處理手段可

選）。雖然每間公司的情況不一樣，但實務上，許多董事都很
樂意每年收 25 萬元開幾個鐘頭的會議，所以他們會盡量避免
惹是生非，通常都直接通過執行長的決策。

以經理薪酬為例：董事會希望能僱用有能力使公司成長、
股價上漲的經理，經理希望自己的表現能令董事會滿意，他們
有時候也會以提升股價為目標。股東希望股價上漲，但這層層
動機有時會鼓勵公司不顧長遠，只為短期利益做打算。這麼一
想，一些公司的經理薪酬不停地上漲、上漲又上漲……無上限
上漲……是不是就很合理了？極高的薪酬造就了僱傭執行長，
即使這些人的決策長期下來對公司有害，他們還是能每年領數
千萬、數億元高薪，最後還有金色降落傘（golden parachute）送
他們衣錦還鄉。

2015 年，斯倫貝謝（Schlumberger）油田服務公司執行長領
了一共 1,830 萬元，其中包括調漲 12% 的薪資。同年，公司因
前 1 年損失 27% 的營收與 41% 的毛利，解僱了 2.5 萬人──總
勞力的 20%。安隆公司、世通公司（WorldCom）、泰科國際
（Tyco）與南方保健（HealthSouth）等公司的執行長，就是只
想自己賺大錢或建立好形象的人。不幸的是，執行長薪酬與公
司表現，還有執行長薪酬與員工薪酬之間不道德的落差，其實
很常見，而且這些年來情況越來越嚴重。50 年前，大型企業的
執行長薪酬平均是員工薪酬的 20 倍，但到了今天，執行長薪
酬平均是員工薪酬的 300 倍[3]。

我們的股市就是在這些短視近利的僱傭執行長影響下成

長，許多公司都參與了這場行動，但也有一些公司置身事外。

身為投資者，我想支持那些選擇明哲保身的公司。

用我的錢票選使命

開始思考企業的種種陋習之後，我決定找出自己真正喜愛的幾間公司，和我價值觀相同、志同道合的好公司。我想支持像卡內基（Andrew Carnegie）、賈伯斯（Steve Jobs）與歐普拉（Oprah Winfrey）的人，因為貪欲不是他們唯一的動力。這些人不完美，驅使他們做事的同樣是私慾，但他們因此成為最有能力的人、製造最好的產品、為創造最好的東西而賭上一生，這並非僅只是理想主義式的空談。

那麼，我該怎麼區分好人和壞人呢？從前小心謹慎、竭力避免投資的我，認為《情到深處》（*Say Anything*）的羅伊德·多卜勒（Lloyd Dobler）是絕對正義──沒有充分發揮潛力的他似乎有種神奇魅力，他還說過：「我不想把賣東西、買東西或加工東西當作事業。我不想賣任何買來或加工過的東西，也不想買任何在市面上販售或加工過的東西，或加工任何經過買賣或加工的東西，或修理任何經過買賣或加工的東西。我不想做這種事業。」好啊，羅伊德，你這個愛用音響播音樂的大帥哥，你不想把這些當事業沒關係，但我已經不是從前的我了。幾個

3.　Robert Reich, *Saving Capitalism*（New York: Knopf, 2015），94。

月前，我可能還認同你的說法，但現在不一樣了。我現在想投資和羅伊德截然相反的人：販售好商品的人、小心選擇要買什麼東西的人、有道德良知的人。我有一些朋友認為我們生活在反烏托邦世界，由陌生人的貪婪推動企業法西斯主義——如果我們無作為，那這種恐怖的世界也許會成為現實，但我可以投票，我可以票選自己想在未來世界看到的公司和執行長。

我突然發現，我可以在更宏觀的層面上用金錢來投票。我們天天用錢與道德行事，也許選擇買有機食品、非血汗工廠出產的衣服，或是美國車。在超市買「無害於海豚」（dolphin-safe）鮪魚是很好沒錯，但我們有機會用錢造成更大、更有衝擊力的影響，以買股票的方式支持行為得體且有使命感的公司。假如我們所有人都用錢投票，就有辦法修復亂成一團的股市。

作為消費者，我每天都用自己的錢票選市場上我喜歡的東西。如果我買了栽種過程使用除草劑的蔬果，我就不會指望自己的選擇提升明年的有機農產品產量。我買有機食品，就會鼓勵更多人生產有機食品——而多虧了用錢票選全食超市（Whole Foods）、強迫其他超市提供更多自然與有機食品和全食超市競爭的消費者，過去 30 年來，有機生鮮市場從零成長到足以改變生鮮蔬果產業。

現在，我也能用同樣的方式，拿錢在股市投票。這時候，我不受距離遠近與自己的消費需求限制，可以用自己的錢支持那些做重大決策時考慮股東利益、經營者有道德良知的公司。倘若我非投資不可，我想投資我認同的公司——這些公司

明白，自己如果沒有一定的毛利就無法存活下去，但它們也知道，它們並不是只為了利潤而存在。我想投票給我愛的那種新創公司，也就是有使命感、想讓世界變得更好的公司。我越想，越覺得這些和自己志同道合的公司，絕對是替我保管錢財的最佳人選。

我不想支持剝削勤奮認真的好人、只給員工最低的基本薪資、像沃爾瑪一樣虧待員工的公司。沃爾瑪這種公司虧待員工還是能賺大錢，但我不看好它，畢竟一間公司的員工不快樂，它只會慢慢腐敗。除了員工待遇不道德之外，待遇不佳的員工當然不會多花一些時間把事情做得更好，也不會為顧客提供最好的服務，有其他工作機會的話，他們也不太可能留下來。同樣地，我也不想買麥當勞（McDonald's）那種公司，因為它採購的雞都是在擁擠的小籠子裡度過一生，而且體內還滿滿都是抗生素。可以的話，我也盡量不在這種店裡買東西、不買這種食物，這對我來說很重要。

我不在不認同的店裡買東西，當然也不會想投資它們。

我發現，投資也許對這個世界有好處。好公司需要我和其他像我一樣的人用金錢支持它們，支持人道的畜牧環境、有機草莓與良好的員工待遇。無論離家最近的全食超市有多遠，我都能買它的股票；無論我今年有沒有在露露檸檬（lululemon）[4]買衣服，我都能買它的股票（哈！）；就算我在努力戒酒，也

---

4. 沒錯，這間公司的名稱就是沒有大寫字母。

能買擁有傑克丹尼（Jack Daniel's）與布朗霍文（Brown-Forman）品牌的公眾公司股票，支持我心愛的波本威士忌。我可以用自己的錢投票，而且重點是，無論我有沒有意識到自己在投票、無論我想不想投票，這些選票都必然會投出去。我可以和大部分的投資者一樣無視這點，也可以選擇接受這件事。

可以用錢投票的人不只我一個。還記得嗎？全球股市上的70兆元資金當中，有85%是我們這些小投資者的錢。大部分的華爾街專業投資者和智能理財顧問不把投資當成投票，也根本不考慮公司使命，他們眼裡就只有錢。至於選擇投資有道德的公司的人，通常是為了使命而犧牲較高的利潤。

如果能結合使命與持續成長、完善經營且有營收的公司，那一定能造成極大的影響。投資這種公司的話，我可以為未來的丹妮爾賺錢、幫助自己快快實現財務自由，同時也能加入85%之中其他支持與投資好公司的投資者，把我辛苦賺來的錢交給值得投資的公司——有自覺的資本主義（conscious capitalist）公司、相信行善能增添利潤的公司。這不是空想，是已經發生的事情：投資者不再投資支持種族隔離政策的公司與組織，於是種族隔離政策漸漸消失了。投資者不再支持菸品公司，菸草產業因此大受打擊。投資者將資本投入有機與自然食品公司，現在一般的超市不但提供有機與自然生鮮，還把這些商品擺在顯眼的位置。

錢會說話。美國最大的投資者不是華倫·巴菲特或比爾·蓋茲（Bill Gates），而是加州教師退休體系（California State

Teachers' Retirement System，CalSTRS）等，這些人在股市投入超過 1,100 億元的退休基金（https://www.calstrs.com/portfolio-holdings-asset-category）。那 1,100 億元全都是教師退休金，都是我們一般人的錢，如果我們把自己的錢拿回來，不再讓加州教師退休體系和其他華爾街退休基金掌控我們的錢，各自投資自己想支持的理念，那些沒有良善理念的公司只有改變或消亡兩條路可選。資金會影響股價，抽出資金之後股價就會下跌、執行長會被開除、董事會也會換人，到時就是美國人引頸期盼的企業道德革命。這不用花幾年時間，可能短短幾個月就能實現了。想到這裡，我興奮得全身一抖。

也許這麼一來，我們就不用再看到薪資高得不可思議的執行長、被裙帶關係鎖死的董事會，到時就不會有勞工被剝削、不會有企業汙染環境了。也許如此一來，聘請美國勞工、給他們良好待遇、在美國生產商品、保護環境、在制定大決策時考慮到股東利益的公司，就能漸漸成長茁壯；這些經營妥當、有良好道德標準、以使命為重的公司成為市場主流，為投資者帶來可觀的利潤。假如我們每個人都拿出大人該有的責任感，自己為自己的財務決策負責，就能掌握龐大的力量，也會讓投資變得有趣許多。

我們無法控制機構的基金經理人，只能從他們手裡收回我們的錢，自己來理財。

我開始感覺自己有點像創業者，只不過我創立的不是公司，而是我自己的投資組合。那接下來該往哪個方向前進？接

下來該怎麼做，才能改變世界呢？

　　我對渴望做善事的自己欽佩不已，也詫異地發現，我已經等不及用自己的錢票選股市上的使命，而且我現在沒有那麼害怕投資了。

　　我記下我喜歡的公司的共同點，把這份清單稱作「使命清單」（List of Mission）。

我的使命清單

○ 善待員工且支付足以維持生活的薪資：不人道的公司不會為世界提供正面能量，只會製造一批批討厭那間公司的員工，最後只有滅亡一途。

○ 善待產品：如果是動物，那就人道地對待牠們；如果是產品，那就製造對環境友善的產品；如果是食物，就採用可永續發展的農業技術。

○ 當地的小公司最好：在支持地方社會的同時，善用公司環境、當地名聲與員工等可在當地取得的資訊。

　　我還發現，我的使命清單不包括特定產業或產品的限制。舉例而言，反槍枝的人也許基於自己的原則，絕不會買史密斯威森公司（Smith & Wesson）的股票。我沒有這種強硬的立場，不過絕對有立場明確的人，這些人也該積極票選自己支持的價值觀。

　　有些人可能會說，我投資的錢少到根本不會對任何一間公

司造成影響，但這就和你說「我不會投票，反正多一票少一票都沒差」，或是「我就買最便宜／離我最近／最方便的東西，反正都沒差」一樣。一張選票或一筆交易也許影響不大，不過如果有幾千個人投給同樣的人、買同樣的商品，那就能造成很大的衝擊。更重要的是，我知道我會竭盡所能做到心安理得；我相信世界上有因果報應這回事，所以當然希望自己以後能有好報。

我站在剛擺設完成的投資辦公室，首次感受到展開行動的動力。我發現，一間公司是否奉行有自覺的資本主義，對我來說非常重要。我想像自己買股票，買的是全食超市這種奉行好理念的公司。2 個月前和我爸吃午餐時，我想到買股票就覺得自己被封閉的水泥樓梯間困死了，然而神奇的是，現在的我感覺自己是名戰士。我現在把自己視為著重使命的創效投資者（impact investor），探討哪些公司表現得體面可敬、認同我重視的價值觀，哪些公司不符合我的要求。

我爸應該會喜歡「票選奉行好使命的公司」這種想法，但我不確定他得知我擅自改動他的投資方法、加入自己的想法，會不會有意見。我知道他想把自己投資的方法實實在在地教給我，讓我找到他所知的答案。我還小的時候，他往往在開車長途旅行的路上，用蘇格拉底反詰法問我一些哲學或宗教問題。蘇格拉底和我爸一樣，喜歡用惱人的誘導性問句，引導對方得到他要的答案，難怪雅典人最後殺了他。

接近月底，我和我爸又打了一通投資實踐電話。計畫開始

數週，我們沒能按計畫每週通電話，但至少我們都有努力撥空討論，這對我來說已經很好了。

我脫口說出：「爸，我想投資和我價值觀相近的公司，用我的錢支持它們，不然我會因為自己支持不好的理念產生罪惡感，最後就會失去興趣、不想再繼續投資下去了。」

「很好啊！票選妳支持的價值觀，我喜歡妳這種想法。一間公司的使命和理念，都是我說的『公司的故事』一部分。」

我根本不知道他在說什麼。公司的故事，是指它的歷史嗎？

一家公司的故事

「我在研究一間公司的時候，」我爸接著說。「會自然而然地在腦中編故事，想像這家公司的來歷、經營者是誰、它為什麼要做它做的事。我把這稱作一家公司的故事。在想像公司的故事時，我會遵循簡單的故事大綱：意義、管理、護城河（Moat）、安全邊際（margin of safety）。我知道這些我們都還沒討論過，別擔心，我們會一一深入討論這些要點的意思。一間公司的故事還有一個重點：妳希望世界上有更多和它價值觀相似的公司嗎？這就是它的使命。」他解釋道，你對一間公司的研究範圍可以很廣，一開始還在研究蘋果公司（Apple），一回神卻發現自己在研究中國工廠裡的超導體。我爸告訴我，當他時時把故事和大綱記在心裡，就能專注在比較重要的議題

上，專心研究這間公司究竟值不值得投資。

「你會把故事寫下來嗎？還是唸出來？」

我爸想了想。

「這件事我做太久了，現在我不會花時間正式把故事寫下來，只會在腦子裡編故事，然後找幾個可靠的人一起討論。」

聽到這裡，我就知道我的方法會和他有點不一樣，不過我沒把這個想法告訴他。我讀法學院和當律師這些年來，練就了辯論的好功夫，我知道自己必須看到白紙黑字寫下來的論點。我會把自己要說的話寫下來，寫了事情才夠精確，就連我選用的詞彙也很重要，這件事完全隨便不得。

我爸開始解說他想故事的方法。一開始，他會想想自己是怎麼找到這家公司的、別的投資者有沒有投資這間公司？接下來，他會盡量了解公司——確切而言，他想知道是什麼因素讓它得以維持競爭力、它的經營者是誰、它到底有多少價值。然後呢，他會描述整體產業、公司的競爭對手，還有幫助它穩定存活與競爭的優勢，並提供有說服力的歷史紀錄，表示公司的表現夠好，還有提出證據證明它的經營團隊能力優異。接下來，我爸會提出這間公司的價值，也就是買價（buy price）——他願意花多少錢買這間公司。此外，他還會想想是什麼事件讓這間公司貶值，它大約會花多久時間復元。作為最後的總結，他會提出三個買這間公司的好理由。

「你會跟我解釋怎麼編這些故事的吧？」

他笑了起來。「那當然。我們這 1 年就是要用來了解公司

的故事。」

　　如果我是投資者，我會怎麼評估新創公司值不值得投資？我應該會考慮這間公司現在在做什麼、未來有什麼計畫，差不多就這樣。身為新創公司的顧問律師，我看過不少新創公司遭遇的問題，也知道哪些問題可能導致投資者賠錢，翻轉故事不就是我們律師的工作嗎？「你把這個叫作『公司的故事』這點，我很喜歡。這個故事是我對一間公司的看法，可是我心目中蘋果公司的故事，可能和你心目中的故事不一樣。」

　　「說得很好——特別在妳考慮到自己的價值觀，也就是妳所說的公司使命之後，同一間公司在兩個人心目中的故事很有可能不一樣。妳想把一家公司的使命、價值觀，還有妳喜歡它、希望它成長和成功的理由加進故事，我覺得非常棒。妳喜歡的使命和我不一樣，所以我們兩個在衡量一間公司的價值時，應該會得到不同的結論。」

　　我爸欣賞我對投資實踐計畫的貢獻，也讓我對他的投資事業有所貢獻，我十分感動。我感覺好像是我和他並肩走在學習之路上，而不是一直由他為我領路。他似乎有在聽我說話，把我的意見聽進去；之前他對我問起法律問題時，他也會聽我的意見，但現在不一樣，現在我們是在他專精的領域，他卻不介意我稍微改變布景。看到他態度如此開放，我也比較能信任他了。

　　「真的嗎？你不介意我在你的投資方法裡頭加料？」

　　「完全不介意，」他告訴我。「這表示妳有這方面的天賦。

反正妳一生只會投資少少幾家公司，所以當然要挑選妳真心喜歡的公司。巴菲特只投資他愛的公司——不過他的喜好應該和妳不一樣，他最近參加一場年會，有人問他為什麼還在投資可口可樂，難道他不知道攝取太多糖對身體不好嗎？巴菲特說他每天喝六罐可樂，喝得很開心。他還說他去過全食超市，可是超市裡每個人都頂著一張臭臉。」

「什麼？」我故作震驚地怪叫一聲。

「他是在開玩笑，不過他不會拿自己的價值觀開玩笑。他就是以實際行動支持他喜歡的公司。」

唉，人家是專家，當然已經想到要用自己的錢票選使命了，結果我根本就不是天才。巴菲特支持的使命和我不一樣，這也不值得大驚小怪，我和他是不同的兩個人嘛。這就是投資的重點：我會票選我重視的價值觀，他也會票選他重視的價值觀，最後我們再來比較投資成果——無論結果如何，至少我們都沒有自欺欺人，假裝自己不是在用錢投票。

我想起專精技能的第四層級，所有人都渴望達到的最高等級：無意識的有能。這應該和鳥類鳴唱一樣自然，到時候重重迷霧會散去，天上會降下一道光芒，照在我身上。那就是我的目標，我也想向那個等級的人學習。看樣子巴菲特就是那個等級的人。

我們從很久以前就計畫回懷俄明州傑克遜市的老家一趟，這回我帶著堆積如山的工作回老家，過程中一次也沒切斷我和事務所的網路連線。儘管如此，我和我爸難得有機會共處一

室、討論投資，當然要做些不同類型的工作。

　　首先，我想知道我爸和華倫‧巴菲特極力推崇的「價值投資」究竟是怎麼回事。

　　我知道除了自己以外，還有很多人想學習價值投資。我和我爸一起坐在客廳裡，我開口說：「我覺得我們應該把對話錄成播客。被工作困住、需要自由的人絕對不只有我一個，有很多人都想和我一起實行投資實踐計畫，他們聽了你的教學一定會受益良多。」

　　「是喔？」我爸說。「播客是什麼？」

　　「你小時候沒辦法用 5 分錢買到的東西。」真是的，老人家就是這樣。我用手機開播客給他看。

　　他馬上就明白了，播客能觸及我這種竭力逃避金融工業複合體的人，幫助我們學習投資。「投資課：第一定律投資播客」（InvestED: The Rule #1 Podcast）就這麼誕生了。我希望定期和我爸討論投資，能讓我持續隨進度前進，如果能幫助其他人進步就更好了。

　　投資和法律一樣，有它自己的一套語言，而且還不是學校裡可以修的語文課。我們這些普通人就是需要專家幫忙。

　　在法學院念書的第一年，我總感覺自己像是用消防水帶喝水，法庭判決都是用我這輩子看都沒看過的文字，我花很多時間讀書，手邊每次都放一本《布雷克法律詞典》（*Black's Law Dictionary*）和四種不同顏色的螢光筆，以便區分案件的不同部分。刑法教授告訴我們，法律是一種語言，你必須先把語言學

通，才有辦法在法律的世界辦事。我在法學院待了大概 6 個月，有一天忽然發現我讀完一份案件資料，過程中沒有絲毫為單字或格式感到困擾。我終於學會法律的語言了。

　　現在想到要了解自己可能投資的公司，我心中冒出莫名的既視感，彷彿又回到了剛進法學院那段時期。我爸隨口說出來的字詞——「複利」、「投資報酬」……我的老天，還有「通貨膨脹」——都是陌生的語言，我必須學會和這些相關的生字生詞，還有更多、更多新的單字，我只會越學越迷糊。可是投資就和一般的外語一樣，只要下功夫學習，總有學會的一天……至少，我是這樣告訴自己的。

　　「巴菲特最厲害，對不對？」我問我爸。

　　「他是最厲害沒錯，不過我們不會從他說起。」

　　什麼？

　　「我們會從他的生意夥伴——查理‧孟格——說起。如果妳問世界上有哪個投資者和華倫‧巴菲特一樣聰明，那答案一定是孟格。孟格之前接受 BBC 採訪，提出了他們投資策略的四大原則，我投資的時候、孟格和巴菲特投資的時候，就是用那四個簡單的原則。」

3 月的練習

花個 10 分鐘，打造屬於你自己的投資辦公室。該怎麼營造財務自由的氣氛？你遇到瓶頸時，有什麼能支持你走下去？完成後，在投資辦公室裡腦力激盪一番，想想現在的你是怎麼用錢投票的。你現在用錢支持哪些價值觀？你還想繼續支持這些理念嗎？想完之後，列舉你想用錢投資和票選的使命。

價值投資的第一原則

本月待辦

- 事件
- 了解一間公司
- 能力圈與三圓習題
- 大師
- 投資密集訓練

「首先，」我爸說。「我們要先退回去講背景知識，妳才有辦法真正了解一間公司。我們來談談市場，還有它為什麼這樣運作。」

效率市場假說

「我們先假設大家都很理性。」我爸說。「一個理性的基金經理不會把一支價值 100 元的股票用 50 元賣掉，也不會花 100 元買一支只值 50 元的股票。我不會做這種事，妳也不會，外面那幾千個聰明的基金經理都不會做這種事。」

「嗯，我同意。」我點點頭。

甚至還有人用理論解釋這件事，那個理論叫「效率市場假說」（Efficient Market Hypothesis，EMH），意思是如果人們都理性行事，根據股票的價值進行交易，那股票的價格就完全有理。重點是，這時候股價會完全反映特定時間點所有的資訊。股價上漲或下跌所有的可能性都會被幾千個聰明人用來喊價，這些人全都掌握完整的資訊，也全都在同一時間出價買股票。根據效率市場假說，股價隨當下所有有效情報變動，就表示這個市場「有效率」，而在這種情況下，股票在任一時間的**價格**和它的實際**價值**一模一樣。

「在有效率的市場上，如果資訊幾乎是立刻被用來調整股價，那當然沒有幾個投資專家能超越市場了。」我爸簡單地總結效率市場假說。「新消息出現的瞬間，買家會根據消息調整

出價，股價也會立刻調整到能反映當下價值的新價格。」

我記得之前發現幾乎沒有共同基金能連續幾年超越市場。我爸告訴我，效率市場假說能完美地解釋這種現象：你想挑選好公司、贏過市場也沒有用，因為每間好公司和壞公司的股價已經坐落在平衡點，上漲和下跌的機率都是 50%。

喔……原來如此。

但我能舉出不符合效率市場假說的反例：1956 年投入第一個巴菲特合夥事業有限公司的 1 萬元，放到 1973 年成長到 250 萬元，但如果把同樣的 1 萬元投入指數型基金，那最後只會成長到 5 萬元。如果效率市場假說是真的，沒有人能超越市場，那巴菲特怎麼可能如此成功？

一位學者認為巴菲特和樂透得獎者、用吃角子老虎機贏錢的人，還有會丟錢幣的猴子一樣，只是運氣比較好而已 [1]。假設每一次擲硬幣得到正反面的機率都是 50%，猴子擲出 10 億枚硬幣，很可能會得到將近 50% 正面、50% 反面的結果。但如果猴子只擲出 100 枚硬幣，牠真的不可能幸運到 100 枚都是正面嗎？無論我們討論的是投資或擲硬幣，總是會有一些結果出現在常態分布的極端值上；換句話說，在隨機的股市上，不出現至少一個華倫‧巴菲特，我們才該驚訝。

---

1. 1973 年，普林斯頓大學（Princeton University）一位教授出版了《漫步華爾街》（*A Random Walk Down Wall Street*）一書，對大眾說明效率市場假說的原理。他在書中提到最明顯的反例：巴菲特。當時華倫‧巴菲特已經連續超越股市將近 20 年了，墨基爾（Malkiel）卻選擇將之歸功於運氣。

這種說法聽上去很有道理，好幾項諾貝爾經濟學獎，都頒發給試圖證明市場有多麼理性、多麼有效率的效率市場假說研究者。照這些人的說法，超越市場唯一的方法就是長時間下來一再憑運氣勝出，而這就是華倫・巴菲特成功的祕密。

幸運的猴子

華倫・巴菲特被經濟學者當成幸運的猴子，作為回應，他說……等等，他什麼都沒說。

那之後 9 年，他就讓投資收益代替自己發言。假如 1973 年出書的墨基爾在同年出 1,000 元投資巴菲特，等到 2015 年，他的 1,000 元就會成長到 2,378,280 元 [2]。

巴菲特在 1984 年告訴全世界，他知道自己是投資界的話題人物，寫了一篇轟動一時的文章。他在哥倫比亞大學商學院（Columbia Business School）雜誌發表了標題為〈葛拉漢與多德村的超級投資者〉（The Superinvestors of Graham-and-Doddsville）的文章，文中提出自己不是幸運的猴子的論點。他表示，如果你所謂幸運的猴子，全「來自奧瑪哈一間特定的動物園，你大概就知道自己找到某種線索了……換言之，如果很多成功的案例異常頻繁地發生在同一個地方，你可能要找找這些地方有沒有

---

2. http://uk.businessinsider.com/warren-buffett-berkshire-hathaway-historical-returns-2015-3?r=US&IR=T。

異於平常的特質，這些可能就是導致成功的因子。」

　　巴菲特所謂的「動物園」是他的導師班傑明・葛拉漢所創，葛拉漢其實才是巴菲特與孟格投資法的祖師爺。班傑明・葛拉漢的價值投資「動物園」產出好幾隻「幸運的猴子」，這些人一個個在投資界闖出自己的一片天地，巴菲特也引用其中幾隻「猴子」的紀錄，表示這些人都用班傑明・葛拉漢的投資策略，永遠抱持以低於實際價值的價格「買公司，而不是買股票的心態」。巴菲特指出，這些投資者各自決定要投資哪些股票，彼此沒有事先討論過，重疊到的股票也非常少。「這些紀錄顯示，這並不是一個人猜中硬幣哪一面會朝上，然後五十個人跟著他喊的情況。」他表示。那結果呢？那群人當中，就連最失敗的投資者也大勝市場指數，而最成功者──利克・桂林（Rick Guerin）──的紀錄甚至遠勝巴菲特。

　　巴菲特得到的結論是，這些投資者能用同樣的方法互不干涉地投資，從價格與價值之間的差距獲取利益，就表示市場一定並非完全是有效率的。「當一支股票的價格可以被華爾街『一群』人影響，」他宣稱道。「當最情緒化、最貪婪或最憂鬱的人能設下極端價格，我們很難假定市場定價一定是理性的。實際上，市場價格經常莫名其妙地變動。」[3] 還記得酒館裡那些最先發明股票交易的荷蘭人嗎？巴菲特提到的「一群

---

3. Warren E. Buffett, "The Superinvestors of Graham-and-Doddsville," 1984, reprinted from *Hermes*, the Columbia Business School magazine。

人」就是那種人互相影響，每個人都擔心自己落單，因此一窩蜂地追隨潮流。巴菲特想表達的是，基金經理通常會基於恐懼或貪欲而買賣股票，而不是理性無情地根據情報做決定。

華倫・巴菲特和查理・孟格注意到人們經常做情緒化的決定，因此利用這點賺錢，在群眾害怕地賣股票時入手股票，在群眾貪心地買股票時賣出手上的股份。從他們多年居高不下的年利率看來，這種方法顯然有效。

那麼，各位經濟學教授讀了巴菲特的文章，有沒有相信情緒與無效率能影響股市、市場不如效率市場假說所說的那麼有效率呢？他們有沒有立刻從課綱移除效率市場假說的章節呢？沒有。他們有的無視巴菲特、有的說他不過是例外，總之他們不打算放棄效率市場假說。後來在 1999 年，耶魯大學（Yale University）經濟學教授羅伯・席勒（Robert Shiller）出版了《非理性繁榮》（*Irrational Exuberance*）一書，書名取自聯邦儲備局（Federal Reserve）當時的理事會主席亞倫・葛林斯潘（Alan Greenspan）在 1997 年說過的一句話：「股市變得非理性地繁榮了。」他認為理應理性又有效率的市場接近瘋狂，市場不是因理性因素變動，而是隨情緒化的決定波動。席勒證實了葛林斯潘的論點，也證明市場的表現確實不理性。第一次有廣受尊敬的學者攻擊效率市場假說，但這絕不是最後一次。2013 年，席勒榮獲諾貝爾經濟學獎。

忽然間，人們想到巴菲特與孟格堅持多年的說法，開始相信市場的變動並不理性，也漸漸相信在市場充斥恐懼時買入、

市場充滿貪欲時賣出是有效的策略。

命中效率市場假說的第二次重擊，是納西姆・尼可拉斯・塔雷伯（Nassim Nicholas Taleb）寫的《黑天鵝效應》（*The Black Swan*）。曾經是期權交易者、後來轉行當學者的塔雷伯，在書中大力攻擊勞勃・默頓（Robert Merton）在 1997 年獲得諾貝爾經濟學獎的效率市場相關理論，他認為市場並不隨機，也不是常態分布，而且投資者完全有可能超越市場。「黑天鵝」是塔雷伯發明的用詞，意指黑天鵝這種被人在野外發現之前，大眾以為不存在的事物──塔雷伯發現，這些被當作稀有事件的事情其實並不罕見。

舉例而言，近期股市上的黑天鵝事件包括網路的興起（人們貪心地想加入高速成長的產業，形成泡沫化經濟）、2001 年的網際網路泡沫（2001 dot-com crash）（這時人們對估價高得誇張的科技股心生恐懼，導致泡沫破裂），以及 2008 年房市崩盤（那是金融工具造假事件曝光引起的恐懼浪潮，幾乎堪比經濟大恐慌時期的恐懼）。現在股市又連續成長了 10 年，這又是貪欲的作用了。

以色列經濟學者兼心理學者丹尼爾・康納曼（Daniel Kahneman）與阿摩司・特沃斯基（Amos Tversky）也加入攻擊效率市場假說的行列，在 30 年的學術生涯中證實，人類的表現不同於亞當・斯密與效率市場假說的前提，我們並不會隨時隨地理性行事。他們還證實，在高壓、高不確定性，且數據資料快速變動的情況下，人類通常會基於「快思」（fast thinking）

行動——這時候的思考基礎就是偏見與情緒。看到獅子準備撲過來時，你會因為快思而立刻逃跑，這時快思能救你一命。然而，在高壓且高不確定性的情況下立刻行動，也許在過去對我們有幫助，但現在這卻可能是錯誤的決定。

在股市上，逃離不確定因素不一定是正確選擇。由於股市可能成為高壓且變動性高的環境，康納曼與特沃斯基的研究顯示，股市很有可能被一群基於偏見做決定的交易者推往不理性的方向，而且出乎意料的事件製造恐懼時，這種情形會特別明顯。康納曼因相關研究，在 2002 年獲得諾貝爾獎。

撞向效率市場假說這艘船的魚雷越來越多，芝加哥大學（University of Chicago）行為經濟學者理查·塞勒（Richard Thaler）在 2017 年獲得諾貝爾獎，他的貢獻是證明效率市場假說的前提——我們都會為自身利益做出全然理性的選擇——不正確。儘管如此，守舊派也不打算舉旗投降。同樣在芝加哥大學任教的尤金·法馬（Eugene Fama）過去在 1960 年代因證明效率市場假說而獲得諾貝爾獎，他曾如此評價塞勒：「他的研究很有趣，但沒什麼內容。」[4] 儘管近幾年的諾貝爾獎多頒發給反對效率市場假說的學者，這個理論仍然是全美每一間商學院的必修，而巴菲特依舊靠效率市場假說與人們因此犯下的錯誤，每年得到 20% 的利潤。

---

4. Frank Armstrong III, "Richard Thaler, a Giant in Economics, Awarded the Nobel Prize," *Forbes*, October 13, 2017。

　　我說這麼多，意思就是價值投資很有用，它真的有效。找一間你真心喜歡的公司，耐心等到經濟衰退、公眾公司的營收下跌、市場上湧起恐懼的浪潮、投資者開始一窩蜂賣股票──這就是所謂的「股災」（stock market crash）──這時，公司的股價就會低於它真正的價值。大部分的基金經理都會隨其他基金經理賣股票，所以股價下跌時，買家也會越來越少。等你喜歡的公司跌到超低價，然後買下去，買了之後就等到經濟循環再次提升收益。隨著收益提升，貪欲又會驅使人們回來買股票，買家越多，股價就越會上漲。等股價漲上去，你就可以賣股票了。就這麼簡單。既然事情這麼簡單，我們這週末剩下的時間還有什麼好討論的嗎？

　　「可是，」我邊說邊在我爸對面坐下來。「如果投資的訣竅這麼簡單、這麼顯而易見，為什麼大家不都來學價值投資？」

事件：鳥事發生了

　　我爸用現實生活中的案例回答問題：「之前在 2011 年，埃及因為阿拉伯之春的緣故，在運輸棉花時遇到一些問題。全球排名第一的 T 恤生產商是一家名叫吉爾登（Gildan）的公眾公司，沃爾瑪的 T 恤就是它生產的。吉爾登製造 T 恤用的棉花很大一部分來自埃及，因為棉花可能短缺，它的價格也跟著高漲，製作 T 恤的成本高到吉爾登的執行長公開表示，他的公司

明年不可能賺錢。這就是我說的『事件』。」

　　事件是第一定律投資法的關鍵。在第一定律投資法的定義下，事件並不是公司內部的致命問題，而是可修正、影響不長久的突發災難，短期到中期內令人無法確定一間公司的現金流狀況。事件可能只影響一間公司、特定產業，但也可能影響整個市場。重點是，事件只是暫時的，而且我們研究過這間公司和相關產業、了解它們的運作模式，因此能預估事件解決、股價恢復正常所需的時間。

　　「可是問題來了，」我爸繼續說。「執行長還告訴我們，棉花短缺只是暫時的，他們以前也經歷過這種情況，知道事情過 1、2 年就會好轉。棉花價錢漲到那麼高，喬治亞州的農人自然會種下大片大片的棉田，等到他們在 1 年後大豐收，價錢就會恢復正常了。」

　　「可是對大投資者來說，這段時間太長了。」我發現問題的癥結點。因為實務上的因素，基金經理的工作不允許他們等風波過去，他們的客戶——大部分是退休基金公司——不想花錢讓基金經理無為而治，股市蒸蒸日上的時期他們更是坐不住。基金經理要是坐等價格與價值出現差異，就有可能連月被市場超越，到時他的表現比不過同儕當季的表現，1、2 年後客戶把錢交給不同的基金經理，他就沒飯碗了。基金經理生活在競爭無比激烈的環境，相比之下國家美式足球聯盟（National Football League，NFL）根本是小兒科。

　　「應該是吧。」我爸也同意。「我一直覺得他們只是不懂

得自己動腦，只會跟著人群走。妳猜得沒錯，他們馬上一窩蜂賣了吉爾登的股票，做出最不理性的選擇。」

在我看來，他說得不完全正確。「我懂你的意思，不過我不認為那些基金經理賣股票是因為他們不理性。」我有點像在自言自語。「你之前也說過，他們那個世界的規則不太一樣，他們只是在規則容許的範圍內理性行事而已。如果事件提高了市場的不確定性，受限於產業性質的基金經理也只能賣股票。在這些人看來，90 天可能就算是『長期』投資，可是那次事件過後，吉爾登要經過較長的一段時間才能復元。假如一個基金經理手上有吉爾登的股票，也知道其他人準備棄船逃命，他總不能呆呆坐在那裡，眼睜睜看著自己投資組合的一部分狂跌70% 吧？就算他不想賣，也得跟著其他人一起賣。」

「說得也是。」我爸表示同意。

哇，我爸竟然同意我說的話，真是不可思議。他下了最後的結論：「總之，妳可以從這裡看到，效率市場假說不可能成真——股價就是不等同於實際價值。」

「是。」我同意道。「而且我也學到，在長期事件發生的時候，基金退出這塊市場是很正常的事，我不用因此大驚小怪。」

「正是。這時候妳應該開心才對，因為基金經理賣股票就表示股價會下跌，妳剛好有機會買進股票。」

對我而言，這是天大的好消息，表示我不必比華爾街的金融專家聰明，只要依照不同的規則——巴菲特的規則——玩遊

戲就好了。

影響全市場的事件

　　我真正擔心的，其實是市場上的股災和泡沫經濟。泡沫經濟之所以會發生，是因為買家相信買下一支股票之後，會有其他人花更多錢來買自己手上的股票，至於股價是否反映了實際的價值，那就不好說了。

　　史上最早的股市泡沫之一，起源於英國的南海公司（South Sea Company）。英國王室獨准南海公司殖民南美洲，那時候南美洲受西班牙控制，英國公司很難在那裡經商，但大部分的民眾不了解實情，只聽說那裡有大量的財富。因此，南海公司雖然沒有營收，投機者還是一窩蜂投入股市，在 1719 到 1720 短短 1 年間，將每股 110 英鎊的股價炒到將近每股 1,000 英鎊。這就是公司與投資者資訊不對等引發災難的典型案例。一時間，市場上的需求高得不可思議，人們喊價時沒有考慮所有的資訊，結果和今天資訊不全就投入股市的人下場一樣慘。1 年還未結束，泡沫就破裂了，股價跌回每股 100 英鎊。泡沫化過程中，人們有正確地利用資訊估算股價嗎？沒有，當然沒有──南海公司事件告訴我們，這些投資者根本沒有運用資訊與情報估價。

　　泡沫經濟或股災也是相同的情況，只不過規模大得多，人們同時無效率地錯估好幾間公司的價值。這種事件似乎會無中

生有。

　　「啊。」我爸微微一笑。「如果不仔細觀察，妳當然會覺得事情發生得莫名其妙。我會教妳怎麼知道股價有沒有正確反映公司的價值——我都用兩個指標觀察股價資訊，一個是巴菲特推薦的，另一個是羅伯·席勒推薦的。市場瘋狂飆漲、把我遠遠拋下的時候，我會注意席勒本益比（Shiller P/E）和巴菲特指標（Buffett indicator）。」

席勒本益比

　　席勒本益比是羅伯·席勒發明的指標；我們之前也提過席勒，他是《非理性繁榮》的作者。席勒為了評估市場價格是不是過高或過低，計算了標普 500 過去 10 年週期性調整與隨通貨膨脹調整的盈餘，用這個數值除標普 500 的總股價，得到週期性調整的本益比（又稱市盈率）（price-to-earnings ratio，P/E）。我知道這聽起來像一堆用果汁機攪成一團的專業術語，不過用圖表呈現應該會比較好懂。下文的圖表畫的就是 1870 年至今的席勒本益比起伏。

　　過去 140 年來，席勒本益比平均是 16.4。從 1870 年至今，它只有三次超過 25：它在 1929 年上升到 32，當時市場狂跌90%；它在 2000 年上升至 44，市場跌了 50%；第三次就是最近，席勒本益比在 2016 年超過 28，到 2017 年 10 月上升到 31。

　　我爸補充道：「席勒因為分析本益比，還有發現市場可能也經常發生不理性行為，拿了諾貝爾獎。席勒本益比不代表馬

上會發生股災,它只是一個指標,讓我們知道現在股市整體的價格和價值差距很大。股市可能下週就狂跌,也可能繼續上漲 2 年,也可能連續 3 年都沒有動靜。」

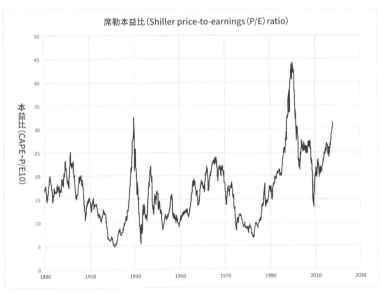

數據取自羅伯‧席勒的著作《非理性繁榮》,2017年11月17日在他的網站上更新。

巴菲特指標

巴菲特認為,市場整體和全國利潤的比例「應該是特定時間點估價是否準確的最佳指標」。其中一種算法是威爾夏 5000 總市值指數(Wilshire 5000 Total Market Full Cap Index)和國內生產總值(Gross Domestic Product,GDP)的比率,簡稱「威爾夏 GDP」(Wilshire GDP)。聖路易斯聯邦儲備銀行(Federal

Reserve Bank of St. Louis，FRED）會追蹤威爾夏 GDP，你可以在他們的網站上找到相關資訊：fred.stlouisfed.org。

FRED 在計算威爾夏 GDP 時，會先取能代表大部分股票的市場指數——威爾夏 5000——計算它的資本額（整體指數的價值），然後除以 GDP（美國企業的營收總額）。

我爸解釋道：「如果威爾夏 GDP 在 60% 左右，就表示市場整體的價格低於實際價值；如果威爾夏 GDP 像 1999 年、2007 年和現在一樣超過 100%，就表示市場的價格超過實際價值。」換句話說，如果相較於國內生產的產品與服務，市場價格高得不成比例，那我們就該準備迎接股市大跌的情形了。

威爾夏 GDP 在 2000 年超出 100%，後來確實有發生股災；它在 2008 年超出 100%，市場再次發生股災。不過 2008 年那次，聯邦儲備銀行在 2009 年用極端手段救火，將 4 兆元注入市場、沒有收任何利息，防止威爾夏 GDP 繼續下滑。聯邦儲備銀行的行動導致缺乏股市投資之外的收益方案，股市與房市被往上推了一把，甚至比 2008 年股災之前還要高。

現在，威爾夏 GDP 不僅超出 100%，還在 2017 年第三季達到史無前例的 155% 這個高峰。到了這個地步，股價已經完全和美國公司的產出與實際營收脫節，公司營收和這些公司的股價差距非常大，這種情況不太可能持久。

「如果觀察席勒本益比和巴菲特指標，妳就能大致知道我們現在正處於經濟循環的哪個階段。我們現在是在一個循環的最高峰。」

「那如果沒有股災呢？難道我要再等 10 年，都不投資？」
這聽起來糟糕透頂，我都這麼努力學投資了，難道最後還是非
當守財奴不可？

「妳看現在股價和 GDP 還有盈餘的關係，歷史上發生這
種情況時，從沒有持續超過 2 年，總會發生某種事件，讓股市
崩盤。就算股價一直不跌，還是有機會投資特定產業的公司，
妳只要繼續研究、繼續讀資料、繼續觀察就好。到時候發生影
響一整個產業或整個市場的事件，妳就做好充分的準備，可以
開始投資了。妳要對我們的投資策略有點信心啊，巴菲特手上
留 1,000 億元現金可是有原因的。」

「什麼？巴菲特手上有 1,000 億現金，他都不拿去投資嗎？
他會不會瘋了？」

「怎麼可能。妳要記住，連巴菲特也在等下一次事件。」

查理・孟格的投資第一原則：了解一間公司

學到背景知識之後，我們面對面坐著、中間擺一支麥
克風，準備錄製我們的第一集播客。我爸開始滑手機，在
YouTube 找到一段影片：影片裡有個身穿西裝、明顯不在乎別
人怎麼看待他的白人老頭，從他的樣子看來，他可能會認為我
說要用自己的錢票選使命，根本是自由派年輕人的胡言亂語，
我到時候只會窮到不得不住救濟院。他看起來像是會使用「救
濟院」這個詞的人。「這位，」我爸說。「是查理・孟格。」

┃菲爾的話┃

1959 年，以優異成績畢業於哈佛法學院的查理‧孟格，認識了畢業於哥倫比亞商學院、唯一在班傑明‧葛拉漢的課程中拿到 A+ 的華倫‧巴菲特，全世界數一數二聰明的兩個人從此成了摯友與投資夥伴。巴菲特受過葛拉漢的訓練，懂得用 5 塊錢買下價值 10 塊錢的東西，不過孟格也對他們的投資策略提出貢獻：「用還可以的價錢買一間好公司，好過用好價錢買一間還可以的公司。」巴菲特與孟格過去 50 年都以此為基礎，買下他們永遠不打算賣出的公司——他們仰賴好公司讓自己的資金不斷利滾利，帶來最高的投資報酬率。在孟格看來，做好投資的關鍵，就是明白自己哪些地方不足、保持理性，然後等你了解的好公司跌到低價。孟格非常擅長等待，放棄了許多投資機會，巴菲特甚至替他取了「愛説不的討厭傢伙」的綽號。孟格則反駁道，他們能爬到投資界的頂層，完全是因為他們耐心等了十五次。在投資界，孟格關於人生、道德、理性、耐心、專注力、翻轉、分歧、抗跌、怠惰的力量、估價不當的賭注、過度自信的危險與人類其他缺陷的教誨，可謂傳奇。

他就是和華倫‧巴菲特一樣聰明的那個人？

「查理‧孟格是華倫‧巴菲特的生意夥伴，他們人生大部

分時間都一起投資。我接下來會播一段訪談影片給妳看，他在這裡把第一定律投資法分成四個原則──想做好投資，就把這四個原則學好。」[5]

最相關的部分大約 1 分鐘長，查理‧孟格在 1 分鐘內簡明扼要地概述從 1930 年，巴菲特的導師──班傑明‧葛拉漢──開始，到現在累積 85 年的投資經歷。在出錢投資一家公司之前，查理‧孟格會先確保：

1. 這是他有能力深入了解的公司。
2. 這間公司的內在特質，給它一些能長久競爭的優勢。
3. 如果經營者正直誠實又有才能，那就最好了。
4. 他能夠以合理的價格買這間公司，得到安全邊際。

查理解釋道，「安全邊際」（margin of safety）能在變化無常的生命中，帶給我們安全感（話雖這麼說，我還是不曉得安全邊際是什麼東西）。接著，他不帶感情地表示，這些原則都太簡單、太顯而易見，沒什麼好討論的。就這樣。1 分鐘過去了，你學會全球頂級投資者的投資方法了嗎？你學到和他們一樣賺大錢的方法了嗎？

我心想：太棒了，沒什麼好討論的。

---

5. 我爸找到的是 2012 年查理‧孟格受 BBC 採訪的影片，上 YouTube 搜尋「查理‧孟格揭示致富的祕密」（Charlie Munger Reveals Secrets to Getting Rich）就找得到。

他的原則聽上去確實很簡單，基本上就是：在變化無常的人生中（我很喜歡他這種說法，他讓你知道生命中難免有高潮和低谷），你要有辦法有效預測一間公司的長期發展，用低於實際價值的價格買下這間公司。查理把原則說得很好懂（對了，雖然他是價值投資界的大師級人物，我應該稱呼他「孟格先生」才對，但是我對他有種親切感，所以接下來都會叫他「查理」。他就像是一位脾氣不好的長輩，喜歡一面講人生大道理，一面抱怨「現在的年輕人啊」，只不過這裡的「年輕人」是指50 歲以下的人。我也注意到，他沒有遠離我們這些煩人的年輕人，而是選擇接受 BBC 採訪、讓我和其他年輕人從他身上學習，我猜這表示他其實喜歡和我們相處、喜歡萬眾矚目的感覺，或者兩者皆是。說了這麼多，總之他在我心目中就是「查理」）。

「別高興得太早，」我爸警告我。「要討論的事情可多了。」我偷偷對他翻白眼，這傢伙居然和巴菲特的投資夥伴唱反調！

「我們會一一討論他的投資原則，」我爸接著說。「總共會花好幾個月的時間。」

「真的假的？」我斜睨他一眼。「真的需要好幾個月嗎？他的原則聽起來很直白簡單啊。」

他笑了。他竟然敢笑查理！

喔，喔，不對，他是在笑我，笑我天真地以為查理的原則很簡單。**哼哼。**

「聽起來是很簡單沒錯，」我爸輕笑著說。「但它們其實還有深層意義，等我們開始介紹，妳就會發現它們非常值得討論。這些原則是照重要性排序，我會一條一條解釋。這個月，我們先談談他說的『有能力深入了解一間公司』。」

我錯得太離譜了，查理雖然把投資方法濃縮成四條簡潔的原則，每一條背後都有胡佛水壩般的深度。這四條原則是我和我爸學投資的框架，現在也是我做投資決策的框架，我們的討論應該不會有結束的一天。查理叔叔能成為投資大師，就是因為這四條原則。

他的第一條原則很有趣，你不覺得有能力了解一間公司聽起來很容易嗎？只要我下功夫學習，無論是什麼學問我都有能力去了解。

但究竟要到什麼地步，我才會認為自己真的深深了解了一間公眾公司？關於這些公司的資訊多到我一輩子都讀不完，公司和投資者之間資訊不對等的情況又不容小覷，更何況我要真正了解一家公司，就必須了解它的競爭對手和產業，那就更是沒完沒了。想了解一個產業，我就該了解它和其他產業的關係，所以還要花時間個別了解那些產業，而且我當然還得了解整體市場，才能了解這個產業和這間公司在市場上的定位。我還是投資菜鳥，怎麼可能了解整個市場，我的天啊，**封閉水泥樓梯間感覺又回來了**。

樓梯間很深，我的身體坐在我爸對面，但內心在潮溼的黑暗中越陷越深。他說過這些原則沒有表面上看來這麼簡單，果

然不是在騙人。

　　我倒退一步,發現自己的心情越來越低落。我吸一口氣,開口。「爸,」我對他說。「某方面來說,我覺得我現在就有了解一間公司的能力,可是在總體經濟學的層面,我覺得在花好幾年研究投資之前,我絕對沒辦法了解一間公司。他說的是哪一種?」

　　我爸點點頭。「注意,查理沒說他現在要了解一間公司,他是說自己未來要能夠了解公司。他認為自己必須『有能力』在未來了解一間公司,而不是現在馬上要了解它。」

　　喔,那就差很多了。我必須評估自己的能力,考慮自己努力過後有沒有辦法了解一間公司,**不是**一開始就了解它。

　　就連查理也不是一開始就很了解一間公司,我現在感覺好多了。

　　「好喔。」我邊想邊說。「那我要怎麼提前知道自己只要努力,就能了解一間公司或一個產業?我時間太少,沒辦法一直走死路。」

　　「買股票的時候,就想像妳在買公寓。」我爸建議道。「之前買公寓,妳不是有花時間認識社區和那個地點的長期發展嗎?對公眾公司來說,產業就是它的社區。就這樣而已。了解一個產業,就像了解社區一樣:它經歷過什麼波折?它會發生什麼循環?它有什麼優缺點?妳認為它接下來 10 年、20 年會如何發展?這裡的學校有在進步或退步嗎?這裡有開新的店面嗎,還是店都倒閉了?這些人的收入有沒有提升還是下降?

價格是在上漲還是下跌？」

　　我明白了。這裡有兩種看似相反、實際上卻能並存的想法：我完全有能力了解一些公司，但同時，這裡的資訊量也龐大到不可能學全。兩者都是事實，而且對每一間公司——從小孩子的檸檬汁小攤、租屋到安隆公司——而言，它們都是事實。我們投資者生存在這兩件事實之間的緊張地帶，在兩者之間找到平衡點，了解一間公司面對無法預知的事件會如何反應，然後出錢投資。把買股票想成買房子，對我幫助很大。我有辦法分析買公寓的優缺點，這我做得到。

　　「關鍵就在這裡。」我爸總結道。「能保護妳的關鍵就是這點：如果妳沒有像在博得市買公寓一樣有信心，那就不要買股票。如果一項投資沒有一看就很好，那對妳而言就不是好投資。我們的目標是跳過六英寸的障礙物，不是六英尺的障礙物，而且妳現在還是投資新手，選最明顯的好股票投資就好。」

　　「傻瓜，選最簡單的方法就行了。」我笑了起來。

　　我爸沒有笑。「沒錯。」

　　他把這條規則稱作「明顯規則」（Rule of Obviousness）。這條規則讓我安心許多，我不必硬做自己沒有百分之百信心的事，也不必在還沒準備好時行動。我想到我買的公寓：它有能長久競爭的優勢，地點在珍珠街購物中心附近，也是一棟很好的建築物。它位在博得市，那裡風景很美，有科羅拉多大學，離丹佛 40 分鐘車程。基本上只要價錢合理，買這棟房子絕對是好投資。這就是我爸說的六英寸障礙物，這我跳得過去，我

已經跳過去了。

「巴菲特桌上有一個盒子，」我爸露齒一笑。「是他的『太難盒』。他很想把公司放進『太難盒』，巴不得找藉口把東西丟進盒子裡。妳也該抱持這樣的態度，別不敢承認事情太難，找容易越過的障礙物，別挑困難的路線走。查理的意思是說，評估一間公司適不適合投資時，妳應該用既有的知識和經歷判斷這間公司有沒有可能落在妳的舒適圈裡頭，還是對現在、今天的妳來說太困難。」

「問題是，那些全部都感覺太難了。」

「很好，妳也知道自己現在的能力範圍。妳現在連一家公司都還沒研究或調查過，根本不可能知道自己有沒有能力了解一間公司。一旦開始讀資料、知道市場的概況之後，就很快能判斷自己有沒有能力深入認識特定的公司了。我可以現在告訴妳，就算是經驗豐富的第一定律投資者，也會把至少 90% 的公司放在太難那一類，或是根本不去碰它們。」

「90%！不會吧，那不就幾乎沒有公司可以投資了。」

「就是這樣，妳要記住這點。對妳這種新手來說，可以投資的公司又更少了。」

「好喔，所以我一開始只需要找幾間公司，再一層一層往上堆。」

「妳還必須了解相關產業。我知道妳做得到，先從對妳來說比較容易上手的產業開始，畢竟研究自己完全不懂的產業也不會加分。妳住在這個世界上，其實已經認識很多不同的產業

了，選一個妳比較懂的領域吧。」

為了判斷我有沒有能力了解一個產業或一間公司，我必須做一些初步研究，看看我是否熟悉它的基本概念，如果這些概念對我來說太陌生，那這個產業就太困難了。我必須觀察股市指標，看看目前的風向是支持低價的公司還是定價過高的公司，而且我還要注意有沒有事件發生。

透過事件，我能把自己的恐懼當控制桿使用，得到驚人的投資結果。我知道，當我開始感到害怕，其他人應該也一樣，只不過他們恐懼時會賣股票，我則會耐心等待。

在恐懼瀰漫市場時展開攻勢，似乎是第一定律投資法的悖論之一，我們的投資方法要求我們保持極度耐心與極度勇敢，在其他人棄械投降時開始投資。我爸說，華倫·巴菲特把這稱為「近乎怠惰的懶惰」，但其實這就是獵人該有的耐心。我們應該在公司股價過高時按兵不動，等到價格遠低於實際價值時再猛力出擊、買下公司。

我發現，我爸目前教我的東西，其實是在攻擊我對未知事物的恐懼。我應該不可能完全驅散恐懼，不過注意自己的恐懼的話，我也許能避開不明智的投資。如果我怕了，其他投資者應該也會怕，這些情緒能提供非常有價值的股市情報。

比較困難的是，我該怎麼判斷自己感受到的是不理性的恐懼，還是在警告我躲避真正的危險？這我就沒辦法自己判斷了，我需要導師幫忙。

我漸漸明白，查理和其他真正的投資者掌握的資訊量極

為龐大，我不僅能和我爸學習，還能從查理和其他偉大投資者身上學習。這也提醒我，投資和瑜珈有點像，我永遠都會是這個領域的學生，巴菲特、查理、其他厲害的價值投資者還有我爸都是老師。我不是獨自在黑暗中摸索，也不必重新發明他們已經設計好、測試過的法門。投資大師發明的方法真的有效，他們從 1930 年代開始賺進幾百萬、幾千萬，甚至是幾億、幾十億的收益，這絕對不是從未測試過的新方法。我感覺更有自信了。我害怕未知事物，但得知這種投資方法如此成功、已經成為延續多年的傳統，我的恐懼也稍微減緩了。現在，我有一些工具，能幫助我了解市場概況，這也很不可思議。我幾個月前那麼害怕，部分原因就是我對市場整體的情況一無所知。

了解概況之後，我們可以縮小範圍，開始研究個別的公司了。

能力圈

「現在，我來教妳認識自己的『能力圈』（Circle of Competence）。我們會討論研究公司的方法，還有如何專精一、兩個產業。巴菲特把這種專精領域稱作『能力圈』[6]。妳其實已經有能力圈了，只是還沒意識到而已。想想看，妳是不是已經對一些公司有想法了？」

---

6. http://finance.yahoo.com/news/buffett-munger-circle-competence-221834144.html。

　　我對哪些公司有想法或意見呢？我爸接著解釋：「對一間公司有想法，就表示妳可能已經對它所在的產業有幾分認識了。我當軍人那幾年成了武器專家，所以『要不要把錢投入某間製槍公司』對我來說就是很簡單的決策，因為我已經對那些公司有想法了。我已經知道自己對公司的產品有什麼評價，現在只要調查這間公司的結構和管理模式，看看它本身適不適合投資就好。」

　　我想到專精的四個層級──當你知道自己缺乏哪些知識或技能，那就表示你到達有意識的有能了。這是一種優勢。

　　「好，」我自言自語。「我要選一個起始點，建立我最初的能力圈。我該怎麼決定要把時間花在哪裡？我可能在日常生活中就認識了一些產業，我喜歡瑜珈，還有烹飪和招待朋友，我也喜歡新創科技公司。可是我不確定金融界會把這些歸類成什麼產業。」

　　「那這樣吧，」我爸建議道。「吉姆・柯林斯（Jim Collins）在他寫的《從 A 到 A+》（*Good to Great*）裡頭用了一種不錯的方法，我都用這種方式決定自己投資時該花時間研究哪些公司。我們先畫三個圓，中間的重疊處就是妳最初始的能力圈。」

　　「畫一個能力的文氏圖（Venn diagram）？」

　　「沒錯。」

　　我從滿櫃的便條簿拿了一本。只要有便條簿加上一枝好用的筆，我就會心情大好──又是金錢帶來快樂的例子──所以

我專門為這種時刻買了一疊「快樂」放著。我畫了三個中間有交集的圓，我爸叫我寫下每個圓的意思：「這三個圓分別是妳喜歡的東西、妳用錢票選的東西，還有妳賺錢的地方。」

我們休息 15 分鐘，讓我填寫文氏圖。

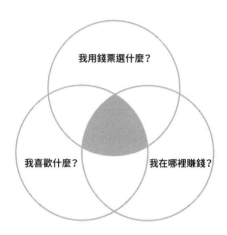

第一個圓相當簡單：**我喜歡什麼？**我喜歡瑜珈、汽車、新創公司和法律工作、吃健康的食物、烹飪、辦晚餐會還有招待朋友、睡飽，還有滑雪。

至於第二個圓，我想了一段時間才想到自己的錢都往哪裡去了。這些是我平常沒有多想，就用錢票選的事物。

◆ 全食超市和喜互惠（Safeway）之類的超市。

◆ 透過大通銀行（Chase）繳抵押貸款。

◆ Restoration Hardware、Crate and Barrel、T.J.Maxx、Williams Sonoma 等家具與居家用品店。

◆ 我的車──日產車（Nissan）。

◆ Zappos 等服裝店。

◆ 聯合航空（United Airlines）、達美航空（Delta Airlines）、西南航空（Southwest Airlines）等航空公司。

◆ 奇波雷墨西哥燒烤（Chipotle）、Subway 等餐廳。

我上 Amazon 網站，登入帳戶看看自己近期用錢票選了什麼，我甚至透過 Amazon 訂了衛生紙，是 Charmin 牌。我上網查詢「Charmin 衛生紙是哪間公司」，原來寶僑公司（Procter & Gamble）在 1957 年就買下這個品牌。Charmin 開發了 SitOrSquat 應用程式，你可以用來找公共廁所；《父母雜誌》（*Parenting*）稱之為「讓爸媽生活更簡單的好 app」。Roto-Rooter 水管清潔公司表示，Charmin 是水管工最常用的品牌。Charmin Ultra Strong 衛生紙也曾登上《更好的家園雜誌》（*Better Homes and Gardens*）的「2013 年最佳新商品」榜單。

這些不是我瞎掰的。Charmin 聽起來非常棒，我從沒對自己用的衛生紙這麼感興趣過。

我把寶僑公司加進清單。

第二個圓──**我用錢票選什麼？**答案是：食品雜貨、居家用品、新創公司、瑜珈、很酷的汽車、健康食品、旅遊、滑雪板、衣服。

第三個圓──**我在哪裡賺錢？**──最簡單。答案是：法律、新創公司，還有晚餐會和招待賓客（我其實沒有用這個賺錢，

但我相信自己有能力以此維生）。

　　三個圓的交集是：新創公司、瑜珈、汽車、健康食品和招待賓客。其實看到白紙黑字滿有幫助的，我之後在找公司時就能回來檢視自己的能力圈。我把填好的文氏圖拿給我爸看，他讚許地點點頭。

　　「那接下來要做什麼？這就是我的能力圈了嗎？」

　　「快完成了。」他說。「這三個圓圈還不是妳投資的能力圈，三圓習題只是先縮小範圍，讓妳知道可以從哪些產業起步而已。我們先從和自己多少有關係的公司和產業開始，再縮小範圍一次，就會得到投資的能力圈。」

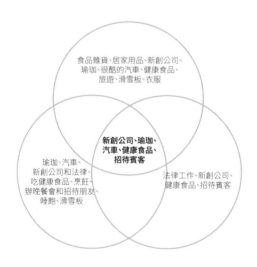

　　「所以一開始，我要把範圍縮小到只剩一個產業嗎？」

　　「對，先把精力集中在一個產業就好，然後下功夫認識這個產業。這個產業包括哪些妳已經知道的公司？當市場價格偏

高，妳主要的任務是挑出好公司、把這些公司寫進願望清單，等到市場走下坡再抓緊時機買下去。現在先別想要怎麼買股票，妳只是在列一張購物清單而已。」

「我必須找出新創公司、瑜珈、汽車和健康食品屬於哪些產業，這和衛生紙不一樣。」我把自己查 Charmin 衛生紙資料的趣事說給他聽，他告訴我，他帶大峽谷河谷導覽時，常鼓勵遊客「上廁所」後試用被陽光晒暖的卵石。嗯，好有用的資訊。

「重點是，妳看，」他接著指出。「妳其實對衛生紙有想法，卻連自己都不知道。越是深入探索不同的公司和產業，妳會發現自己其實對很多東西都有不同的想法；花心思想一件事情，妳會發現妳懂的比自己想像中還多。不過現在妳才剛開始練習，先集中熟悉自己的能力圈就好。找找看，妳關心的產業還有哪些公司？它們彼此之間是什麼關係？這個產業有哪些經濟循環？妳有興趣的公司是隨著產業的整體趨勢前進，還是逆流而行？這個產業會規律地漲跌嗎？還是在經濟繁榮時高漲、經濟蕭條時慘跌？還是它的起伏和經濟循環相反？」

好喔。

我回顧自己的文氏圖。新創公司有機會上櫃或上市，但那又是完全不同的投機遊戲了，這麼一來，我的選項只剩汽車、健康食物和瑜珈。

我開的車是日產 Xterra，我愛它在崎嶇路面上狂野的性能，而不是它身為日產車的特性，不過汽車產業其實挺有趣的。至於全食超市，這就是我真心喜歡的店了，這間公司在許多方面

改變了世界，它讓自然和有機食品成為超市的必備商品，而且在經營方面也實行有自覺的資本主義。

我可以從全食超市這一間公司，把範圍推廣到整個超市產業，也可以從日產推到汽車產業，但瑜珈就沒這麼容易了。世界上沒有「瑜珈」產業，沒有太多瑜珈或相關用品（例如瑜珈墊和影片）的公眾公司，不過露露檸檬這間運動服裝公司就很努力重塑形象、擴大品牌的版圖，如果你去上瑜珈課，我可以保證有一半以上的女性會穿露露檸檬的衣服練瑜珈。它的衣服比較貴但也耐用，比起其他的衣服，我也比較常穿露露檸檬的衣服，所以考量穿著次數後的價錢其實很低。問題是，露露檸檬的創始人發表過爭議言論，說露露檸檬瑜珈褲不是給體型較大的女性穿的——它的褲子也的確沒有超過十二號的尺碼。以運動服裝公司而言，這樣的品牌形象實在不優。創始人發表那些言論的1個月後就被逼退位，股價降了三分之一後持續下跌，公司後來請了個新的執行長，至今仍未完全復元。

那如果我喜歡一件事物，它卻沒有明顯相關的產業，我該怎麼辦？我爸給了一些建議。

「妳可以用我的網站——Rule One Investing ——或雅虎財經（Yahoo Finance）試試看。這裡有個叫『InvestSnips』的免費網站，它有『產業』（Industries）頁面，點進去之後往下滑到『分類連結』（Category Links），妳會看到大約四百五十個分類，從廣告（Advertising）到鋅（Zinc）都有。這個網站會根據相關種類幫公司分類，舉例而言，瑜珈類有兩間公司：露露檸檬和

Gaiam。我們已經知道露露檸檬會賣瑜珈服，那妳打算怎麼查
Gaiam 公司提供的商品或服務？」

「我會從年報（annual report）開始。」我嘆了口氣說。

為了解決資訊不足的問題和保護投資者，負責管制企業的
美國證券交易委員會要求股票市場中的每一間公司提供綜合年
報（還有其他資料）。需要被保護的潛在投資者，就是我。

年報是一份通常寫得很長的文件，因為用 10-K 表格交給
證券交易委員會，所以「年報」又稱「10-K」。這份文件鉅細
靡遺地說明一間公司的計畫、財政狀況，還有它可能遇到的所
有問題。我必須在研究公司時，察覺出一間看似屹立不搖的公
司是否有動搖的跡象，而我該最先研究的就是年度報表。

我在從事法律工作期間讀過不少年報，但幸好從不須自己
寫一份。這些報告出了名地無聊，卻和名人八卦部落格有個共
同點：一旦讀過幾份年報，你就會漸漸掌握挑出刺激新奇的重
點、草草略過其他部分的技巧。

除了年度報表之外，公眾公司每一季都會交一份報告給證
券交易委員會，我們稱作「10-Q」，而且它們還會每季和分析
師開電話會議，這些都會錄音並謄寫下來。上述資料在公司的
投資者公關網站都找得到，要是公司自己的網站做得不好，你
也能上證券交易委員會網站查閱資料。我爸覺得證券交易委員
會的網站——又稱「EDGAR」——不好用，不過我覺得用起來
沒什麼障礙，而且我偏好從官方網站取得資料。

「讀年報很費時耶，」我抱怨道。「你要我隨便找一份年

報、隨便開始讀嗎？」我是不是要漫無目的地在草叢中遊蕩一輩子了？就沒有更簡單的捷徑嗎？

「捷徑當然有。縮小範圍的另一種方法，就是參考其他投資者的作法。」我爸宣布。「我把這些投資者稱為我的大師，我會看看他們都買什麼股票，再自己來研究。」

大師

我想了想。只要投資者管理超過 1 億元的基金，就必須每季向證券交易委員會報告他們這一季買賣的股票投資組合（equity position）。

「太棒了！反正他們一定要對大眾公開他們的投資組合，雖然資訊有點舊了，但是以價值投資而言還是可以用。」我又想了一下。「等一下，那我為什麼不要跟他們買賣一模一樣的股票就好了？」

我爸笑了起來。

「我沒在開玩笑！既然可以參考他們的投資組合，我為什麼還要自己花這麼多時間研究股票？有這麼方便的捷徑，你怎麼不早點告訴我？」

我爸不再大笑。「其實妳說得對，」他同意道。「我也喜歡用這種方式找到值得投資的好公司。之前就有兩個教授想做實驗，看看一個人從華倫・巴菲特剛開始出名到現在一直學他買賣股票，最後會發生什麼事。他們找出巴菲特從 1976 年到

2006 年交給證券交易委員會的 13F 季度報告，並保守地在巴菲特的投資組合公開該月月底『買股票』，也在大眾知道巴菲特要賣股票的當月月底『賣股票』。」

我隱隱記得我爸之前提過這篇研究，那時候他是想告訴我，我就算自己投資也能賺大錢。「然後呢？」

「結果成功了，他們光是複製巴菲特的買賣組合，就『賺』了一大筆錢。」

我想親眼看到研究細節。我們找出馬丁教授（Professor Martin）與普森普拉卡教授（Professor Puthenpurackal）的研究報告，他們發現投資者只要在 1976 年到 2006 年那 31 年，持續複製波克夏海瑟威公司的投資法，就能得到 20.43% 的年複利率[7]，而追隨市場指數的投資者只會得到前者一半的利率[8]。這兩位研究者得到了結論：巴菲特的好成績絕不是好運的結果。另外，巴菲特的報酬率雖然是市場的 2 倍左右，實際的利潤卻是市場的 5 倍。這就是複利的力量——複利率發生小小的變化，長期下來就會導致實際金額發生巨大的改變。

「難得有教授承認他不只是運氣好。」我爸說。「學者通常不愛承認，買特定公司的股票就能超越市場。」

從這篇研究看來，我連買股票的功夫都能省下了，直接買

---

7. Gerald S. Martin and John Puthenpurackal, "Imitation Is the Sincerest Form of Flattery: Warren Buffett and Berkshire Hathaway," SSRN, April 15, 2008, Table VII。

8. 根據 Moneychimp 網站的資料，1976 年到 2006 年標普 500 指數年度複利成長率是 12.86%。

波克夏就好。哇。

「爸，我們還是別浪費時間做這麼多研究了，怎麼不直接買波克夏就好？」

「趁它便宜的時候買波克夏當然很好，我完全沒意見，但問題是，妳怎麼知道它什麼時候算便宜？這其實和棄權的問題一樣，妳要棄權也可以，不過妳要先學會評估基金經理和財務顧問的能力，沒有投資方面的知識還是不行。現在的情況也差不多：買波克夏也許會賺錢，但妳連如何投資都不知道，怎麼判斷波克夏現在的價格值不值得妳投資？」

我只能沉默了。**你怎麼非要我學投資，才肯讓我學別人投資！**

好嘛。

「我不知道它什麼時候會跌到值得投資的價錢。」我承認道。「我完全不知道這要怎麼看。」

「是吧。」我爸說。「更何況波克夏的股價不常跌到夠便宜的價格，所以我們學他們的投資組合還是比較實在。還有，巴菲特不可能永遠經營波克夏，他雖然找了能幹的人管理公司，也跟我們說過不用擔心，但誰曉得未來會發生什麼事呢？話雖這樣說，我要是有機會低價買入波克夏的股票，我絕對不會錯過那個機會。」

「所以我要有主見。」這句話是對我爸說的，同時也是自言自語。「如果波克夏買的公司符合我支持的使命，我也可以投資這些公司。」

除了巴菲特以外，還有一些第一定律投資者能年年賺取高利率——甚至在現今高度膨脹的市場賺大錢。我爸當然會參考巴菲特和孟格的投資組合，不過他還會參考莫赫尼什·帕布萊、蓋伊·斯皮爾、大衛·安宏（David Einhorn）、布魯斯·貝科維茨（Bruce Berkowitz）和其他一些人。他自己的網站上有一張大師清單，列出他追蹤和參考的投資大師，我可以在證券交易委員會的 EDGAR 網站找到這些人的 13F 報告[9]。

我可以學這些人的投資組合，但我已經可以預見這個方法的問題了。這是我的律師本性，即使是自己的論點我也會想方設法推翻。「爸，可是這裡有一個很明顯的問題：大師都是在買賣股票的一季過後才交出報告，所以我拿到的一定是舊資訊，我是不是不能全信？」

「這個嘛，」我爸緩緩地說。「那妳想像一下，如果可以請全世界最強的四十六位投資大師親自打電話給妳，把他們過去 90 天買賣哪些股票告訴妳，這些資訊不是很有價值嗎？即使只是當作範例或靈感來源，1 年前的資訊也有參考價值。有很多時候，我會發現投資大師超過 120 天前買的股票，現在反而價錢下跌了。舉例而言，華倫·巴菲特從 2011 年到 2016 年一再買入 IBM 公司的股票，平均買價是約 170 元；但是在 2016 年買 IBM 股票的話，妳有機會買到每股 120 元的好價錢。這種

---

9. 目前為止，其他蒐集 13F 報告數據的網站包括我爸的網站：www.ruleoneinvesting.com，還有 www.dataroma.com 與 www.gurufocus.com。

事情經常發生，重點是妳要有足夠的判斷能力，妳還是得自己做功課。」

「更重要的是，我必須確保投資大師支持的使命和我一樣。」我補充道。「大師買的公司可能和我的價值觀相衝，在這種情況下，我拒絕盲目地模仿他們。」

「正是如此。」我爸連連點頭。「盲目地學習別人，就和直接棄權沒兩樣，妳應該自己做功課、了解這些人的投資，才知道他們做的是好事還是壞事。還有另外一個重點是，觀察大師的投資組合時，要記得注意他們手上所有的資金。巴菲特現在有大約 1,000 億元現金按兵不動，這不會寫在他的 13F 報告書上。妳如果不知道他有多少現金，可能會以為他手上的錢全投入股市了，但實際上他坐擁這輩子最大的一筆現金，等著在下次金融風暴來襲、股價慘跌時，買下他看好的每一間公司。」

除此之外，還有一件非常重要的事情要注意：13F 報告並不會寫出投資者的空頭（short position）情形。一些投資者在買股票時為了避險，會把比較弱的公司股票「賣空」（sell short）（他們不是賭這些股票會上漲，而是賭它們下跌），同時買入比較強的公司股票。假如市場成長，較強的公司股價會上漲較多，投資者就能從強公司與弱公司之間的差異賺取利潤。假如市場衰退情況則相反——較弱的公司會跌得比較強的公司嚴重。一個沒看清事情全局的人光參考 13F 報告，可能會被誤導，但儘管如此，大師的 13F 報告還是十分值得觀察與追蹤。每一季都會推出新的買賣清單，每季大約有五、六百間公司要研

究，而且這還只是我爸追蹤的大師的買賣報告。先看看他們買的公司是不是在你的能力圈內，如果是，那就深入研究。可是你千萬要記得，13F 報告雖然是方便的捷徑，能幫助你找到自己想買的公司，它還是無法完整呈現投資大師的持股與資產。

學法律的過程中，我練就了保持懷疑的本領。我查看投資大師挑選的公司時，發現有時候實在想不通他們為什麼買一些公司，有時候我就是不支持某間公司的使命。

我不願意盲目地依賴我爸或其他大師。投資專家都是聰明人，但投資的重點不是聰明，你要知道自己買的東西過 10 年後會升值，而且你要有耐心熬過這 10 年。很多專業投資者會因為恐懼而做傻事，查理・孟格也說過，要不是聰明人做這麼多傻事，他和華倫・巴菲特也不可能賺到這麼多錢。在此次投資實踐計畫中，我的任務就是不要成為做傻事的人。我爸相信這就是個人投資的成功關鍵——我要學會利用其他人可預測的非理性與情緒性短期決策，來替自己賺錢。

我感覺我漸漸能判斷自己有沒有能力了解一間公司了，不過我還沒測試這份能力。我必須加強我的投資實踐練習，也必須盡快認識自己的能力。我該怎麼建立好基線，當作研究投資的基礎呢？

我的投資密集訓練

「去讀華倫・巴菲特寫的股東信。」我爸第二次提出這項

建議。「他過去 40 年來持續寫信給股東，這些是價值投資的好教材，而且讀起來一點也不乏味。」我上網搜尋「華倫‧巴菲特致股東信」，找到波克夏海瑟威股東信的連結，可以下載 PDF 檔案，從 1977 年至今的股東信都在裡頭。我原本不曉得波克夏海瑟威這個名字的由來，後來才發現是華倫‧巴菲特以一間名叫波克夏海瑟威的紡織品公司為載體，成立自己的投資公司。波克夏並不是基金，他只是用這間公眾公司購入其他公眾與私人公司而已。

巴菲特每年寫公開信給波克夏海瑟威的股東，這些被視為致股東信的最佳典範，因為你很少看到公眾公司的經理像巴菲特這樣寫信：他寫得開誠布公、直截了當，直接對股東坦承公司的經營狀況，其中包括失敗與成功的部分、未來計畫，以及公司的價值觀與願景。價值投資者都把巴菲特的股東信當作聖經。

我爸說得有道理，我應該讀讀這些股東信。讀過巴菲特聖經之後，我應該能奠定未來研究投資的基礎，所以我當然要來讀這些聖經。如果每天讀三封信，我可以花大約 2 週讀完 1977 年至今的致股東信，所以一回到博得市我就展開行動。

在學習瑜珈過程中，花好幾天專門練習某種能力，叫作「深度密集訓練」。為了把過去幾個月學到的資訊轉化成技能，我安排了這次為期 2 週的投資密集訓練，有耕耘、灌溉才有最後的豐收。這是我小時候在超覺靜坐社群學到的一句話，也是我時時謹記在心的座右銘。在靜坐冥想方面，這句話的意思

是，我們必須用靜坐與冥想灌溉內心，這樣你花在自己內在的時間才會結成果實，你也能享受它為你帶來的好處。同樣的觀念投射到我的投資實踐計畫，就是提醒我要持續學習，關於第一定律投資法的知識是水與養分，練習與實踐是我的根，最後的財務自由就是果實。

我爸這麼欣賞巴菲特的致股東信，我當然也該讀一讀，而且我想強化我對市場的認識。

在法律執業方面，我告訴客戶的經常是業界常態：一般的約期有多長、一般的新創公司會遇到什麼狀況、新公司的共同創立者通常會發生什麼衝突、他們一般該準備哪些文件。我們處理過這麼多合約，自然該提供這些關鍵資訊供新創公司或創業投資者參考。我發現自己完全不了解股市的常態，在把自己的錢投進去之前，最好先了解一下狀況。

致股東公開信是基礎，那還有哪些教材可以參考呢？我決定倒退幾步，改掉每早醒來邊喝咖啡邊讀名人八卦的習慣，改成每早讀一份財經報紙。雖然犧牲八卦帶給我的平靜非常可惜，但加強投資技能應該對我有幫助。

好吧，不然我逼自己先讀完《華爾街日報》（*Wall Street Journal*）再略讀名人八卦好了。嗯，這樣聽起來好多了。

我上《華爾街日報》的網站一查，發現訂閱的價錢不便宜；我上《金融時報》（*Financial Times*）網站，結果它也差不多貴；《紐約時報》（*New York Times*）也一樣。天啊，要是我原價訂閱四、五份報紙，每個月就得繳 100 元了；每年花 1,200 元訂

閱投資新聞實在是一筆不容小覷的投資，這會嚴重削減我的投資經費。

　　顯然在投資實踐計畫中，我不僅需要投入時間，還必須投資一些金錢。這麼一想，還有比支持有力的商業新聞媒體更好的投資嗎？比起證券交易委員會或其他監管機構，新聞界更能保護我這個小投資者，它能找到醜聞並將事情公諸於世，讓大眾看清投資界的黑暗。

　　我決定花錢訂《華爾街日報》，先看看自己到底會不會認真讀報紙再說；如果我認為花錢訂其他的報紙夠划算，我會再把它們加入閱讀清單。我在瀏覽器新增一個「投資」書籤資料夾，把我爸推薦的免付費網站加進去。

　　接下來 2 週，我的投資密集訓練就是每天讀「一加三」：早上讀一份《華爾街日報》的財經版，並在這天結束前讀三封華倫‧巴菲特束信。

　　巴菲特聖經還真和我爸說的一樣有趣。巴菲特很擅長對我這種普通人解釋財經觀念，這可是非常難得一見的能力，這也許是他成為常識投資大師的原因之一。

4 月的練習

　　做研究的一開始很艱難，但這個月的目標就是開始研究投資。我試了幾次、充分嘗到無聊的滋味之後，才漸漸能找到有趣的資料，所以我建議你準備一些小零食、保持輕鬆幽默的心情。自己做一次三圓習題，選一個方向展開投資研究，然後就直接……開始行動。選一份報紙，規律閱讀財經商業新聞，你還可以自己制定投資密集訓練計畫，閱讀巴菲特聖經，我也建議你讀幾份 13F 報告。找到最適合自己、時間上最可行的方法，展開行動吧！

查理的護城河與企業經營

本月待辦

○ 護城河

○ 四大數值與成長率

○ 偏差成長率

○ 企業經營

○ 查理的前三大原則核對清單

　　說來奇怪，我為財務自由投注心血，似乎從中得到了……出乎意料的自由。我已經答應要去瑞士蘇黎世拜訪研究所室友好幾年了，最近我換到一間專接新創公司生意的小事務所，新工作開始前終於有機會出國見見老朋友。她上班時，我獨自在城市遊蕩，她下班後我們一同在湖邊晒太陽和喝葡萄酒，我感覺終於又變回自己該有的模樣了。我感覺自己自由了。

　　在蘇黎世的最後一晚，前室友邀朋友來玩戰國風雲桌遊（Risk），遊戲結束時，我發現自己非常喜歡坐在身旁的這個男人，而且我從沒這麼喜歡過一個人。努諾（Nuno）是葡萄牙人，他不僅有種豪氣，還聰明絕頂。他之所以住在蘇黎世，是因為他是銀行的策略顧問。他似乎對我改變人生的計畫深感興趣，這讓我很感動，因為我到現在還不太敢把投資實踐計畫告訴別人──人們聽了都以為我是投資專家，但我其實只是個新手而已。

　　回家前，我打算到英國參加一場創業研討會，在牛津暫住幾天。努諾問他能不能在我飛回大西洋另一側前，到牛津和我多相處幾天，腦子裡還在度假的我想也不想就說：「好啊！」隔天我才想到這個陌生人可能會跟我一起去英國。我們的共同朋友告訴我，努諾是個可信的好人，而且我忘不了他夢幻的灰綠色雙眼，以及他凝視我時那堅定不搖的眼神，我也想到自己是在度假，這一切都不重要。我把自己的落腳處告訴他，他還真飛到倫敦、租車與入住飯店之後來到牛津市中心的 King's Arms 酒吧和我碰面，令我印象深刻。3 天後，我幾乎要愛上這

個定居在歐洲的男人了。我回家後，努諾想來博得市找我，而我同意了。

　　努諾來博得市之前，我爸又來附近辦事，我們安排他在我家住一個週末，這樣才能面對面討論查理的投資原則。我漸漸習慣和我爸保持聯絡的生活，以前也許 2、3 週才通一次電話，現在我們每週至少打一通電話或傳一封簡訊，還會把關於價值投資或有趣的公司等文章寄給對方。其實這種感覺很棒，他真的陪我走到了今天。

　　我們在我家客廳坐下來。是時候討論查理的第二、第三條原則了：在確保一間公司有競爭優勢後，評估這間公司的經營者。我們開門見山地談了起來。

查理‧孟格的投資第二原則：
內在且持久的競爭優勢

　　第二原則非常重要，在我看來，它就是查理四大投資原則的關鍵。查理說過，一旦確定自己有能力了解一間公司，就可以來評估這間公司有沒有內在且持久的競爭優勢。在巴菲特的投資策略中，這個概念被稱為「護城河」（Moat）。

　　護城河就和我們想像的一樣，它是環繞一座城堡的河，能阻擋外來的攻擊。在投資界，城堡就是公司本身，護城河則是這間公司的內在競爭優勢，它能確保公司不被競爭對手擊敗，也能確保長期的現金流。一間公司如果有好的護城河，競爭對

手就很難越過這條河、攻陷城堡——雖然不是不可能，但至少能增加難度，難到沒有人想嘗試，難到對方就算有錢買下整間公司，它們還是無法和它競爭。

「公司也有屬於自己的生命週期。」我爸告訴我。「公司之所以成立，是為了滿足某種需求、解決某種問題，問題解決、需求滿足後，也許過幾年那個問題或需求就不再存在了。很少有公司能撐超過100年。妳要注意公司在生命週期的哪個階段，然後看看它有什麼能長期持續下去又可靠的內在優勢，讓它特別有競爭力，確保它能長久存在。」

「你和查理說的這個『護城河』，不是指一間公司在滿足需求或解決問題時做得夠不夠好嗎？」

「不是，這是完全不同的兩個概念。護城河和純粹的競爭優勢不同在於，護城河是公司內在的特質，而且它得以持久。『公司內在』的意思是，這項優勢無法從公司本身分割出來，它是公司與生俱來的特質。『持久』的意思是，要超越或打敗這個優勢不是很難就是很貴，甚至兩者皆是，所以競爭對手連試都不會想試，我們能預期公司會長久經營下去。」

「聽起來和一般的競爭優勢差不多啊。」

「差很多，我說的是不會輕易消失的競爭優勢。妳必須問自己，妳有沒有可能創立一間新公司，輕易和現在那間公司競爭並擊敗它？」

「一定有可能啊。」

「也許妳說得對。那接下來妳就要問自己，創立新公司、

成長到能和它競爭並打敗它的程度，需要花多少錢？如果代價高到沒有人想做，那這件事實務上就不可行，這麼一來妳就知道公司的護城河夠強。」

喔，原來如此。

「評估公司的持久力時，可以反向思考。」我爸建議道。「妳有興趣的這間公司是不是和別人做一樣的產品，只不過定價比競爭對手低一些？是不是其他人都開始生產個人電腦了，這些公司還在做打字機？10 年後，這些公司還會和現在一樣強大嗎？」

所以，如果沒有人能威脅這間公司，它的競爭優勢就非常強。「那內在的部分呢？如果它是最先進入這個產業的公司，這算是公司的內在優勢吧？」

「正是。」我爸回答。「第一個進入新產業，就是我要教妳的護城河種類之一。」

「有不同種類的護城河？」

我爸興奮到按捺不住自己，開始在椅子上彈上彈下。「對，護城河有好幾種，可能有五、六種呢。」

五種（半）的護城河

1. **品牌。**當一間公司的品牌強到其他公司很難建立同樣強大的品牌、和它競爭，它就擁有品牌護城河。有時候強大的品牌來自搶占產業的先機，最先入主某個產業的公

司往往能讓整個產業向它們看齊。例如：可口可樂和百事可樂（Pepsi）。百事可樂投注了幾百、幾千萬元改善品牌，竭力和可口可樂競爭，但它雖然建立了強大的品牌，在全球市場上還是贏不了可口可樂。在某些地區，人們不管想喝哪種汽水，都會說他們想喝「可口可樂」。有了強而有力的品牌護城河，顧客就不會以商品的通稱稱呼它們，而會使用品牌名稱：可口可樂而非可樂、哈雷（Harley）而非摩托車、iPhone 而非智慧型手機、舒潔（Kleenex）而非面紙。

2. **跳槽**。公司會想辦法讓顧客在跳槽使用別家公司的商品或服務時，感到非常困擾，也許跳槽太過麻煩或昂貴。例如：蘋果電腦的產品是在整合的環境中使用單一作業系統。身為蘋果 iPhone、蘋果筆記型電腦與 iPad 的使用者，我可以憑經驗告訴你，從蘋果系統切換到 Android 或微軟（Microsoft）系統非常麻煩、非常昂貴，也會讓我非常困擾。這不表示我做不到或不願意做，但是跳槽的困擾成了我的障礙，所以即使我現在用的產品不如競爭對手的產品，我也會繼續忠於蘋果公司。

2.5 **網路效應**。這是跳槽護城河的亞種，採用這種策略的公司會提供使用者想用的獨家網路，跳槽本身並不難，但顧客一旦跳槽就不能再使用公司提供的網路了。例如：Facebook。其實我們這些用過 Friendster 的用戶也都明白，只要個人網路中有夠多人跳槽到不同的平台，網路效應

護城河遲早會失效。話雖這麼說，在這道護城河興建或被攻破之前，公司還是得累積一定數量的使用者。

3. 收費橋。一間公司能壟斷整個產業，或幾乎在那個產業獨大，就是有收費橋護城河。收費橋獨占了一大塊市場，它之所以能夠獨大，多是政府規章或干預的緣故，而這種情況當然有改變的可能。其他種類的收費橋護城河也許和地理局勢有關，或者進入市場必須支付極高的代價，或是以上皆是。例如：我爸最愛舉的收費橋護城河案例，就是橫貫大陸鐵路。柏林頓北方鐵路公司（Burlington Northern Railroad）控制了鐵路，其他公司當然能自己建造新鐵路，但越過政府管制、費用與通行權的門檻實在太難，實務上幾乎不可能達成。

4. 機密。公司持有某種營業機密，不怕其他公司模仿。這些也許是專利、商業機密或其他種類的智慧財產。例如：輝瑞（Pfizer）和默克（Merck）這些大藥廠有了藥物的專利，在專利到期、其他公司開始生產仿製藥品之前，它們一直擁有強而有力的機密護城河。3M 這種公司也許不會為新發明申請專利，避免將這項新發明的生產方法公諸於世（申請專利就等同公開新發明的製作方法），選擇以商業機密的形式保護這項發明，不讓其他人從產品回推製作方法。

5. 價格。一間公司能以最低價提供產品或服務，因此成為最低價供應商，而且它的內部性質允許它長期仰賴這項

優勢。例如：好市多（Costco）能以低於其他人的價格
販售商品，因為它能利用強大的購買力與低廉的售價，
賺取最多利潤，勝過競爭對手的價碼。和其他公司削價
競爭時，好市多即使把價錢壓得比別人低，還是能獲
利。試圖和附近的好市多競價的公司，只會成為經濟達
爾文主義（economic Darwinism）的警世故事。

這時是 5 月初，我和我爸運氣好，恰巧遇到洛磯山區一個
清冷的週末，我提議出門踏青。在博得市附近的小山丘上，我
也許更能夠釐清自己對這些護城河的想法。

在我看來，判斷一間公司有沒有競爭優勢並不難，畢竟大
部分不錯的公司都有某種競爭優勢。關鍵問題是：我看到的競
爭優勢是不是公司內在且持久的特質呢？它真的是完整的護城
河嗎？

我們爬上第一座熨斗形山的同時，我半自言自語地試著分
析兩間知名公司，兩間都是我們之前提過的公司：可口可樂和
蘋果公司。是不是感覺很容易？我爸幾乎沒說話，讓我獨自整
理思緒，他則專心在海拔一英里高的山上保持呼吸平順。

可口可樂和蘋果都是消費者導向的公司，表示我對它們有
直接的認識與消費經驗，因為我用過它們的產品，也因為它們
普及率很高，我有能力了解它們。我可以走進超市，看到可口
可樂強勁的品牌廣告，也可以走進購物中心的蘋果直營店，看
看店內洶湧的人潮。可口可樂的護城河是品牌，蘋果的護城河

則是品牌與跳槽，但即使是分析這麼知名的公司，我也很容易掉進深不見底的大坑。

可口可樂

可口可樂當然有品牌護城河，那它有機密護城河嗎？它1886 年的經典可樂祕方仍是公司最知名的機密，現在已經有競爭對手反推出配方，配方也發表在報上與網路上，據稱和原版可樂一模一樣，但可口可樂公司仍宣稱自己用的是祕密配方。事實上，無論公開的配方是真是假，可口可樂公司還是充分利用了自己的品牌故事。從產品回推到配方，並製作口味和可口可樂一模一樣的飲料並不難，但你無法重現可口可樂的口味，同時用可口可樂的瓶子或罐子包裝它，達到這個品牌給消費者那種難以言喻的體驗。

可口可樂並沒有機密護城河，而是擁有十分強大的品牌護城河，它傳說中的神祕配方就是品牌神話重要的一環。可口可樂的祕方貢獻了神祕感，因此也是品牌護城河的一部分。

我們隨隨便便就能在店裡挑選不是可口可樂的飲料，所以它沒有跳槽護城河，而且也不受收費橋護城河保護。可口可樂倒是挺便宜的，它有價格護城河嗎？答案是沒有，因為還有人以更低的價格供應可樂。它的商業模式一大重點就是「不要太貴」──你會發現可口可樂的價格往往比礦泉水便宜──但不能和仿製商品一樣便宜。可口可樂品牌仍然價格較高，這也強

化了它的品牌護城河。你如果要辦派對,應該不會買雜牌可樂給朋友喝吧?

問題是,我也可以反過來說,可口可樂的品牌是很明確沒錯,但它究竟有沒有辦法持久呢?人們發現含糖汽水和肥胖之間的相關性後,歐美看待可樂的眼光變得很不友善,紐約等城市甚至為汽水加上額外的稅賦,試圖勸退消費者。面對這個趨勢,可口可樂買下了有能量、健康或營養形象的飲料品牌,而且它不為這些商標上可口可樂的名字;你也許不知道,魔爪能量飲料(Monster)、Honest Tea、smartwater 與 Odwalla 都是可口可樂旗下的品牌。

我很喜歡 Honest Tea,它的初衷是為消費者提供好喝、健康、不含添加物而且有機的飲料,茶葉也是用公平貿易茶葉。簡而言之,這個品牌擁有我愛的健康食物使命,也是我會購買的美味茶飲。現在這個品牌屬於可口可樂,但只有稍微查過資料的人才會發現。Honest Tea 意識到社會環境與趨勢,目標是打入健康食品市場,可口可樂的品牌非但對它沒有幫助,可能還會傷害它的健康形象。可口可樂用品牌的力量,在超市裡為 Honest Tea 爭取到大量展示空間,少了可口可樂的品牌力量,Honest Tea 應該得不到今天的曝光度——但同時,可口可樂也隱藏了兩個品牌之間的關係。

可口可樂投資與自己主體市場差異極大的新市場、新商品,身為潛在投資者,我認為這是有前瞻性、為未來鋪路的行為。可口可樂的汽水仍然是世界各地極受歡迎的飲料,即使過

了 10 年這點也不會變，它卻開始把心思轉到新的品牌上。巴菲特曾因購買可口可樂的股份、支持含糖汽水被譴責，這下我終於明白巴菲特大師對這間公司不離不棄的理由了。可口可樂的品牌護城河果真強大。

蘋果

蘋果公司當然有品牌護城河，而且從蘋果平台轉換到其他品牌的個人電腦、從 iPhone 轉換到 Android 手機都十分痛苦，所以它還有跳槽護城河。

但我也能像剛才一樣，換個角度來攻擊它。從蘋果產品跳槽並不是不可能，假如蘋果產品使用起來太困難或麻煩，跳槽的痛苦相較之下會減輕許多。史蒂夫・賈伯斯去世後，蘋果公司變了，而且我不喜歡它的新作風。我能輕易向它的競爭對手購買類似的個人電腦或智慧型手機，而且蘋果商品的價格只有逐年高漲。儘管如此，蘋果公司握有數千項專利、強大的作業系統，以及商品保密的企業文化，所以它應該也受機密護城河保護。它的品牌與機密護城河依然強大，但針對 iTunes 等使用者介面的笨拙決策，以及居高不下的商品價位，大幅削弱了它原本的跳槽護城河。蘋果公司的競爭優勢我看不上眼，因為我不認為它們有資格被稱為護城河。

我簡單把兩種論點說給我爸聽。

「基本上，競爭對手會以兩種方式攻擊護城河。」他說。

「第一種方法就是跟妳做一樣的事，只不過我做得更便宜或更好。第二種方法，就是消除消費者對妳家商品或服務的需求。」

我點點頭。「第二種就是電腦公司對打字機公司做的事。」

「沒錯。面對技術落伍的情形，妳只能盡早預知這個趨勢，趕快把公司賣了——不然也可以和 IBM 一樣，選擇加入新潮流。IBM 是販售商品的專家，擁有跳槽護城河，它維持跳槽護城河的方法，就是在別人推出新科技時把它買下來，快速將這些新科技提供給使用者，這下消費者要跳槽也不划算。」

「那第一種攻擊方法呢？別人把東西做得更好或是賣得更便宜，不就是每一間公司都得面對的問題嗎？」

「是，所以我們才需要用護城河拴住顧客的心。也許妳的公司有優質商品的品牌形象，也許不跳槽比較容易，也許妳可以把價格調得比競爭對手更低。妳可以看看一間公司過去是如何抵禦外敵，預測它未來會選擇用哪種方式守護自己。蘋果公司過去 40 年不停被其他公司攻擊，它現在還不是活得好好的？其實妳不見得要從個人研究結果，判斷一間公司夠不夠強。」

我愣愣盯著他。「還有別種方法嗎？」

「有。」他笑吟吟地說。「妳還可以看數值。」

完了。

「別緊張，」我爸說。「妳要看的數值不多，我們晚點回到妳家，我會教妳在財務報表上找到這些數值。這些數值很有參考價值，我們能從它們看出一間公司的護城河有多強。」

天啊。怎麼馬上就要研究財務報表了？我還以為以後談

到查理的第四大原則——價格——我再來算數就行了。我深吸一口氣，想到之前在法學院也學過財務報表，那時候我不是學得相當順利嗎？可是現在想到要和財報打交道，我就緊張得要命。我爸可以教我怎麼讀財報、看哪幾行數字，但我必須了解那些數值的意義，才能真正了解一間公司。學到這裡，我可能會發現投資對我來說還是一條死路……好吧，至少現在早點發現比學到最後才發現來得好。

▌菲爾的話 ▌

　　證券交易委員會要求所有公眾公司根據標準會計原則繳交財務報表，這組規則由會計師組成的委員會制定，名叫「一般公認會計原則」（Generally Accepted Accounting Principles，GAAP）。公眾公司會提供符合一般公認會計原則的財報，也經常提供原則之外的會計報表，讓人從不同的角度了解公司營運概況。讀財報時，建議你檢查它的說明與註腳，了解這間公司計算非 GAAP 數值的方式，因為公司通常會想盡辦法誤導投資者，讓人以為它的營運狀況比實際情況來得好。看到財報上寫「調整盈餘」（adjusted earnings）或「稅前息前折舊前攤銷前利潤」（earnings before interest, tax, depreciation, and amortization，EBITDA），千萬別照單相信表上的數值。

財務報表

損益表：你賺了多少錢（營收〔revenue〕）？你花了多少錢（費用〔expenses〕）？營收扣除費用之後，就是你的利潤（淨利〔profit〕），也就是你最後剩下的錢。假如你今年賺入 $80,000 薪水，花費 $75,000，最後的淨利就是 $5,000。

資產負債表：你擁有的東西（資產〔assets〕）、你欠的錢（負債〔liabilities〕），還有扣掉負債之後剩下的資產。假設你擁有一棟房子、一輛車，還有奶奶留給你的遺產，一共 $500,000。你還欠 $400,000 房貸、$10,000 車貸，所以負債是 $410,000。如果你把所有的資產賣了、把負債全部還完，最後會剩下 $90,000。

現金流量表：看看你在銀行裡有多少錢，你可以從中得知：

◆ 你在經營公司時花費和收入的現金（營運現金〔operating cash〕）。

◆ 用來投資生產工具、併購公司，或者售出公司一部分得到的現金（投資現金〔investing cash〕）。

◆ 借來或賣股票得來的現金（融資現金〔financing cash〕）。

　　現金流量表之所以重要，是因為公眾公司在記帳時往往採用應計制，將還未入帳的錢算進營收，你只知道它應該收到多少錢，不知道它實際上有沒有拿到那些錢。

> 看了現金流量表，我們才知道公司戶頭裡實際上有多少錢。你知道自己賣房子以後會收到一筆錢，不過等到 3 週後契約簽訂，錢才會入帳。在你實際收到那筆錢之前，它不會出現在你的現金流量表上。

我們繼續爬山，我盡量穩穩地踏出每一步，感受雙腳沉沉落在土壤與岩石上。專注在這件事時，我才能舒緩眼球後方那種近乎恐慌的感覺。

「好，」我說。「那就來吧。護城河又沒有實際形體，我要怎麼從幾個數值看出它有多強？」

我爸笑了笑。「這些是非常重要的線索。別忘了，護城河是幫助公司長久經營下去的內在優勢，它真正的意義是讓人大致預測未來。這就是護城河的重點。我們想看看四大數值有沒有穩定的趨勢，這也會幫助我們預測公司未來的走向。一間公司的護城河夠大、夠穩固的話，它的未來就會和過去長得很像。如果護城河夠好，我們能用過去的趨勢預測未來，那我們就知道自己買的是什麼樣的公司了。假如我們相信這些數值不會改變，那要了解公司、大致預測未來的現金流，還有找到這間公司的價值，都會容易許多。」

爬完山、回到家之後，我爸叫了晚餐外賣，顯然不打算讓我用任何理由躲過這堂課。這是我們第一次討論金融數值，歷史性的一刻。

我爸列出財報上的護城河數值，他把這四個稱作「四大數值」（Big Four Numbers），這些是他希望能每年成長的數字：

四大數值

數值	哪種財報？	定義
1. 淨利 （又稱利潤或盈餘）	損益表	扣除所有成本之後的收益
2. 淨值 （又稱權益）＋股息（若有的話）	淨值：資產負債表 股息：現金流量表	假如公司停止營業、變賣所有資產（資產扣除負債），在支付股息前所剩的資產價值
3. 銷貨收入	損益表	銷貨（營業）賺取的收入
4. 營運現金	現金流量表	公司營運實際賺取的現金

注意：一些數值出現在財報不同的部分，會使用不同的名稱，我相信這背後的理由很有道理，不過我這個會計菜鳥常混淆不同的名稱。我們可以用很簡單的方法解決問題：只要遇到不熟悉的詞，我就上網查詢同義詞。

「我希望四大數值能每年成長 10% 以上。」我爸告訴我。這些數值的成長率，就叫作四大數值成長率（Big Four Growth Rates）。

「妳要記得，」我爸又說。「這些數值像是一輛車的後車窗，妳看的是一間公司的過去，而過去的數值不能保證公司未來的表現。這就是為什麼我們除了看數值以外，還要做這些研

究，確保妳有興趣的公司會持續照現在的趨勢成長下去。」

等一下。「你說四大數值一定要每年成長，所以公司連偶爾狀況不好也不行嗎？」

「不是不是，偶爾狀況不好當然不是問題，最重要的其實不是那 10% 成長率，而是穩定而且可以預測，成長曲線偶爾出現高峰或低谷沒關係。舉例來說，過去 40 年來，巴菲特的其中一間公司——時思糖果（See's Candies）——每年成長約 4%，雖然不是直線成長，但長遠來說非常穩定。」

「可是成長率比你要的 10% 低很多。」

「是沒錯。我們**希望**公司可以每年成長 10%，不過時思糖果的成長率平穩又好預測、收益又高，我們知道它的品牌護城河很堅固。其他糖果公司可能也有品牌護城河，一個產業內，有品牌護城河的公司可能不只一間。如果妳發現某一年公司的四大數值有任何下跌，想辦法查出背後的原因，只要妳可以接受數值下滑的理由，公司也相對輕易復元了，那就不用太煩惱這件事。」

說得也是。我該找到有信服力的趨勢，觀察公司在面對異常時有什麼反應。「那現在，」我爸對我說。「妳找到四大數值成長率了，挑一個整體成長率來代表妳感興趣的公司。」

「你的意思是，我要計算平均成長率嗎？」我問他。

「不是。」他特意強調這句話。「絕對不是取平均數。妳必須以研究結果為基礎，自己判斷要用哪個數值代表一間公司——選一個妳認為公司未來最有可能達到的成長率。別忘了，

妳現在掌握的數值全都是過去的紀錄，沒有人保證公司以後還會繼續隨現在的趨勢成長。妳只能根據自己對這間公司的了解，憑經驗推測公司未來會成長多少，而妳挑選的數值，就是能代表這間公司的成長率。這就像是開槍前計算『風力偏差』（windage）一樣，妳要先憑經驗預測風力對子彈的影響，才能精準射擊。」

「什麼！」我忍不住笑了起來。「風力偏差嗎？風對子彈的影響就叫『風力偏差』？」

「是啊！」我爸也笑了。

我喜歡這個說法。

我把我該自己挑選的成長率取名為「偏差成長率」（Windage Growth Rate），決定偏差成長率的因素有幾個，它的基礎是我對公司過去成長紀錄的研究，以及分析師預測的未來成長率。我可以保守一些，定一個較低的偏差成長率，也可以野心勃勃地預設較高的成長率。

傳達這份資訊之後，我爸覺得這次教得夠多了，我們一起吃晚餐，隔天他就搭飛機去佛羅里達打馬球了。

那週，我搬出投資辦公箱，開始測試我爸教的方法。我對自己的學習成果非常驕傲：我坐下來找了幾間公司的財務報表，把每間公司的四大數值輸入試算表。

我必須承認，研究財報的過程相當痛苦。這些會計師真是的，他們怎麼不幫各種項目取個統一的名稱？一間公司所謂的「營運現金」，可能會被別間公司稱作「營業現金」。有的人

還把各項目的順序排得很奇怪，讓我找不到我要的資料。「搜尋」功能成了我的救星，網路也告訴我該搜尋哪些名詞。我發現，大部分的財報都有 3 到 5 年的數據，如果你想快速找到 10 年份的數據資料，可以找出最新一份 10-K 報告（公司網站上的年度公司財報），再找一份 5 年前的 10-K 報告。我算出每一年的成長率，還有近 10 年、7 年、5 年與 3 年的平均成長率，接著根據我對公司有限的認識，推測這間公司的偏差成長率 [1]。

可口可樂的偏差成長率最難算，因為公司的數值亂七八糟，近期甚至不進反退。我決定保守一點，為它選擇 0% 的整體成長率。

蘋果公司就不一樣了，它的四大數值全都緩慢地穩定成長，估算偏差成長率感覺不難。問題是，它的成長率正在逐漸趨緩，近年甚至出現幾個負數。整體而言，我替它選了 8% 作為偏差成長率。

現在做到這裡應該就夠了。我有點等不及繼續研究下去，開始調查這些公司的經營者，畢竟在我看來，這就是我的使命中理論與現實的交會點。我究竟能不能信任這些經營者呢？他們到底會不會好好經營公司呢？

---

1. 除了 10-K 報告之外，你也能上雅虎財經、Google 財經（Google Finance）、晨星基金、GuruFocus 等股票分析網站得到相關資訊，也可以使用我爸的投資工具箱：www.ruleoneinvesting.com。欲深入了解我計算這些成長率的過程，請參考我的網站：www.danielletown.com。

查理・孟格的投資第三原則：
有道德與才華的企業經營者

調查公司的經營者，似乎是我能自己完成的工作，於是我決定動手嘗試。這是我在投資實踐計畫中首次主動前進，感覺挺不錯的。

我認識的一個創業投資者說過，尋找一間適合投資的好新創公司，感覺和交友約會差不多。你必須和公司創辦人多多相處，看你們兩個對世界的看法是否相同，看你們兩個是否合得來。你信任這個人嗎？你願意和這個人長期相處嗎？身為創業投資者，你必須找到可信又和自己合得來的理想創業者，因此創業投資者會親自和創業者「約會」。只要是試過線上交友的人就明白，有些人在網路上和現實世界，根本是兩個迥然不同的人。

調查公眾公司的經營者，也是類似的交友約會過程，只不過大部分投資者沒什麼機會和公司執行長見面，所以我只能仰賴二手資訊。我找到幾個自己感興趣的執行長，開了個存放相關文章的新資料夾，然後開始上網查資料。

我查了這些人的：

◆ **生平**：我在查閱企業執行長的生平經歷時，主要想知道他們在商業界崛起的歷程是艱辛還是輕鬆。經營公眾公司可不容易，這個人是如何走到這一步的？這個人有踏

踏實實地往上爬嗎，還是有別人幫忙鋪路？我沒說含辛
茹苦比較好，也沒說平步青雲不可取——其實在一些情
況下，一個人脈廣、完全融入商業界的執行長，可能比
自力更生、一步一腳印、技術極佳卻誰也不認識的執行
長，更適合一間公司——我只是想多多了解執行長的背
景。

◆ **經營風格：**這些執行長是理查‧布蘭森（Richard Branson）
那種週末去跳傘玩樂、令人印象深刻的創業者，還是正
正經經、低調穩定成長卻名不見經傳的類型？布蘭森型
是商業作家與寫手的理想型，因為寫手需要有趣的題
材，有些題材就是比較好發揮；但在一般情況下，穩定
成長型才是較可靠的經營者。

◆ **創辦人：**如果公司創辦人不是現在的經營團隊成員，那
團隊也許還在處理創辦人離開公司的後遺症。史蒂夫‧
賈伯斯第一次離開蘋果公司，是因為董事會認為有別人
能取代他、把公司經營得更好，於是他們逼賈伯斯離開
了蘋果。董事會當時也許沒有說錯，不過他們沒考慮到
一件事：沒有人比賈伯斯更能生產好產品。在賈伯斯回
歸蘋果之前，公司只有一直走下坡。年紀大一些、智慧
增長一些的賈伯斯回到蘋果公司後，他不僅救了公司，
還帶頭創造出改變了好幾個產業的經典產品。了解這個
故事之後，我們才能理解蘋果現在的經營團隊，以及賈
伯斯對他們的影響。

◆ **董事會：**董事會有權聘請或開除經營團隊，我在調查過程中盡量注意他們這兩方面做得好不好。

◆ **業主：**有時候執行長知道自己會在問題出現前離開，所以我也會觀察公司創辦人或持有大量股份的管理者，因為這些人才有將金錢心血投注在公司，希望公司長期下來能成功。

我讀了一篇篇關於某些執行長的新聞報導，漸漸認識這些人。他們個性溫暖嗎？還是獨裁主義？他們倚重家庭、社群還是使命？他們是業界專家嗎？還是僱傭執行長，或者是連續創業者？他們有沒有善用時間？他們對自己的公司忠心嗎，還是經常換公司？

我到處找線索，自己寫筆記、自己為各間公司的經營團隊寫傳記。我也時時提醒自己，我只不過是蒐集了不完整的資訊，憑片面印象為人們寫傳記而已。除了幾位有名的執行長之外，大部分的人都查不到完整資料，如果是不太有名的公司，那網路上幾乎查不到執行長的資料。查不到資料，就表示這個人的生平還沒經過媒體放大檢視。

無論是過去或現在，我研究公司執行長得到的結論，都和線上搜尋的結果脫不了關係，媒體對公司經營者有沒有興趣、眾人的視線是否集中在公司高層身上，都會影響我的調查結果。這時候，我們只能希望新聞界好好保護我們這些潛在投資者。我們不像新聞媒體，沒辦法採訪或深入認識這些公司，媒

體決定在該週、該月報導的新聞，決定了我們能接收的資訊。我們無法控制、無法得知的事情太多了。

　　我爸雖然在佛州打馬球，還是抽空和我講電話。他聽我說到我在自己查公司經營者資料，聲音變得有些苦惱。「調查企業經營團隊是最困難的部分。妳還記得查理是怎麼說的嗎？他說**如果**經營團隊正直誠實，那就最好了。妳不覺得這點很值得注意嗎？」

　　「他的說法是有點奇怪沒錯。」

　　「這是因為在真正遇上危機之前，妳很難知道一個人到底可不可信。查理和華倫都很會看人，但他們一直沒辦法說明自己看人的標準，而且他們當然也錯估過經營者。就錯估經營者這點，巴菲特說過，我們只該投資笨蛋也能經營的公司，因為總有一天會有笨蛋成為公司經營者。」

　　想了解高層經理的話，你也可以讀讀他們的股東公開信，不過這些公開信很少揭露重要事項——這本身也是值得注意的一件事。第一定律投資者與避險基金經理人馬修・彼得森（Matthew Peterson）說過：「經營者使用每股成長率、自由現金流與內部報酬率等詞彙，就表示他們的心態和價值投資者一致，也透過資本配置（capital allocation）的鏡片看事情。觀察經營者發表公開聲明的用詞，你可以得到非常多資訊。」[2] 華倫・巴菲特的股東信以直截了當——甚至到毫不隱諱的地步——出

---

2. "15 Questions with Matthew Peterson," Gurufocus.com, September 21, 2016。

名。你感興趣的執行長寫股東信時，是否寫得開誠布公？執行長有沒有誠實告訴你，接下來會有壞消息？我們可以回顧執行長過去的預言，用雪亮的雙眼檢視他們說過的話──這些預言有成真嗎？預言成真的時間點，以及實際發生的事件，和執行長說的接近嗎？網路上有沒有關於這間公司的謠言？員工是怎麼看待他們的經營團隊的？

　　我存下所有的調查資料，以後就不必再查一次了。我也為自己粗略寫下對每一位執行長整體的看法，例如：「感覺還不錯，但是沒辦法把這個人看得很透徹。大學畢業後讀商學院，接著直接進入管理體系，那之後似乎一直一層層往上爬。」

　　讀商業新聞和關於執行長的新聞時，我發現一些我沒有主動調查的執行長資料還是經常出現，於是我創了一張「觀察中的執行長」清單。執行長跳槽到不同的公司是常有的事，這個人也許現在不在我感興趣的公司工作，但說不定 10 年後會換到我喜歡的公司，到時候我就不必再查一次這位執行長的資料了，而且我還能憑累積 10 年的證據判斷自己對這個人的想法是否正確。

　　閱讀相關文章的過程中，我讀到不少有趣的八卦。誰和誰共事過？誰在醜聞公諸於世之後，跳槽到另一間公司工作？誰領的薪水高得過分？我喜歡空洞淺薄的名人八卦，其實調查公司經營者就是在看八卦，你可以看到各種醜聞、離婚、好人、壞人，還有財經界的王者與女王。這個世界和好萊塢差很多，卻同樣魅力十足。

　　話雖這麼說，我還是沒辦法找齊我要的資訊。一些商業記者寫得很好，但他們沒辦法幫每一位經營者寫專欄，也看不透作風神祕的公司。一個侵占公司資產的人，不太可能被撰寫吹捧性文章的記者抓到，連調查性新聞記者也不一定能查出這種祕密。安隆事件爆發前，有多少記者寫文章誇讚公司高層？有多少記者拍下這些經營者的照片，讓大眾看見這些人在飄著紅木香的辦公室裡、和皮革精裝書合照的模樣？最知名的公眾公司執行長當然備受矚目，他們的醜聞自然會登上報紙頭版，但如果是規模較小的公司，新聞記者就沒時間關注它們了。

　　隔天，我打了通電話給我爸，把調查公司經營者的樂趣分享給他。

　　「我發現，研究經營者才是學投資最有趣的部分。」我興奮地說。他驚訝地哈哈大笑。

　　「我還以為妳查不太到資料，就會越查越火大。」

　　「不會啊，這其實就跟名人八卦一樣。我是有感覺到，我這是透過新聞報導的鏡片看事情，所以有點模糊。」

　　「在這方面，我能幫一點忙。」我爸說。

　　「真的嗎？」我興奮地問他。

　　「真的。就用數值來看。」

　　我愣住了。「經營者哪來的數值？」

　　「就是有。」他樂呵呵地回答，顯然看到我抗拒的態度，心裡高興得很。「這些數值能幫助妳判斷誰是好經營者，而且這比讀八卦客觀得多，也是完全不同的觀點。」

我嘆了口氣。**好嘛。我都開始愛上經營者八卦了，他偏偏要把話題轉回數學。可惡的數學。**

「好吧，放馬來吧。」

經營數值：一、股本權益報酬，二、投入資本回報率，三、負債

「還記得帳面價值（book value）嗎？這是四大數值之一。」

「不記得了。」我承認。

「帳面價值和淨值是一樣的東西，從企業法律的角度來看，這就是所有權的意思。它在資產負債表上。我們想知道的是，公司用它的淨值賺到了多少報酬？這才是重點！而在投資金融界，『妳的錢』就叫作『權益』。我們關心的數值叫作『股本權益報酬』（return on equity）。這非常重要。」

我忍不住開始笑他。「**好**重要喔。」

「真的很重要啊！」他堅持道。「而且我告訴妳，股本權益報酬這個數值很好找，有好幾個網站都會直接把數字告訴妳。這是公司的標準數值，只要是金融資料都該幫妳把這個數值算好。」

「等等，這個數字沒有寫在財務報表上嗎？」

「不算有，它是從財報上其他數值計算出來的。」

股本權益報酬是淨利（在損益表上）除以淨值（在資產負債表上）。

股本權益報酬（ROE）＝淨利／淨值

「股本權益報酬（縮寫 ROE）可以告訴我們，一間公司拿到我們股東的資金之後，賺了多少錢。它算的是我們每 1 元股東權益金，能換算成公司多少元的利潤，也就是經營團隊有沒有善用我們投資的錢。但在這裡妳要小心，公司其實有辦法刻意調漲股本權益報酬，只要借很多錢就能做到這件事。」

我哀叫一聲。

「我們還會用投入資本回報率（return on invested capital，ROIC）來檢視經營團隊的績效。投入資本回報率給我們的資訊和股本權益報酬差不多，只不過這次除了我們股東投入的資金之外，它還考慮到公司的負債。」

投入資本回報率（ROIC）＝淨利／（淨值＋負債）

「那我怎麼知道一間公司的股本權益報酬或投入資本回報率好不好？」

「一間公司的股本權益報酬和投入資本回報率最好每年高於 15%，而且過去 10 年的數值也都要保持這樣的高標準。公司在 10 年間應該會經歷經濟循環的一個低谷，也差不多脫離新創時期、開始成熟了，或者換過經營團隊了。假如這 10 年間公司的股本權益報酬一直居高不下，那它也許值得投資。查理要我們投資可以持久經營的公司，只有 10 年以上的高股本

權益報酬能證明公司可以持久。」

　　人應該始終如一，公司也一樣。一間公司的數值過去一直保持穩定，不表示它未來還會繼續穩定下去，而過去的數值忽高忽低，也不表示未來會繼續忽高忽低──但是，穩定的數值有一定的信服力，你看到這種數值，也許比較願意相信公司未來也會言行一致。

　　「最後一個經營數值，」我爸告訴我。「是負債。負債可能會侵蝕公司，如果欠太多錢，經營者就有現成的藉口宣告破產，甩掉股東的同時自己吞下公司的一大部分。假如一間公司有長期負債，那它一定要有能力用 1、2 年的盈餘償還所有債款，否則我們不考慮投資。」

　　如果負債是零，那就最好了。一想到負債，我就很怕。經營者可以用負債操控數值，而我也對自己的能力心知肚明，我應該沒辦法看出財務報表上哪些的數字不對勁。

　　我們來看看我和我爸編的一則小故事吧，假設有人開一間檸檬汁小攤公司，它的經營數值會長什麼模樣呢？之所以用檸檬汁小攤舉例，是因為它直截了當，而且我小時候在愛荷華州賣過幾次檸檬汁，以前的麥金塔電腦也有檸檬汁小攤遊戲，我放學後總是花好幾個小時玩遊戲。大公司所包含的構成要素，檸檬汁小攤其實都有。總而言之，我們為這間假想公司取了個超棒的名字，就叫檸檬汁小攤。

檸檬汁小攤有：

$1,000 淨值
$1,000 負債
共 $2,000

公司用這些錢賺了 $100。

ROE 是 100 / 1,000 = 10%
ROIC 是 100 / (1,000 + 1,000) = 100 / 2,000 = 5%

　　只考慮淨值的話，公司賺了 10%，但如果計算投入資本回報率（同時考慮淨值和負債），公司只賺了 5%。

　　我找到很厲害的捷徑了！在檢視經營數值時，我們可以用這種方式看公司有多少負債：只要計算 ROE 和 ROIC 的差，我就大概知道這間公司的負債情形了。如果一間公司沒有負債，它的 ROIC 應該等同 ROE。

　　「妳看，」我爸開玩笑道。「妳這不是會讀財務報表了嗎？之前為了研究護城河，還有現在研究公司經營者用的數值，就是從財報出來的。」

　　「對耶。」我露出笑容。他說得沒錯，我雖然不喜歡找數值，但計算這些數值並不難，我知道自己計算的目的，也知道該怎麼用數值支持或反駁買公司股票的論點。財務數值成了幫助我學習新知的工具，改變了我對它們的排斥心態。

　　我還是不想學估價。這週末我學了很多投資技能，但還是對自己評估公司好壞與計算財務數值的能力沒什麼信心。感覺像是學了一種新語言，偶爾能認出單字或一行數字，但大部分時候還是沒辦法快速讀懂金融資料。我不想操之過急，太快把一堆新資訊塞進大腦，在學習新知之前應該先練習一陣子。

　　「你去打馬球吧，」我對我爸說。「別忘了馬球第一定律：別從馬背上摔下來。」

　　「我盡量！」他答應我。我們掛了電話。

　　正式的投資教學時間結束了，但我還不曉得該怎麼整理這個月學到的新知。我必須加入什麼東西，來強化自己的投資實踐能力。

清單

　　從事法律工作時，我常為重複性工作列清單，效果非常好。現在，是時候為我的投資實踐計畫列一張清單了。我發現價值投資界的大師對我幫助極大：莫赫尼什・帕布萊與蓋伊・斯皮爾都寫過相關文章，介紹他們在投資時如何使用清單。這聽起來有點像琵琶・密道頓（Pippa Middleton）的「琵琶小提示」（Pippa Tip），清單在各方面都非常有用，在購物、法律執業和投資時，只要有該記住的事項，你都能讓清單代勞。這就像《Us 週刊》刊登的「明星就跟我們一樣！」系列名人照片，你會發現，名人也會買咖啡、買菜，還有擦拭衣服沾到的汙漬

——而莫赫尼什‧帕布萊與蓋伊‧斯皮爾好像也告訴我們：「超成功投資者就跟我們一樣！」

呃，總之，他們的確跟我們一樣，清單也的確很有用。

清單的美妙之處在於，它們和情緒完全無關。阿圖‧葛文德在他開創性的著作《一位外科醫師的修煉》中解釋道，醫師也是人、他們也會出錯，清單能大幅降低醫師出錯的機率。醫師是聰明人，他們之所以偶爾出錯，是因為他們相信自己能百分之百記住所有資訊，但這就不一定了。這種驕傲自負可能招致嚴重的後果，而解決辦法卻非常簡單：把事情寫下來，然後照著你寫的步驟去做就好了。

清單上的事項應該不多不少剛剛好，如果事項太多，你只會看得頭昏腦脹，在清單上打勾的時間多於你實際使用清單的時間。如果事項太少，你可能會漏掉一些步驟，這樣清單就沒用了。舉例而言，我們看過太繁瑣的清單造成飛機失事的案例——德國有個令人上癮的電視節目叫《緊急求救》（*Mayday*），專門播飛機失事事件的相關調查。我沒有非常喜歡看他們一次次重現飛機失事的可怕過程，卻從節目中學到空難時的應對方式。在一次空難事件，引擎居然整顆掉下去了，然後——我發誓這不是我瞎掰的——飛機居然有「你的引擎掉了」的緊急處理清單，結果清單太長了，機師還來不及完成上頭的事項，飛機就失事了。清單存在的意義，就是幫助我們完成事項，沒用的清單還是直接撕毀、燒掉、拿去餵狗算了。

我的清單

查理的四大原則

1. 有能力了解

☐ 這間公司在我的能力圈內嗎？

☐ 我追蹤的大師之中，有沒有人買賣這間公司的股票？

☐ 我在研究這間公司時，有多少自信？

☐ 用一段話描述這間公司和它的產業。

☐ 描述這個產業的挑戰和經濟循環。

☐ 這間公司有什麼成長計畫？

☐ 它的成長率會在 10 年內到達高峰嗎？

2. 護城河

☐ 它的護城河是什麼？

☐ 和這間公司競爭有多難？

☐ 比較這間公司和它的競爭對手。

☐ 它的四大數值分別是什麼？它們有加速或減速的趨勢嗎？

☐ 偏差成長率是多少？它有加速或減速的趨勢嗎？

☐ 公司的現金夠多嗎？如果它接下來幾年持續虧錢，這些現金足夠支撐公司存活下去嗎？

☐ 上一個經濟衰退期，公司的銷貨收入和盈餘表現得怎麼樣？

3. 經營者

☐ 執行長誠實正直嗎？

☐ 執行長寫給股東的公開信，有多坦率？

☐ 經營團隊是不是在公司經營得順利時對投資者坦率，
　 發生問題時卻支支吾吾、推卸責任？

☐ 這間公司的員工有多快樂？

☐ 公司有沒有負債？若有，公司能用 1 年的自由現金
　 流償還債款嗎？

☐ 公司有沒有提出借錢的計畫？

☐ 經營團隊現在有買入或賣出公司的股票嗎？

4. 有安全邊際的合理價格

☐ 暫無

　寫到第四點，我的清單就寫不下去了。我心不甘情不願地承認，目前為止我還沒把任何時間或心思放在估算公司的合理價格上。我究竟該怎麼為一間公司估價呢？

　但我現在沒辦法想那麼多，因為有別的事情占據了我的心思。努諾從大洋另一側飛了過來，來到我家，在這裡住了 3 個星期。

5 月的練習

　　投資實踐計畫才進行 5 個月，我們就學到查理的前三個投資原則了，是不是很不可思議？你在閱讀相關文章的過程中，應該已經對幾間公司感興趣了吧？挑三間公司，為每一間計算護城河數值與經營數值，以及偏差成長率——你看，你已經能得心應手地使用財務報表與相關字詞了喔！

和能力周旋

本月待辦

- ◯ 願望清單
- ◯ 夢幻投資
- ◯ 證券戶基礎班
- ◯ 家族金錢觀

我將投資辦公箱的東西擺到餐桌上，準備和我爸通電話時，突然發現從開始學投資到現在已經 6 個月了。努諾來訪玩得很開心，我們愉快得令人吃驚、愉快得令人驚訝、愉快得不可思議。

那傢伙剛來我家時，我幾乎不認識他。會不會是我的度假腦袋耍蠢？我會不會用接下來 2 週償還自己做錯決定的債務？我內向的個性已經根深蒂固，沒有個人空間我活不下去，更何況我的公寓本來就很小、現在又得回去上班了，各種壓力只增不減。努諾會不會是危險人物？或者更糟糕的是，他會不會很無趣？

我盡量確保妹妹知道努諾的姓氏和僱主，這樣我要是哪天死於非命，妹妹才有辦法查到他的下落。時候到了，我緊張兮兮地到丹佛國際機場接努諾，接機大廳不透明的雙門開啟，他蹦蹦跳跳、興奮又愉快地走出來，長相與神態和我印象中一模一樣，在飛機上坐了 9 個鐘頭還是莫名地好聞。這時，我幾乎敢肯定，我們會相處得很好（後來我問他，他剛到機場的時候會不會緊張，他說：「怎麼會，我興奮得很。」）。

他還是我過去到現在最喜歡的人，我也發現，他比其他人更不會消耗我的精神，同樣內向的他也注意到我有類似的特質。也許我們初次見面那一晚，就是在彼此身上看見相同的特質──我們找到了罕見的平衡與舒適。**我慘了**。努諾離開前的某天上午，我坐在辦公室裡心想。我已經回不去了，現在我只有兩個選擇：我可以倒退幾步、請他離開，保持簡潔明瞭的人

生，也可以隨這個來自不同大陸、不同文化的男人躍向未知世界，永不回頭。

愛情就像某種啟蒙，你會進入全新的狀態，因此過去的你必須死亡，必須放棄過去的人生。死亡與放棄是為了美好的愛情，所以我們通常不會意識到這些變化，或者開開心心地接受變化，但我打從心底感受到這個選擇對未來的影響。我知道愛情也許不會順利，我可能會因此遍體鱗傷，但這也可能是美麗、深奧又壯闊的體驗，即將改變我的一生。

我決定縱身一躍，撲向未知。

努諾來玩那陣子，我沒有荒廢投資實踐計畫。我驚訝地發現，和別人分享我喜歡的公眾公司其實挺有趣的，我終於有機會分享各種八卦消息了。我當然把對全食超市的愛分享給了他，努諾第一次進珍珠街旗艦店就愛上了那間超市，甚至在我上班時獨自去採買東西，把我還沒發現的新商品帶回來。我沒有把全食超市當作感情試驗，但如果這真的是某種測驗，努諾絕對過關了。

我還在找其他值得追蹤的公司。

「你知道露露檸檬是公眾公司嗎？」我問他。相信全世界都聽過露露檸檬。

「什麼檸檬？」

喔對，他沒有練瑜珈。我突然有種分享小道消息的感覺。

「我的瑜珈褲。」

他突然對這間公司很感興趣。「喔喔喔喔。」

　　我一直以為所有人聽過的消費者導向公司都差不多，這時我才發覺，其實每個人對不同公司的認知差很多。熱衷於汽車的努諾告訴我，他喜歡某些我沒聽過的汽車公司，他還為我解釋他喜歡這些公司的理由。我的投資選項不停增加，見識也越來越廣，這居然是學投資短短幾個月的成果。

　　比起開始學投資前，我更會去注意出現在周遭的企業，即使在買菜或其他不值一提的日常時刻，我也會自動注意各種品牌與公司。我本以為自己已經是關心世界的消費者了，自己買什麼東西、在哪裡花錢都逃不過自己的眼睛，沒想到有意識的消費行為還能更上一層樓。我從以前就盡量買博得市當地公司生產的商品，也驕傲地將這件事告訴努諾——後來他問我，是不是博得市買得到的每一件商品都是在地生產的，我才稍微低調一些。總而言之，對現在的我而言，身邊的每件事物都可能成為我的投資對象。

　　走在超市裡，各個品牌彷彿互相重疊的對話框，一個個冒出來。牙膏公司！無堅果能量餅乾公司！冷凍墨西哥捲餅公司！這些是誰的子公司？尋找母公司的曲折冒險，最後會導向何方？架上一些商品其實有親緣關係、出自同一間公司，它們卻完全沒有相關標示。還有一些商品是姻親，是公司被收購或合併後才成為一家人。這簡直是一場尋寶遊戲。這裡有些是公眾公司，我可以把它們買下來——是不是很不可思議？看見每間公司的商品，投資顯得真實許多，每週買菜購物這件家事也變得非常有意義。

　　但是說來奇怪，努諾離開後，我將一張張照片擺在桌上、點燃香氛蠟燭，卻一點也不期待這一天的投資對話。

　　我和我爸為期 1 年的教學旅程已經走到一半了，想到這裡，我深深吸了口氣。

　　我的投資實踐計畫，似乎有一點沉重。

　　從開始學投資到現在，我的恐懼與不安已經大幅消退了。這 6 個月來，財經界不再是神祕黑洞，我也建立了對自己的信心，相信自己不用繳費也能和「那些金融界人物」一樣憑自身的實力投資賺錢。

　　話雖這麼說，在某些時刻，我還是甩不開心中的憂慮。老實說，我還是不願意真正放手一搏、真正開始實踐與投資。我知道這 6 個月我已經進步很多了，這些是值得鼓勵的努力，我也和從前讀大學一樣，照老師說的去練習、閱讀資料，甚至嘗試自己的新版投資實踐計畫。但學了這麼多，我還是覺得自己是外人，只能從外窺探價值投資界的祕密。

　　這種感覺像是參加投資者聚會，卻只認識主辦人一個人——我尷尬地站在人群外圍，努力尋找能加入的對話。看到其他人聊得很盡興，自己就站在他們身旁，卻不得其門而入。

　　與世隔絕的感覺其實不合理，我不是漸漸喜歡上投資了嗎？我很想繼續學習，我也花了不少時間練習、找到把它化為己用的方法，也打造了屬於自己的投資辦公室……但這也加強了我和「那些金融界人物」格格不入的感覺。為什麼學了這麼久，我還是沒感受到真正的熱情？我怎麼還沒在聚會的人群中

交到新朋友？

　　儘管我漸漸熟悉了投資這件事，想到財經與金融世界，過去那些情緒與意象還是會浮上水面：壓力、不安、深不可測的未知、恐懼、愛說謊的大騙子、數字、財報、計算、電腦模型、費用、大衰退與大恐慌。這種感覺不好受，它和我開始在投資實踐計畫中尋得的自由截然相反。

　　我試著在心中跳過中間的過程，想像自己已經達成最終目標，得到夢寐以求的自由。我立刻看到「富足」與「快樂」幾個字，想像自己做各種想做的事，輕輕鬆鬆的，不受壓力束縛。想像財務自由時，我不僅看見自己快樂的樣子，就連糾結的胃也放鬆了些。

　　我提醒自己，通往自由的橋梁就是我的投資實踐計畫。我接著想像自己是成功的價值投資者，我環顧自己的投資辦公室、閉上雙眼、試著想像那個畫面。

　　我努力嘗試了，卻怎麼也做不到。

　　太奇怪了，我就是沒辦法想像自己成為成功的投資者。只能想像自己站在重重迷霧中，到現在還是找不到我爸走的康莊大道。

　　我忽然想到，在想像自己成為成功的價值投資者時，是不是該以我爸為楷模？他不就是活生生的典範嗎？想像自己隨著他的路線走向成功，不是應該非常簡單嗎？問題是，我想像中成功的投資者看起來不像我爸、感覺也和他不一樣。想到這裡，我胸中又出現一絲驚慌。

難道我不想變得和我爸一樣？

我有點想吐，還是坐下來好了。我拉出餐椅、坐下來，一隻手把椅子挪到桌前，另一隻手忙著轉動祈禱輪。我撞上了一堵堅硬、頑固且根深蒂固的牆，這種感覺一點也不好受。

一開始選擇從事企業法律工作，就是為了逃避自己對財經世界的恐懼，從此不再面對它。我選擇用不同的方式賺錢、沿著不同的路線走向財務自由，根本不去碰金錢的另一面。但是，我失敗了——完完全全、徹徹底底失敗了。我的法律工作沒能帶來財務自由的感覺，反而讓我越來越不自在。

我喝了些水，深呼吸，我已經受夠壓力和逃避這些神祕的感覺了。在我心目中，財務自由的快樂還沒和投資畫上等號，而是分開、對立的概念，但這也不合理啊。我之前也數次嘗試接近我爸做的投資工作，可是每一次走到最後，還是選擇逃避。我想知道自己到底出了什麼問題、得到解決方法，這樣才能繼續前進，成為成功的投資者。我已經踏上投資實踐計畫這條路了，怎麼可以現在掉頭回去？如果我非得面對迷霧、看清讓我胃痛的真相，那不如早死早超生。我的未來還有好幾十年的複利回報等著我，我可不想讓從以前就深埋在心中的神祕情緒帶我走上歧途。

我再次告訴自己，現在已經 6 月了。我們真的走到一半了嗎？我爸目前為止一直陪在我身邊，不過 6 個月後他又會開始忙別的事，沒時間幫我了。我現在還不完全知道該怎麼研究一間公司，目前只是照查理的投資原則查一些零碎資料罷了，至

於最後該怎麼在茫茫企業海中挑出我要投資的公司，根本毫無頭緒。

　　我迷惘地坐在那裡，想到是時候打電話給我爸了。以前不得不去工作、上班不得不提起精神時，我都會盡量甩脫腦中的混亂，專心完成手邊的任務。問題是，此時此刻，我最不想完成的事就是和我爸談話。

　　我提到我想到的唯一一件好事。「爸，」我吞吞吐吐地說。「我們這1年已經過一半了，也完成很多事情了。」

　　「哇。」他說。「時間過得好快，我們還有很多事情沒談呢。我們得聊聊妳的能力圈，還有，既然妳已經認識查理的前三條投資原則，就可以開始認真研究護城河和經營團隊了。」

　　「對。」我同意道。「我不能浪費時間研究不是投資選項的公司，而且我必須學會研究這些，才真的有辦法自己投資。」

　　我爸說：「那當然，隨便選一家公司研究也不好，畢竟妳的時間有限。我們應該採取有效率的策略：挑一個妳喜歡的產業，最好要是妳已經多少認識相關企業的產業，也是妳有興趣多多認識的領域，然後深入了解它。」

　　「我覺得用『圓形』來比喻能力圈很恰當，只有在我的能力成長時，這個圓才會變大、變廣。」

　　「正是如此。我可以憑親身經驗告訴妳，離開能力圈的後果很可怕。」

　　聽起來像是刺激又悲慘的故事。

　　「在我剛開始投資那段時期，我投資了一間生物工程有機

肥公司，公司董事長是發明小兒麻痺疫苗的約納斯・沙克醫師
（Dr. Jonas Salk）。我相信沙克醫師的專業，也自以為了解它的
產品和產業。」

「但你其實不了解。」

「我以為自己了解，實際上生物工程有機肥也很有用，公
司挺成功的，但我要是懂得更多，也許就不會接下執行長的工
作了。我個人和其中一支基金投入非常多錢給這間公司，有天
我出席董事會議，發現其他董事已經坐在那裡，咖啡都喝一半
了。彼得・沙克（Peter Salk）告訴我，董事會決定提前開會、
開除執行長，他們還票選我當下一任執行長。居然是我。我問
他為什麼選我，他說是因為全董事會只有我一個人沒有真正的
工作。」

「什麼？」我都沒聽過這則故事，只知道他經營過生技公
司。

「沙克醫師把我弄進哈佛商學院（Harvard Business School）
小企業經營學程（Small Corporation Management Program），這間
公司就由我經營了幾年，後來董事會才找來比較有經驗的經營
者，最終公司也上市了。最後都成功了。」

「太酷了，我怎麼沒聽你說過這件事？這是真實故事
嗎？」

「是啊。我想說的重點是，其實我一開始就不該投資那
間公司，因為我對它的了解實在不夠深。知道自己缺乏什麼知
識、哪裡不足，是非常重要的一件事，我卻明明不懂還以為自

己很懂。」

　　我無法體會我爸的自信——我怎麼可能投資自己不了解的公司？就算是我了解的公司，我也不敢貿然投資了。於是我問他，我該怎麼知道自己懂的夠不夠多？

　　我爸頓了頓，想了想。「查理說過，這是他們二人組的祕訣之一：相比大多數人，他和華倫對自己的了解更透徹，他們清楚自己知道什麼、不知道什麼。我覺得這個問題的解決方法，就是保持懷疑的態度，持續發問。善用妳的清單，持續添加新項目，然後確保自己離能力圈的外圍遠遠的，還有集中精力研究已經站穩腳步的公司。妳應該還記得，史蒂夫・賈伯斯第一次離開蘋果公司、成立新電腦公司時，我和他合作了一陣子。那時候他在開發 NeXT 電腦。」

　　「我記得，就是那台像大箱子一樣的黑色電腦。他說那會是下一個大商機，是前進的下一步。」

　　「我投資了 NeXT 的軟體文件管理系統，那個系統很不錯，成績很棒。但在那一次，我把賭注押在新作業系統上，NeXT 衰敗時，軟體公司決定把產品過繼給 Windows NT，這項計畫非常困難，差點以悲劇收場。我和一個創業投資夥伴從中斡旋，把軟體公司賣給了一間公眾公司，結果 1 個月後，執行長坦承他們刻意操作了財務數值，公司的股價一落千丈，我投入的錢就這麼消失了。唉，真是亂七八糟。我的 2,000 萬元一夕間縮水，只剩 200 萬。」

　　天啊。我可以想像他為了打造好公司而成天勞碌，結果公

司卻因作業系統而死──這就是創業者不願意提到的黑暗面，這就是有可能摧毀一個人的失敗。

「那次我知道我找到了好產品，也找對了產業，但是產品所在的平台發生兩次糟糕的決策，整個投資就毀了。這些失誤告訴我，我應該專心投資已經扎穩根基、站穩腳步的公司，減少我自己所需的資訊量。」

「所以你一定要足夠了解現況，還要知道現況什麼時候會改變。」

「沒錯。我當時不曉得 NeXT 電腦完蛋了，也不知道那些軟體工程師都高估了自己的能力，早知道就專心投資我了解得最透徹的槍械和機車了。」

我笑了起來。我爸最初投資槍械和機車，我一點也不意外。其他人都忙著討論石油的未來，忙著發掘接下來可能會大紅大紫的小公司，我爸卻選了史密斯威森公司和哈雷摩托車（Harley Davidson）。有人說作家就該寫自己了解的題材，我爸身為投資者，當然要投資自己了解的領域。

「我沒在開玩笑！」他出聲抗議。「了解公司所在的產業就是關鍵，妳一定要像了解妳的公寓一樣，徹底了解產業，如果妳覺得有任何部分有點困難，那妳就還沒做好準備。假如一個人在數位儲存產業工作，這個人對數位儲存產業的認知肯定比現在的妳我深得多，對這個人來說，數位儲存就和公寓一樣簡單好懂。妳別會錯意，我們當然可以去學些關於數位儲存的知識，但因為那個人的工作環境，他自然有經驗，也比現在的

我們了解得更深。」

「那換個角度來說,會把用槍和騎機車當休閒娛樂的人也有很多這兩方面的經驗,在投資的時候這些經驗可以說是關鍵,還會在你意想不到的時候派上用場。」我開玩笑說。

他輕笑幾聲。「正是。我可以跟妳打包票,在 1980 年代,哈雷就是最好的機車品牌。」

「是喜歡哈雷機車的人才這麼想吧。」

「可是我告訴妳,以前像我這樣喜歡哈雷的人可不少。」

「看來在世界各地遊蕩和當軍人,其實有點用處。」我應道,並忍不住補充一句:「你好像很喜歡到處遊蕩嘛,就算是去搞什麼 NeXT 電腦,2、3 年不見自己的女兒,你好像也無所謂。還是你去做那些,就是為了離家人遠遠的?」

我爸詫異地說:「什麼?」

「我覺得觀察別人在壓力下的表現,是判斷他們靠不靠得住的最佳方法。」

這句話嚇了他一跳,連我自己也大吃一驚。

我爸沉默了片刻。我深吸一口氣,發現噁心的感覺又回來了,我現在就是沒辦法繼續和他說下去。「爸,對不起,我需要休息。我們可以晚點再繼續談嗎?」

「當然可以啊,寶貝。」他沮喪地說。我們掛電話之後,我握著電話坐在餐桌前。

這就怪了。說不定我無法完全投入投資實踐計畫,和這些複雜的情緒有關。

　　我當然想在許多方面變得像我爸，他真的是非常好的一個人，他對我大方、和善、有愛心又支持我，遠超出一般人之間的關愛。他真的是非常好的爸爸。

　　儘管如此，我還是讓那個想法待在腹中，盡量不去評判或否定它。若非要解開這個心結不可，那沒有比現在更合適的時機了。我讓噁心的感覺坐在胃裡，一口一口呼吸，接著捫心自問：我究竟在逃避什麼？

　　答案來得飛快，快得像線上買股票的速度：**靠不住。我不想變成靠不住的人。**

　　我立刻感受到排山倒海的罪惡感與愧疚感，他明明是我深愛又景仰的爸爸，我怎麼能對他懷有如此惡劣的想法？我爸這麼愛我，還特地撥空教我投資，我怎麼可以用這麼不友善、不應該又沒愛心的態度看待他？

　　無論我小時候產生這些情緒是否合理，這些情緒對現在的我完全沒幫助，反而有害，阻礙我幫助自己。我必須面對它們。我不想變成不可靠的人，不想變成我爸在 11 歲的我心目中的模樣。想到這種感受的名稱後，噁心的感覺消失了，彷彿思考這件事照亮了我害怕的事物，那件事在亮光下的影響力小了許多——它像是不能說出名字的佛地魔，一旦唸出名字，就能削減它的威嚇力 [1]。好嘛，來啊。「佛地魔，佛地魔，佛地魔，

---

1. 如果你不知道佛地魔的出處，那出版業絕對在你的能力圈之外。天啊，怎麼有人沒看過《哈利波特》這套書？

佛地魔。」我對空無一人的房間大聲唸道。我看天沒有塌下來，就暫且放下黑魔王的名諱，轉而攻擊我自己心中的暗處。

「靠不住。」我尖聲唸道。這三個字像是陳腔濫調，在我喉頭卡了一下。我喝了口水，試著再唸一次。「靠不住。」這回，字句不甘不願地脫口而出。「靠不住，靠不住，靠不住。」我說得更大聲了。我又多唸了幾次，它每次都像辱罵似地重擊我，但造成的傷害也越來越小。每一次，我對坦承事實的恐懼都減少了一些——我不信任我爸、不願意讓他教我理財，是因為小時候的我一直認為他把金錢當作武器，用錢傷害我。雖然我們後來和好了，雖然他在那之後一直努力照顧我們，我在碰到金錢問題時仍會不由得產生一股不信任，像是突然被拋了個大人級別問題的小孩子，無法全心投入、尋找解決辦法，也當然無法處理問題。和我爸談論金錢議題時，我有時還是會回到過去，困在兒童深刻的情緒與成年人的理性之間。

在投資方面，我爸是個絕對靠得住的人。他會參考可靠的資料，其他重量級投資者的意見也和他一致，他出書時得到了同儕的認可，他甚至預測了 2008 年可怕的股災。我知道我爸是貨真價實的投資能手，但在個人層面，即使考慮到他之後為我做的一切，我還是無法完全信任他。

現在想來，我發現這不是自己第一次嘗試面對問題。我試過當日沖銷，有一年暑假我也試著幫他做事，盡量加深我對他和投資的認識，那也確實對我們的感情有幫助。我看到他在研究各家公司時的認真、努力與聰明，對他的信任也加深了，卻

還是沒辦法完全信賴他。於是，我試了第三次，也就是這一次。第三次，我總該成功了吧？

我對金錢的感受，其實和錢無關，而是和我腦中混亂的情緒糾結在一起。我想釐清這團混亂的情感。

就在這時，努諾打了通電話過來，我還坐在原位、手裡仍握著電話。我想也不想便接起電話，他沒聊幾句就發現事情不對勁。「喔，對，我剛剛在凶我爸。他提到之前和我媽離婚、離開我們那陣子做的工作，我終於忍不住對他說：『對啊，你那時候拋棄了我們！』」

努諾沉默了片刻，然後說：「他現在應該有陪妳，而且也陪很長一段時間了吧？」

我聽了就火大。努諾幾乎不了解我們家的過去，哪來的資格幫我爸說話？

「我當然不曉得以前發生過什麼事，」他承認。「可是我知道他現在有在幫妳，他花了很多時間精力陪妳、教妳投資——說到這個，其他人很少有機會跟真正為他們著想的人學投資，就算身邊有這種人，他們也得付很多錢才能得到好建議。他盡量給了妳最好的禮物，他都這麼努力了，應該可以加分吧？」

我嘆息一聲。努諾說得沒錯，我還無法放下過去的傷痛，但至少我可以看清我爸現在的努力。他這是以他所知最好的方式幫助我，不僅現在每週撥空和我錄播客，在離婚後多年還是以父親的身分陪伴我。他不是有帶我學投資嗎？

「是啊。」我又嘆了口氣。「我再打一通電話給他好了。」

「寶貝，加油。」努諾鼓勵道。我們掛了電話。

在那一毫秒，我彷彿又成了過去那個小女孩，怎麼也想不懂自己做錯了什麼，爸爸為什麼不回家了。我的傷口癒合了，卻留下扭曲、難看的疤痕──大部分時間這道疤不影響我生活，但如果不慎撞到它，我就會感受到刻骨的疼痛。我不能再逃避現實，只要談到我爸的工作、他不在我身邊的那段時期，我們關於投資與金錢的對話就會越來越複雜。

我不確定自己該說什麼，也不曉得他會怎麼說，但我還是深吸一口氣，想像空氣從頭頂灌進來、流遍全身、從腳趾離開。我撥了電話。

「妳說得好像我拋棄了妳們，妳真的是這樣想的嗎？」他震驚地問我。「妳覺得我拋棄了妳們？妳覺得是我故意離開妳們？」他的語氣帶有一半的憂心、一半的惱怒。

我們從沒有過如此直接的對話。

「難道不是嗎？」我問道。「你離開之後去了加州，你說那是因為工作的關係，我也明白。那時候你的私生活和工作都很忙、很亂。」

「不是！」他火大了。「我的投資工作不在加州，是在愛荷華州。NeXT 在加州，我的確得把一部分時間放在那裡，但我絕不可能自願離開妳們。」

真的嗎？

「丹妮爾，只要是為了妳和妹妹，要我去死也沒問題。我

絕對、絕對、絕對不可能拋棄妳們。」

「可是你離開了。」我語調平板地說。「那是事實。」

「我確實不常在妳們身邊，」他承認。「但我沒有拋棄妳們，完全沒有。妳要知道，我不在妳們身邊是有原因的。」

他對我說出他的視角、他的故事，說到他和我媽離婚後劍拔弩張的關係：殘酷的指控、嗜血律師、種種指責，以及⋯⋯戰爭。這就是離婚的醜陋。我知道我媽有一套自己的說法，但在此之前，我經歷過、真正了解的，就只有我自己的視角。我爸說出他在離婚那幾年的痛苦經歷，我也聽得很痛苦，但我聽進去了。我真的聽見他的聲音了。我聽到自己先前不知道的內情，也首次看見全新的視角，能夠深深同情他。對當初那個不了解大人事務的小丹妮爾而言，表面上就是我爸拋家棄子、去過他的好生活了——但我知道，我爸沒有拋棄女兒，他一直都盡量為孩子努力。

「我如果繼續待在那座小鎮、住在妳媽附近，那對我、對她、對妳們兩個小孩都不好，那就像是在妳我的傷口上撒鹽。我感覺自己繼續留下來只會讓事情惡化，我也恨不得快點解決離婚訴訟的問題，這樣才能多花點時間和妳跟妹妹在一起。在我看來，當時最好的處理方式就是暫時離開，等大家都冷靜下來再說。我還以為我能帶妳們去一些新奇的地方，減緩妳們的痛苦，沒想到妳們會以為我根本不在乎。我還以為暫時保持距離，長期下來才能和妳們待在一起。」

這聽上去像是聰明、成熟的決定。

「感覺過了很長一段時間，但我和妳媽終於冷靜下來時，我們決定不再透過律師談事情，請仲裁人幫我們調解，大概 1 個鐘頭就把問題解決了。後來我不是搬到妳們附近，天天都可以見面嗎？」

「嗯，」我點點頭。「我記得。」

「那妳怎麼可以說是我拋棄妳們？我暫時離開，是因為我認為這樣以後才能回到妳們身邊。我完全沒有拋棄妳們的意思，聽妳這麼說，我心裡好難受。」

我……我懂了。了解他的用意之後，我徹底改觀了。對我來說，重點是他沒有故意拋棄我，他一直都想回到我身邊。拋棄和物理上的距離不一樣，他知道他會回來，但我不知道，所以才會萌生被拋棄的感覺。

「我都不知道有這些事。」我對他說。淚水湧了上來，怎麼也止不住。我哭著說：「這些都好困難，真的很難又好複雜，全都亂成一團。有時候我們做什麼事之後就忘了，或是忘記之前到底是什麼情況，全部都亂七八糟，變得很可怕。大家都很慘。」

「是啊，寶貝。」我爸哀傷地說。「真的很慘。」

現在身為成人的我回顧那些年，感覺很不一樣。成年的我更能理解我爸當初的情況，也終於能感同身受。

「丹妮爾，過去的事情已經過去了，不管我有多想改變過去，都沒辦法了。當時我做了心目中最好的選擇，卻不知道妳以為自己被拋棄了。顯然我的作法完全錯了。要是我知道妳被

傷得多深，就說什麼也不會離開了。」

　　我心中柔軟的部分用力一揪，我又哭了起來。「你沒有拋棄我，我現在知道了。我感覺好多了。」

　　我爸沒有說話。我感覺到心臟在胸中鼓動，但還是努力說下去：「這就是人生，人生中就是會發生這些糟糕的事，而且還有很多人遇到更慘的事。重點是，你現在在我的生命中，這是我要的人生。」

　　聽我這麼說，我爸終於出聲說話了。

　　「我也是。無論如何，我會永遠在妳身邊幫妳，為了妳，我什麼都願意做。」他想了想。「我知道我可以教妳怎麼賺錢。」

　　我破涕為笑。

　　「真的！」他抗議道。「妳還需要什麼的話，我都會在這裡幫妳，我跟妳保證。」

　　「爸，我知道你一定會幫我。你從以前就一直在幫我，現在也是。我們的行為才最重要，對不對？你要是告訴之前的我，我們現在會在這裡討論投資，實行一整年的投資實踐計畫，我打死也不會信。我愛你。我們現在進展得很好。」

　　他笑了，我能透過電話感受到他的寬慰。

　　「而且我學得很開心！」我哭著笑道。他哈哈大笑。「爸，你好像創造奇蹟了，我真不知道你是怎麼做到的。」我想感謝他，卻感覺有點怪怪的。「你也一直陪我學習，到現在還沒放棄我呢。」

「寶貝，我絕對不會放棄妳，我會證明給妳看。」

原來，自由不只是銀行戶頭的數字。

跳下去

繼續和我爸學投資之後，我感覺自己和他的感情比以前更好了。我成功靠投資密集訓練養成讀新聞和巴菲特聖經的習慣後，我們都認為我該用這個月深入探索各間公司，而唯一的方法就是加強攻勢、開始讀年報。

年報很無聊，這沒什麼好說的，但它絕對是了解一間公司的最佳方法。我心想，如果能讓讀年報成為睡前閱讀的一部分，那好像不錯——溫牛奶和安眠藥都不用了，只要看律師描述公司的種種危險因子和營運細節，我就能沉沉睡去。我又想到，如果能在 2 天內讀完一大堆年報，我就能學到有效率地讀年報的方法，大幅提高以後的閱讀速度。我可以花 2 天研究同一間公司，或是好幾間公司，總之目標是讀完八份年報。

如果你每週最期待的就是週末——我們大部分的人都是這樣吧？—— 1 個月就會縮減成 4 個有用的週末，你所有的雜物都得塞進 8 天的時間內。零碎事項、洗衣服、家中維修、平日沒能完成的工作、家庭時光，還有朋友聚會的時間。現在，我還多了個遠距離男友。想當年，我週末醒來都因為前一晚喝太多酒，還在宿醉狀態，整天除了看《六人行》（*Friends*）重播之外無所事事。唉，歡樂的時光一去不復返啊。

　　用一個週末展開冒險旅程，開始改變往後的人生，其實沒有很難。我只要調整事情的優先順序，把原定的事項往後排、把真的該做的家事往後排、把看到同事以外的人的渴望往後排、把好好休息的需求往後排就好了。優先順序高過投資練習的事項不多，只有我的法律工作，還有某種保持身體健康用的運動。我決意認真看待我的投資實踐計畫，因為它是我最該花時間完成的任務。

　　我想到優先照顧自己的承諾，知道除了我自己以外，不會有人來照顧我。現在不該繼續空想，是展開行動的時候了。這個月已經夠多事了，我想回到基礎練習，專心研究投資。從今年年初至今，我每週末都有部分時間用來學投資，現在我終於能把一整個週末用來練習。

　　週五晚上，我準備實現自己的承諾、開始練習投資時，一件並不罕見的事情發生了：事務所發生緊急事件，而且絕不能延後處理。週五晚上完成工作後，我累到只想沖個熱水澡、爬上床睡 100 個小時再說。我直接回家了。

　　到週六，我睡眼惺忪地早起，想說在床上看資料比較好，雖然無聊，至少還能舒舒服服地窩在被子裡。我開開心心地把被子裹好，舒舒服服地動了動腳趾，然後一股腦栽進投資的世界。我拿出清單、在電腦上開啟全食超市的 10-K 年報 PDF 檔，存進桌面的「投資實踐計畫」資料夾。

　　61 頁。來吧！（以下是我讀年報寫的即時筆記）

◆ 原來它是德州的公司啊！我之前都不曉得。

◆ 原來有機食品的定義是這樣，長知識了。

◆ 全食超市有很多計畫和提倡自然食品的行動，我原本都
　不知道。其實這比我想像中有趣很多。

◆ 它好像成長了**很多**。

◆ 它的最高薪資是全職勞工平均薪資的 19 倍，這種公司
　真少見。很棒。

◆ 哇，高層主管都從很久以前就開始在全食工作了。

◆ 基準點（basis point）是什麼？我好像知道，可是我不能
　光知道一些皮毛，應該查詢相關資料。好吧，我應該不
　會查資料。

讀著讀著，這份文件勾起我對法律文件的熱愛。法律文件總是寫得無比精確，而且非常完整，還會廣泛、深入探討它的主題。一間公司面對什麼威脅，我們一般人都能在年報中看到，在競爭如此激烈的商業環境下，這件事十分驚人。

我也看得出，一旦讀完幾份完整的年報，我的閱讀速度肯定會有所提升。

原來 10-K 報告前半段是介紹與解釋的部分，後半都是財務報表，我晚點再回來研究。我覺得查理會同意我的作法——我應該先看看自己有沒有能力了解一間公司，也就是閱讀它公開的文字、認識它的商業模式，建立背景知識之後再學怎麼讀財報。

整體而言，我對全食超市的印象是，它是一間有自覺的資本主義公司（廢話，當初寫《品格致勝》〔Conscious Capitalism〕這本書的人，不就是全食公司的執行長嗎？）。全食的使命非常棒，假如它是我的公司，我一定會全心全意支持它的使命。公司鼓勵員工的方式相當有趣，我很想知道那些方法究竟有沒有用。我在博得市的全食超市聽過員工的怨言，他們似乎對排班不太滿意。所以我對公司整體喜歡得要命，不過我想多了解它的成長計畫和員工待遇。我還想知道全食公司的高層經理拿多少薪水──很多人都知道約翰·麥基（John Mackey）年薪是 1 元，那其他高層人員呢？麥基還會在公司留很久嗎？

我一面在客廳做瑜珈，一面聽最近的季度投資者電話會議，雖然不是理想的學習方式，但這樣至少能兼顧運動和投資。我又讀兩份年報，也在網路上搜尋公司與高層主管的資料。「網路是全世界最強的八卦機器。」我爸曾發表這句明顯過時的言論。

週末結束後，我轉而研究全食公司以外的企業。就如我爸所料，有很多公司的年報我連讀都沒讀完，就決定放棄它們。一篇報告我也許讀 10 分鐘或 1 小時，或判定自己沒能力了解這間公司，或者報告太無聊，我寧可看 C-Span 政府節目也不想再讀下去。這時候，我會直接放棄那間公司，開始研究別家公司。除了「太難」之外，我還有一堆「太無聊」公司，這也是非常重要的分類。

　　我列了一張名單，上頭是被我否決的每一間公司，以及否決它們的理由，這些大部分都太難，但也有幾家是太無聊。只要找到關於這些公司的文章或其他資料，我就會存進電腦的「太難」資料夾，留一份否決公司名單，以後才不必一再重複同樣的篩選過程。

　　我找到幾間看似有趣、自己可能有能力了解的公司，但我沒有非常愛它們。這些被我放進「觀察中」類別。等我投資上手了，再回來考慮它們。

　　我還列出我愛的幾間公司，這是我的「願望清單」，我很想買下清單上的每一間公司。

願望清單	簡介
全食超市 （WFM）	◆ 超愛它的使命，超愛它的價值觀 ◆ 品牌護城河很強 ◆ ROE、ROIC 和負債狀況良好 ◆ 經營團隊非常好
好市多 （COST）	◆ 超愛它的價值觀，該分類第一名 ◆ 價格和品牌的護城河很強 ◆ 經濟衰退期表現良好 ◆ ROE、ROIC 和負債狀況良好
Seritage （SRG）	◆ 地點的護城河 ◆ 10 年內大幅成長的機率很高 ◆ 巴菲特有買 10% 的股份，每股 35 元 ◆ 西爾斯（Sears）有破產的風險

願望清單	簡介
Amazon （AMZN）	◆ 執行長貝佐斯（Bezos）很厲害、能顛覆產業 ◆ 價值觀不好說——我喜歡「為所有人提供一切」的概念，但討厭它摧毀小商店、員工待遇不佳的問題 ◆ 現金流機器
波克夏海瑟威 （BRK）	◆ 巴菲特是最強執行長，但如果他不在了怎麼辦 ◆ 安全、穩定又多樣 ◆ 成長率約 9%
奇波雷墨西哥 燒烤 （CMG）	◆ 該分類第一名 ◆ 異國食品 ◆ ROE、ROIC 好，沒有負債 ◆ 創始經營團隊很棒 ◆ 食物安全與新鮮問題

我決定做一件我爸沒建議我做的事。

夢幻投資

我有個同樣是企業律師的朋友，名叫伊蘭娜，她是徹頭徹尾的棒球迷，只要是和棒球有關的統計數據她都知道，而且她還能說得有聲有色，你聽了一點也不無聊。我喜歡和她一起看棒球賽，因為她能幫我從全新的視角認識球員、戰術與比賽本身。一名球員走向打擊區時，她也許會對我說：「他今晚能回

先發名單，真是太好了。他是左右開弓的打者，所以右打時的力量沒有別人強，前兩天晚上對方都派左投手先發，他都坐板凳。」經她這麼一說，比賽就變得有趣許多。

伊蘭娜身為統計達人，自然對我的投資實踐計畫很感興趣。一個下班後的週五晚間，她來我家喝一杯，一臉慚愧地說：「我想問一個關於新手投資的問題，不過這件事應該全世界只有我一個人不懂。」

「怎麼可能。」我笑著說。「我懂得不多，但我會盡量回答妳的問題。」

「好吧。」她嘆了口氣。「我問這種問題，感覺有點蠢。妳可以解釋一下買股票是怎麼一回事嗎？我的意思是，我要上哪個網站、提供什麼資料才有辦法……呃，我其實完全沒概念，我如果要買股票，需要把銀行帳戶資訊或什麼資料提供給他們嗎？」

說來奇怪，其他人都是去哪裡學投資的？學校又不會教你怎麼買股票，這也不是人人都懂的常識。我和伊蘭娜兩個企業律師都不懂，還有很多聰明人對買賣股票一竅不通，在親自試過之前我也完全沒概念。

我教你怎麼買股票：找一間證券公司開證券戶（brokerage account），你可以選盈透證券（Interactive Brokers）、德美利證券（TD Ameritrade）、TradeStation、嘉信理財集團（Schwab）、史考特證券（Scottrade）或其他證券公司，你也許在電視上看過它們的廣告，它們通常會強調自己的服務有多好、費用有

多低。證券戶和銀行的活期存款帳戶有點像，你可以把錢存進去，只不過戶頭裡的錢只能透過證券公司買股票。一些高身價富人會在銀行開這種戶頭，因為銀行會為了留住這些人的錢，為他們提供投資建議與理財服務——努諾就是負責為銀行客戶處理這些事情的人——不過我們一般人應該只能上網找證券公司開戶。別擔心，這種戶頭費用低廉，而且很好用。

你每次買賣股票，證券公司就會收一筆手續費，大部分的線上證券公司應該會收 5 到 10 元。換句話說，如果你是在進行幾千元的小交易，收益很快就會被手續費吃掉了。對那些動不動就交易數十、數百萬元的人而言，這些手續費根本不值一提，但對我來說，手續費就是個值得注意的問題。這也是為什麼我們這種小資族應該採用價值投資法——目標是買入，能不賣就不賣。

你比較希望證券商提供好服務，還是收取較低的手續費呢？你可以按自己的喜好挑選證券商，然後按下開立帳戶的選項。開戶的過程和辦信用卡很像，網站會問你一些問題、確認你真的是你本人，例如請你寫出以前的住址、列出過去的工作單位，還會問你想如何把錢轉進新帳戶。之後你就能設定帳號密碼，就這樣，全新的證券戶設定好了。

我知道怎麼開戶，只是還沒動手做而已。

「伊蘭娜，」我提醒她。「我還沒開立證券戶，也還沒開始買股票。我現在應該只會『空想投資』而已。」

「空想投資？」

「空想投資就是紙上談兵，跟夢幻棒球有點像。妳玩夢幻棒球的時候當然不是在經營真正的球隊，而是養了一群假想球員，對不對？」

「對。」

「空想投資也是一樣的道理，我們只是模擬買股票的動作而已。其實我也不知道這為什麼要叫空想投資或空想交易。」

伊蘭娜似乎靈光一閃，聽懂了。我發現空想投資基本上和夢幻棒球沒兩樣，只是沒那麼有趣而已。以長期價值投資而言，「夢幻投資」其實沒什麼好玩的，我只要選幾支股票之後慢慢等待、觀察它們的走向就好。

我建立一張新的 Excel 試算表，表上四行分別是公司名稱、購入日期、價格與股份。就這樣。

我知道除了自己之外，不會有任何人看到這張試算表（除非我主動拿給別人看），但將公司名稱填入表格時，我還是嚴肅了起來。我感覺像是在宣示主權——雖然只有我看得到，這份主權還是很重要。我花了點時間注意自己的身心變化：胸口緊了些、雙腳麻麻癢癢的，這是一種「快點逃命」的感覺。我提醒自己，這就是害怕投資的感覺。我特別注意這些感受，等哪天我真正用錢下注，就能辨識出恐懼的感覺，而不是叫我遠離這間公司、且非常嚴重的封閉水泥樓梯間直覺。

我深吸一口氣，雙腳踩穩，想像兩隻腳像大紅杉似地生根，誰也撼動不了我。我將資訊輸入對應的每一行。

輸入完畢後，我為試算表設定密碼鎖，關閉檔案後將它深

埋在投資資料夾裡。

任務完成，我對自己的選擇相當滿意。宣示主權只有實行的部分比較困難，一旦插下屬於我的旗子，那就是我的空想股票了，暫時不用再理會它們。

接下來幾週，投資實踐計畫進行得很順利，我每天讀《華爾街日報》和名人八卦，還讀一些年報，日常生活中也繼續注意到之前忽略的一些公司：地毯公司！鞋子公司！工程公司！

到 6 月底，我終於和我爸一起推出播客，將我們過去幾個月錄的對話放上網，第一集就是查理的四大原則。我們震驚地發現，播客才剛推出沒幾天，就迅速爬上 iTunes 商業類的前幾名，原來有這麼多人想和我一起學投資！聽眾的支持推了我一把，我更加努力學習。如果我做得到，那追蹤播客的聽眾應該也做得到。

我也驚訝地發現，播客成了我和我爸的安全空間，他每一次都會陪我錄音，每一次都充滿幽默感、慈愛、真誠、謙虛與知識上的誠實。錄音時，我有任何問題都能問他，他也一次都沒迴避，反而正面接下我的挑戰，通常都能完全改變我的看法。他有時候也會接受我和他看法不同，這也是我最喜歡的部分。每一個小時、每一集、每一次辯論、每一次練習，他都會陪我前進，一次次證明自己的能力、行為、思想與學術熱忱。我的安全空間成了數千個聽眾的安全空間，讓人莫名地安心。

我再次試著想像成為成功投資者的自己，這回沒有腦袋空白、頭暈噁心了，而是立刻看見理想的自己——這本身就是一種

進步。我看見心目中的自己除下壓力的面紗，露出從容的神情。

接下來的投資實踐計畫電話會議中，我突然想到，對金錢與理財懷有複雜情緒的人應該不只我一個，我們每個人應該都從爸媽和親人那裡學到許多關於金錢的觀念，也許還有人對錢懷有奇妙的情感。「錢的問題可能會扯到很多家庭問題。」我一面想一面說。

「金錢和家庭有密不可分的關係。」我爸會意地輕笑一聲，同意道。「我也不知道我是怎麼逃出我家的金錢觀的。從小，我就常聽家人說有錢人都是靠傷害別人賺錢的。」他若無其事地說。

我駭異地瞪大眼睛。不會吧？

我爸用他自己的方法賺錢，似乎賺得心安理得，我都沒想過他可能也有自己糾結的問題。

「是啊。」我爸接著說。「我聽他們說這種話，結果我對財富的想像扭曲了。我舅舅賺了不少錢，但他不希望別人知道，所以一直把錢藏著，也想盡辦法掩飾自己有錢的事實，免得被當成『那種人』。我媽和他的感受差不多，卻很渴望金錢和成功，她一直沒能找到兩者之間的平衡點。她自己設計並蓋了那棟絕美的泥磚屋。」

「泥磚屋」是我們全家人視為傳奇的一棟房子，我祖母退休後不再經營餐廳，也不用再扶養小孩，就自己動手設計房子，那幾乎完全是她和我祖父親手用泥磚建成的。我爸接著說：「房子蓋好之後，我真的非常驚豔。我剛好認識一個房屋開發

商，他想募資後花錢請人蓋兩百棟厚泥磚蓋的房子。我媽很了解蓋泥磚屋的工序，應該也會很樂意收錢辦事，把房子蓋得非常好。」

「她一定會做得很開心。」我同意道。祖母是很有領袖氣質的女人，我完全能想像她對工人發號施令、和承包商討價還價的模樣，也能想像她工作的喜悅。

「是啊。」我爸同意道。「我對她說，如果她願意接下房屋設計師的工作，我就投資開發商的計畫──結果她像是手指被我抓去用火烤似的，說什麼也不肯接。她沒辦法應付那種等級的工作。」

「是工作量太重了嗎？」我問道。我無法想像強勢的祖母被工作量嚇退。

「不是，她一定做得來，也一定能享受那份工作。問題是，她沒辦法想像自己做這麼大的事業──問題不在工作本身，她那麼勤奮能幹，工作難不倒她──但她無法在心中跨出那一步，無法站上領導者的位子、無法想像自己當上成功的有錢人，可能是因為覺得害怕吧，這也只是我的猜想。我只知道，她幻想過那樣的人生，但是機會來臨時，她退縮了，她無法想像自己掌控錢財與自己的人生，而且我猜在內心深處，她無法接受自己成為有錢人的這個想法。她只說：『不行，我不可能勝任。』那之後就絕口不提這件事了。」

天啊，她和我一模一樣。不對，是我和她一模一樣。好不容易有機會發光發熱、得到成功與財富，我卻無法想像自己

做到這一切，無法想像自己真正掌控金錢、獲得財務自由。我無法想像成功後的自己。我還沒放棄，所以至少還有希望，但我沒有勇敢地主動進攻。我也挖苦自己：我擁有祖母沒有的心理資源，也生活在對女性而言非常不一樣的時代。我有兩個選擇，一個是抬頭挺胸、勇敢面對心魔，一個是重蹈祖母的覆轍。祖母患了失智症，現在經常打包行李，對照護者說她正在蓋房子，等房子蓋好了就會馬上搬進去住。她生錯年代了，真可憐。

我問我爸，他對財富有沒有負面情緒？我無法想像他心中懷有這類情緒，畢竟從小到大，我一直看著他賺錢，看到他對這份工作的驕傲。我爸告訴我，他一直和祖母一樣懷疑有錢人都是壞人，不過一直到自己賺大錢，他才真正意識到這點。擔任河谷導遊那段時期，他總感覺自己沒有一技之長，永遠沒有離開大峽谷的一天，但他還是想走出大峽谷，除了想辦法賺錢之外別無他法。生活的需要迫使他放下成見，他背水一戰，終於開始朝財富之字形前進。賺到一些錢之後，我爸發現自己不是壞人也不討人厭，賺取財富的過程中他也沒有傷害他人，他這才看開了，完全放下自己對其他富人的成見。

我必須自己想辦法面對我對金融、財富與金錢的成見，以下是我想到的幾個步驟：

第一步：面對它。面對我的成見，承認它們的存在，同時削減它們的力量。和我們家族的金錢觀建立連結，看清它對現

今生活的正面與負面影響，看清事情的好壞兩面。成見阻礙我改變人生、創造財務自由，它們影響我的身心健康，創造了連我自己都沒注意到的沉重壓力。我彷彿用指甲撕開胸膛，直擊自己血淋淋的心臟，承認自己11歲時失去了對父親的信心，產生對金錢的莫大恐懼，以致於這份壓力到今天還對我的投資實踐計畫造成影響。在面對它的同時，我知道它的影響力減弱了。我面對痛苦的回憶，現在也知道我爸從來沒有拋棄我的打算，他一直都想回到我身邊——而且最重要的是，他後來真的回來了。他非常可靠，而且也沒有辜負我的期待，一直在幫助我，其實我就是想成為他那樣的人。我決意在心底謹記自己的情緒歷程，並在面對壓力、投資實踐計畫受干擾時，將童年經歷的影響銘記在心。

第二步：真心感激。對我家關於金錢的傳統心懷感激。我想將祖母的好典範時時放在心中，記得她的力量、她的毅力，以及她為自己闖出名聲的熱情，但我拋下了她的恐懼。透過我父親，家族金錢觀給了我今天的投資實踐計畫，幫助我全心投入這項計畫。面對童年情緒確實很痛苦，但這就是人生，你就是會遇到討厭的事情。很多人的遭遇都比我慘，在許多方面，我的童年和成年生活已經算非常幸福了。

第三步：改變。既然我想得到富足的生活，就必須自己改變自己的人生。我必須時時注意童年傷痛是否影響了現在的我，讓明明就很正常的事情顯得可怕或討厭。每次遇到障礙，我就得檢視自己的心情，一次次加深對這些情緒的認識，看清

它們對決策與思想的影響，進而減弱情緒的力量。我想創造新的傳統，朝未來邁進。

我再一次試著想像投資成功的自己，這是第三次了。身為成功的投資者，我會變成什麼模樣？這回，我想像的結果和先前截然不同。我看見穩重、平靜且非常安心的自己，這個版本的我不再擔心戶頭裡的錢太少。我看見的自己還是自己，只不過比現在好很多：投資成功的我更有安全感、更坦蕩、更安穩、更快樂，因為關於金錢的擔憂全都消失了。這個版本的我在金融世界活得如魚得水，她知道該如何理財，也能自信滿滿地管理金錢。那是美好的畫面，我也不再感受到陳年傷痛的陰影，我喜歡那個畫面，也喜歡它帶給我的感覺。

「我之前都沒意識到，自己的過去和家族歷史其實對我們影響很大。」我說道。

「完全正確。我每次都會在學生身上看見同樣的問題，」我爸解釋道。「他們想得到超越父母的成功，卻無法想像真正成功的自己。如果爸媽關心金融理財，那孩子會比較能接受這方面的教育，巴菲特父親就是證券經紀人，還開了自己的證券公司。」

「喔，所以他早就和這個世界很熟了。」我恍然大悟。

「沒錯。」我爸回答。「我們談過的好幾位大師級投資者，都出自投資者家庭，或是和金融界有某種家族關係。」

我之前剛進法學院時，教授請家中有人當律師的同學舉手，當時大約四分之三的同學都舉起了手，我卻是沒有舉手的

少數人之一。「在上法學院之前，我都不知道很多讀法律的同學出自律師家庭，可能是因為我們家只有我一個人讀法律吧，我一直沒想到有家族傳統這件事。這好像很合理，如果家裡有人從事這一行，法律工作對你來說就會是很好走的一條路。」說話的同時，我諷刺地想到自己出自投資家庭，卻沒和華倫‧巴菲特一樣走上習慣、好走的路，而是對它避之唯恐不及。我害怕投資，恨不得永遠離它遠遠的。

這種想法，直到現在才發生變化。

既然已經下定決心，我不打算放棄，也不打算讓我對金錢的成見拖累我。我決定搭上家族傳統的順風車，朝投資前進。

「像我，」我對他說。「我爸媽之中有一個人在投資，現在投資對我來說就是一個擺在眼前的選項，也漸漸變成好走的路了。」

「正是。」我爸說。我聽見他口氣中的笑意。「那我們走上這條路吧。下個月，我們來談一些對妳而言比較有挑戰性的主題，準備好了嗎？」

我準備好了。

6 月的練習

　　這個月對我來說十分艱困，但我願意穿過情緒的泥沼，最後終於破除障礙，真正成為自己的投資者，跨步邁向財務自由。下定決心之後，動手擊敗自己的心魔吧！面對家族金錢觀，尋找你對它的感激之心，然後轉變這份金錢觀——你可以和家人聊聊，也可以回憶自己的過去。如果發現了自己心中的佛地魔，請記得對自己溫柔一點。

查理的第四原則：價格

本月待辦

- ◯ 用全公司數值定價
- ◯ 十資定價法
- ◯ 業主盈餘
- ◯ 投資回收期定價法
- ◯ 自由現金流公式
- ◯ 偏差成長率

　　我有嚴重的時差，但這不重要。我從丹佛飛到蘇黎世過連續 4 天的週末，因為時差的緣故，這次我和努諾能在一起的瘋狂假期其實只有 3 天，不過絕對值得。

　　時光如此珍貴，我卻凌晨 4 點望向窗外的路燈，傾聽蘇黎世街上偶爾經過的公車聲，以及除此之外的死寂。我天生是夜貓子，工作卻強迫我早起，而且還越來越早。我漸漸愛上清晨眺望風景窗外的日出，所以時差還沒調回來，我也沒那麼介意。除了你之外所有人都在睡夢中，在那漆黑、寂靜的夜裡，世界似乎充滿無限可能。現在是額外的時間，無論做任何事都像是賺到的一樣。

　　即使在蘇黎世，我也想繼續實行投資實踐計畫，要不是在飛機上一直坐著睡覺導致身體僵硬，我還真想拍拍自己的背以示讚許。我現在隨時都能想像自己成為成功、快樂又有自信的投資者，雖然難看的傷疤沒有完全消失，但感覺像是塗了一層神奇藥膏——塗在內心的保溼乳液。成為心目中那個成功的投資者以後，我要穿什麼衣服？香奈兒——不對，只有和 6 個月前的我一樣不了解複利的人，才會把錢拿去買香奈兒（我打算等證券戶裡頭的位數成長到一定程度、錢怎麼花都不會影響我的數值計算時，把前面這句話吞回肚子裡。女人總是要有值得期待的目標嘛）。

　　凌晨的黑暗給我一股勇氣，我願意嘗試我爸說過會比較難的部分，也是我從開啟這項計畫至今一直不想面對的部分：數學。在我腦中，「**數學**」兩個巨大的字擋在我面前，害我看不

見後方的道路。

　　這次啟程度假前，我打了通電話給我爸，希望能重啟投資實踐計畫。我在腦中大聲宣布：**數學**，放馬來吧！和我爸講電話時，我也大聲對他說出這句話。

　　好吧，其實我還有先告訴他，這週末我會來蘇黎世找努諾。除了讓我爸知道我會出國以外，我也想告訴他，我對努諾是認真的。努諾來博得市那段時期，我對我爸提過他的存在，現在我們的關係比之前更穩定了。我爸很開心，他打從心底支持我，沒有問太多有的沒的。他明白，如果我對這個男人認真，就表示這個男人值得我認真。

　　接著，我們開始討論這次的議題：查理‧孟格的最後一條投資原則。

查理‧孟格的投資第四原則：
合理的價格與安全邊際

　　查理的四大原則當中最後一條，就是不要為一間公司付出天價。找到合理的價格之後，別急著買下去——換句話說，等到價格比合理價格更低再買。買公司股票時，價錢除了合理之外，還必須是超低優惠價，這樣你才能建立安全邊際。如此一來，要是我估算的合理價格有誤（這種事情好像滿有可能發生的），我還有多出來的轉圜空間，就算不賺錢也不會虧錢。

　　這條原則能保護我，它存在的目的就是保護我。查理和我

一樣保守，在估算股票這種神祕的東西時，自然要保守一點。

每當我看到一間公司的股價，就會在腦中聽見查理慢條斯理的聲音：**我們總不能付出天價……**還有：**就這點破東西，他們要我付多少錢？**對啊，查理，說得真好。我像是在買二手車，對股票抱持半信半疑的態度——我有可能買到物美價廉的好東西，但我得先踢踢輪胎、多多認識這輛車才能做決定。更何況，銷售員不希望我看見引擎裡的木屑，當然會說得天花亂墜，我必須看穿他的話術（我說起話來，怎麼像 1970 年代的黑幫混混？現在的汽車引擎應該不太可能進木屑了吧？）。

查理在列出第四條原則時沒有明說，但他的意思是：想知道什麼價格算是合理價格，我得先學會估算價錢。他和我爸似乎把這看作小事一樁，我就沒這麼有信心了。

「你可以簡單舉個估價的例子，讓我參考一下嗎？」

我爸口若懸河地唸出一串數字。「當然可以啊，寶貝。好，我們來看看這間公司，它的 EPS 是 $4.50，分析成長率是 13%，不過從這家公司的紀錄來看 13% 偏高，那些分析師不知道在分析什麼鬼。我們假設成長率是 8% 好了，然後用七二法則（rule of 72）算一下——它大概會在 10 年內成長到 $10。」

「什麼？」

「10 年 10 塊錢。」

我坐在位子上，愣愣地眨眼。「10 塊錢是什麼？股價嗎？」

「不是，是未來盈餘（future earnings）。」

「未來盈餘是哪裡冒出來的？我們剛剛不是在算股價

嗎？」

「是啊。抱歉，我說太快了，我們還是從頭講起好了。」

在我爸看來，這一切都再自然不過，用他的方式計算數值完全沒問題，因為他很清楚自己的目標是什麼。我連該問什麼問題、該怎麼聽懂這些都不曉得——當你聽得一頭霧水，卻連怎麼提問都不知道，你就知道自己真的什麼都不懂。他剛剛說的那一長串話，在我聽來根本毫無章法，我根本抓不到重點。

我現在還記得四大數值，也了解它們的意思[1]，甚至連ROE、ROIC和負債都聽得懂[2]，我還以為自己已經做好充足的準備了。問題是，我到現在還是對投資的語言非常陌生。在那當下，我選擇放棄、掛斷電話，等到了蘇黎世才再次把心思放在投資實踐計畫上。

估價這件事可不簡單。我偶爾會以律師的身分和客戶討論公司估價，但那也僅限於法律層面。我以前讀的法學院有一門創業投資者開的課，談到如何為公司估價時，老師輕描淡寫地帶過這個主題，我記得有同學請他詳細講述投資前為公司估價的過程，他只說那是煉金術般的種種因素，受制於投資者在該領域的經驗、之前投資了多少錢，是一門無法精確定量的技藝。換言之，他沒辦法給我們簡潔有力的回答，所以不打算在

---

1. 我們在第五章討論護城河時，我學到了四大數值：1. 淨利（又稱盈餘或利潤）；2. 淨值（又稱權益）＋股息；3. 銷貨收入；4. 營運現金。
2. 這些是在第五章討論經營團隊時提到的數值。

法律系的課堂上講解估價。為一間沒有財務紀錄的新創私人公司估價，和為一間已經站穩腳步、有多年財務紀錄的公眾公司估價很不一樣，不過之前的護城河與經營者分析課程也告訴我，我們不能全憑公司過去的表現預測未來。某些方面而言，根基穩固的公眾公司還是和新創公司一樣難以預料。

既然無法從我爸那裡得到簡單易懂的說明，我只好把第二好的老師帶到蘇黎世，這位老師就是他寫的書《有錢人就做這件事》。城市漸漸甦醒，我一面喝咖啡一面閱讀講解價錢的段落，然後又重讀一次，直到數字和關於數字的文字全在腦中攪成爛泥。我無法從中找到公式，也不知道該怎麼辦才好。我搖了搖頭，試圖讓腦子裡的數字排成正確的順序，結果氣餒與焦慮漸漸轉變成恐慌。

查理說過，這都是非常簡單易懂的任務。他要是認識我，肯定不會這麼說。

努諾醒過來後，我疲憊地告訴他，我的**數學**被當掉了。他笑了好一陣子才停下來，他看出我快要崩潰了，就想辦法幫忙。「我送妳一個好東西。」他笑嘻嘻地說。哇！是小禮物耶！好貼心喔。只見他跳起來，不久後拿著一本封面寫著「估價」的 400 頁厚書回來。「這是我在商學院用的書，現在妳在學定價和估價，這本應該能派上用場。」

我努力深呼吸讓自己冷靜下來，勉強擠出一句謝謝，怎麼也不願意讓努諾看到我被氣哭的樣子。這本書怎麼可能幫到我嘛。

我抱著那本估價書，在努諾家客廳坐下來，而身為數字愛好者的他則在房間另一頭看自己的書，滿心期待地等我在巨大的估價書中大徹大悟。我勉強穿過前幾章的泥沼，努力和估價的理論戰鬥。我滿懷信心地穿著全新香奈兒洋裝，走進價值投資派對，結果卻發現自己根本就不是這個世界的人，只能落得被排擠的命運。我做不到，我什麼都做不到。

每隔一段時間我就會注意到努諾的目光，他在觀察我讀懂了沒。我繼續讀下去，可是越看越覺得頭暈目眩。我沮喪地想：我只是需要一些有用的資訊而已，這本書為什麼偏偏不用最簡單、最直接、最粗淺的知識教給我，教我怎麼評估價錢是否合理？**誰來幫幫我**，好不好？

平常覺得自己人生失敗，我就會放下手邊的工作去洗碗。我現在也放下厚書，開始洗碗，只要雙手有事做，大腦就能放空，我也至少能完成有用的事情、看見自己小小的成就。

我在腦中一次又一次檢視問題。我怎麼可能學會估價？連我爸都沒辦法對我解釋最簡單的估價方法了，這些書也根本沒有幫助，我從凌晨4點到現在就一直困在這條死路裡。

我洗鍋子的同時，努諾從客廳走進來，親了親我的臉頰。「寶貝，妳還好嗎？」他問我。

「我很好。」我咕噥道。話才剛說完，我就完全失控，直接哭了起來。

他當然莫名其妙，關上水龍頭之後，他抱住我問：「是我惹妳不開心了嗎？」

「不是。」我把臉埋進他的上衣，哭著說。「我不會幫公司估價！我已經花好幾個小時研究這東西了——好幾個小時耶！我到現在還不知道那些公式是什麼東西，也不知道怎麼用它們，一想到自己不知道該怎麼辦才好，我就覺得頭暈。」

他沉默半晌。「我猜妳會這麼擔心，是因為妳想把公式全部背起來，而沒有真正理解它們。我的記性有多差妳應該也知道，妳真以為我把那些公式全部記起來了嗎？」

他去博得市找我那陣子都在我家遠距上班，我看過他憑記憶寫下並使用複雜無比的公式。「你一定都記得，而且還能輕輕鬆鬆把腦袋裡的資料拿出來用。」

「哪有！」他抗議道。「我都不會背公式，那些公式是什麼我也不記得，我只是用邏輯考慮問題，決定該用什麼工具而已。妳很擅長邏輯思維，只要透過邏輯看問題，不用背公式也能把問題想通。等妳需要它們的時候，公式會自動出現。」

我終於離開他被我弄溼的上衣。「我應該辦得到。」

「對啊。」他對自己的說法越來越有信心。「把數學和公式都忘了吧，讓邏輯帶妳從起點走到終點，這樣就不用擔心自己不會算數學了。只要了解中間的邏輯，數學根本難不倒妳。」

對了，以前學數學其實也一樣，我在課堂上總是聽不懂，後來才發現我應該無視課堂，把課本帶回家自學。我的高中數學都是這麼學來的。努諾告訴我，我應該把估價方法當作單純的邏輯問題，用這種方式得到答案之後，我就能判斷答案是對是錯、中間的過程有沒有問題。

我不會被估價擊敗，一定要想辦法教會自己。我回頭看查理的第四原則：**我們總不能付出天價**。聽起來很簡單，是不是？根本就是顯而易見的道理，對不對？**好嘛**。

我一定會把現在這個六英尺高的障礙物壓低成六英寸。我一定會自己學會估價，然後買下我要的公司。

我爸做得到，我就絕對做得到。

我必須相信我爸的能力，相信他能為我把數字翻成文字。我留努諾在客廳開開心心地打電腦工作，自己則坐在廚房餐桌前，過一段時間後，我開始和我爸視訊通話。「我的信心跌到谷底了。可不可以教我全世界最簡單的估價方法？如果你做得到，我就能想辦法教自己幫公司估價。」

他說：「英雄所見略同。我也在重新想辦法，看看有沒有不同的教學方法，用來教投資新手怎麼算出買公司的好價錢。」

「真的嗎？」我尖聲說。

「是啊。我發現自己太熟悉估價公式，都忘了妳和這些算式不熟，聽了只會覺得害怕。我想到更好的解說方式了，我們去向大師學習。」

我的身體不由自主地放鬆。「太好了。」

我爸開始概述巴菲特 2014 年寫給股東的公開信，裡頭包含最簡單的企業估價方法。巴菲特不愧是大師，他非常擅長對我們這些普通人說明商學概念，而我需要的正是這種說明。我不要複雜的文字，不要和字典一樣厚的估價書，只要近乎常識

的估價方法。

　　巴菲特在信中要我們把為公司估價想成為房地產估價——這和我最近研究的公眾公司差很多，也和巴菲特買下的公眾公司相差甚遠。但簡單來說，房地產交易就是在一棟建築物裡頭租用空間，要考慮的數字很少，而且都是我之前買公寓看過的數字：買價、維護費用、不買房子的話要付多少房租、稅金，還有保險。我對房地產沒特別感興趣，但我能在腦中把這些數字對應到看得見、摸得著的房地產，我知道這些數字要拿來做什麼、去哪裡找到這些數字、如何看出它們合不合理——就和豐田車（Toyota）比凌志車（Lexus）便宜、露露檸檬瑜珈褲比目標百貨（Target）買的內搭褲貴的原因一樣。根據巴菲特的說法，同樣的道理也能套用到一些公眾公司身上。

　　我爸真是太好了，居然特地幫我找出巴菲特的房地產比喻，把這份資訊分享給我。我第一次讀巴菲特聖經時沒注意到這段話，現在我要用巴菲特的例子，學習我爸為公司定價與估價的三種方法。

　　沒錯，是**三種方法**。一開始聽他這麼說，我也高興不起來。

　　那一刻，我只需要一種方法。我只想聽到一種方法。

　　「用三種方法找到公司該有的價格，妳才可以強迫自己更深入了解公司，越是了解公司，選擇最好的價錢和買入時機就越簡單。」我爸解釋道。「妳應該要有能力了解並比較財報，判斷數字是不是被人動過手腳。有了三種方法，妳才安全。」

　　答得真好，我就是喜歡安全。

「好吧。」我決定讓步。「那就開始吧。」

定價與估價的三種方法

1. 十資定價（Ten Cap price）（以業主盈餘為基礎）
2. 投資回收期定價（Payback Time price）（以自由現金流為基礎）
3. 安全邊際估價（Margin of Safety valuation）（以盈餘為基礎）

關於數學

別忘了，如果連我都做得到，你就一定做得到。

為了幫助你學這些計算方法，我在下面舉了三個例子：一、代表房地產的出租屋（出租屋公司）；二、代表私人公司的檸檬汁小攤（檸檬汁小攤公司）；三、代表公眾公司的全食超市。出租屋公司和檸檬汁小攤的數字比較清楚簡單，也比公眾公司的財政數值容易上手。你可以在書末的附錄中找到上述三家公司的完整財報。

我剛開始學投資那陣子，我爸一再強調我該抱持「準備買下一整間公司」的心態，在估價時，我們也會直接計算一整間公司的價格。我知道公眾公司賣的是股票，我不會真的買下整間公司，但我不在乎——而且我說不定有天會買下一整棟房子，或是一整家私人公司啊。奠定基礎、了解完整一間公司的

例子之後，要學會買一家公眾公司的一張股票就會輕鬆許多，所以請耐心聽我嘮叨幾頁。以下是我漸漸對會計與財報改觀，（相對）熟悉它們的經過。認識大概念之後，我們才會討論如何使用公開交易的股票，買下一間公司的一小部分。

定價法門之一：十資定價法

在 2014 年的股東信中，巴菲特描述了自己評估該為他其中兩家公司出多少錢的方法，他買的那兩間公司分別是內布拉斯加州的一座農場，和紐約市的一棟建築。巴菲特用的定價法被房地產投資者稱為資本化比率（capitalization rate），又稱「cap rate」，他和我爸都超愛用資本化比率，他們覺得這種算法很簡單。以下是我對資本化比率的了解。

簡單來說，資本化比率是指資產主人每年的報酬率（rate of return），這裡的分母是當初買下資產的買價，而報酬率是指她收入口袋的錢有多少。我舉個例子，假如我花 $500,000 買一棟房子，年底拿到 $50,000，那我的投資報酬率就是 10%，我的資本化比率也就是 10。那如果我年底只拿到 $25,000，報酬率就是 5%，資本化比率也是 5。

基本上，資本化比率越高，我的報酬率就越高（也表示我買這棟房子花的錢越少），所以資本化比率越高越好。每一項投資的資本化比率都不一樣，有的是 4%，又稱「四資」（每

年拿到買價 4% 的報酬），有的是 15%，又稱「十五資」（每年拿到買價15% 的報酬）。巴菲特和孟格只買十資以上的企業，也就是每年得到 10% 的投資報酬率，因此我爸把這種定價法稱作「十資定價法」。

華倫·巴菲特定價的基礎，是他自己定義的一個數字：業主盈餘（Owner Earnings）。這是指公司老闆或房地產所有者每年能收進口袋的錢，當然，前提是公司少了這筆錢還是能照常營運。

我們等等就來學怎麼計算業主盈餘。在那之前，先來看看巴菲特的農場。

1970 年代，農作物的價格隨通貨膨脹上漲，美國中西部農場的價格也迅速飆升，農人紛紛認為自己非得現在買農場不可，否則過幾年價錢會高到你再也買不起。在這些力量作用下，價格逐年攀升，中西部的小銀行也一直放款、幫助農民買高價農場。後來到 1980 年代初期，聯邦儲備銀行大幅提高利率，繳抵押貸款時人們付的錢比之前多很多，這下農場價格開始下跌。抬高的利率也將通貨膨脹打回原形，農作物價格跟著下跌。短短幾年內，農場的價格跌了 50%，農民的生活越來越困難，之前投資的高價農地連貸款都還沒還清，不少人的抵押品都再也贖不回來了。當初借錢給農民的中西部小銀行開始撐不下去，最後數百間銀行和被徵收的農場都由監管機構接管，監管機構一面簡單經營農場，一面試著把它們賣出去。這就是一次大事件，事件讓農場價格嚴重貶值，這樣的情形持續了好

幾年。

在奧瑪哈的巴菲特注意到這次事件，他找到一座占地四百英畝、有護城河的農場：它位在內布拉斯加州一個特殊的地區，土壤、降雨和日照都恰到好處，環境允許它穩定生產玉米與黃豆，相比世界上其他的農場，它有持久的競爭優勢。巴菲特知道自己必須僱用專業的農場經營者，讓產量提升到被銀行徵收前的數目，他也知道農業正面臨另一個事件：1986 年的玉米與黃豆價格跌到了數十年來的低谷，未來很可能上漲。換句話說，巴菲特知道再過 10 年左右，這座農場的生產率應該會比當年更高、賺更多錢，農場本身也會變得比較值錢。他計算了農場目前的營收（不怎麼漂亮），扣除栽種與採收作物的費用，還有器械老舊時的更換費用（維護性資本輸出〔maintenance capital expenditure〕），得到的數字就是業主盈餘。他算出來的數字大概是每年 2 萬 8,000 元（稅前）。

「那麼，他覺得什麼樣的價錢算合理呢？」我爸問我。「這裡的數學計算，妳應該會喜歡。巴菲特想得到合理的投資報酬率，所以買下農場的價格也要合理，他的作法很簡單：直接把農場的業主盈餘乘以 10，$28,000 乘以 10 就是 $280,000。如果他用這個價錢買下農場，那第一年的業主盈餘是 2 萬 8,000 元，投資報酬率就是 10%。這算是很好的投資報酬率，而且隨著農作物價格上漲、農場產量提升，這個數字以後很有可能漲得更高。於是他出 28 萬買下那座農場──這裡的『買』不是比喻，是真的把整座農場買下來了。」

　　我把他剛才的重點重複了一次，確保自己真的理解了：十資的公式，就是業主盈餘乘 10。算出這個數字之後，我就知道如果要第一年得到 10% 的報酬率，我應該花多少錢買下公司。

　　關於買農場這件事，巴菲特寫道：

　　　我不需要特殊知識或智慧，也知道這筆投資不會賠錢，還可能賺到一大筆錢。農場當然偶爾會收成不佳，作物價格也偶爾會下跌，但那又如何？我也會遇到大豐收的時候，而且我永遠不會有賣出這筆資產的壓力（因為沒有負債，所以不必在收入欠佳時賣出農場）。28 年後的現在，農場收益已經是過去的 3 倍，它的價值是當初買價的 5 倍多。我還是對農務一無所知，近期才第二度造訪我的農場[3]。

　　巴菲特告訴我們的是，我們該投資自己能有信心粗估未來產值的公司，如果未來產值會比今天高，那就以目前業主盈餘 10 倍的價格，買下那一整間房子、農場、公司或其他資產。如此一來，你第一年就能回收 10% 的錢，而且假如你算對了，公司未來的產值如你所料地提升，那這項投資就不太可能虧錢。

　　我爸接著為我講解巴菲特的第二個例子：出租屋。1990 年代中期，巴菲特在紐約找到一間在儲貸危機中被強制徵收的建

3.　華倫・巴菲特的波克夏海瑟威年度股東信，2014 年。

物，這幢建築之所以還沒被人買下，是因為前一任所有者以遠低於行情價的價格出租建物內的空間。巴菲特算了一下**數學**，假如他以十資價格買下這棟樓房，在調漲租金前就能每年回收 10% 的資金，租金調漲後報酬率肯定會飆升。他以十資定價買下那棟建築，幾年後重新招租、再籌資金，不僅拿回本金的150%，還可以放著讓房租抵銷抵押貸款。到了今天，那棟建築物的價值已超出當初的買價數百萬元。

我心想，好吧，我知道這裡的**數學**是怎麼回事了。我可以用這個方法找到買一間公司的合理價錢，這個價錢很可能遠低於公司的實際價值。

「等一下——第一年就拿到 10% 的報酬率？那不是很划算嗎？十資交易是不是很少見啊？」

「是啊。」我爸語帶諷刺地說。「這就是麻煩的地方了。如果要像巴菲特那樣，用十資價格買到紐約市的出租屋，或是內布拉斯加州一座物美價廉的農場，那可能要等上 30 年。」

「既然我們很少有機會用十資價格買公司，這種定價法還有意義嗎？」

「有兩個意義：第一，機會還是會出現的，我自己遇過幾次。妳也許不知道，我們在愛荷華蓋的那棟房子——蓋房子過程中，妳救了我這雙腿的那一棟——是蓋在我 1986 年買的一座大農場上。我是在巴菲特買下內布拉斯加州那座農場的同一時期，買下我們的農場的，做這筆買賣的理由也和巴菲特一樣：因為它非常非常便宜。買了那塊地之後，我把它切割成小塊賣

出去，用那筆錢蓋我們的房子。」

「我都不知道，是後來附近有很多人開始蓋房子，我才漸漸意識到這件事，但我都不知道你做了這麼划算的買賣。可是，如果這種機會真的很少見，那我什麼時候才能用十資價格買公司？」

「這個嗎，十資價格在房地產業和農業比較少見，但妳只要看看巴菲特 2014 年寫的股東信，就知道在股市找到十資價格容易得多。」他又帶我讀巴菲特信中的一段文字：

> 我這兩筆小投資和投資股票，有一個重大的差別：股票會提供每分鐘變動的估價，讓你知道自己的持股值多少錢，而我到現在還沒看到我的農場或紐約房地產的估價單。對股票投資者而言，持股能標上狂亂變動的估價，是一大優勢──對部分投資者而言，確實是如此。假如我的農場隔壁有個喜怒無常的怪傢伙，天天對我喊價，說要買下我的農場或把自己的農場賣給我，價格又會在短時間內隨著他的心情大幅變動，我除了獲利之外還有別的可能嗎？如果他每天喊的價格低得不可思議，我手邊剛好有閒錢，那就可以買下他的農場。如果他喊的價格出奇得高，我也可以選擇把自己的農場賣給他，或者無視他，繼續種我的田。

巴菲特的意思是，股市會隨其他人的估價漲跌，人們願

意支付的價錢時高時低——價格有「流動性」。這是因為股票交易容易受恐懼與貪欲這些短期情緒影響，你可以以自己的估價為基準，看準時機進行買賣。因此，不受情緒左右的投資者能抓準機會，以低廉的價格買下好公司。十資定價像是我的船錨，算出這個價格，我就知道一間公司的「好價錢」是什麼。這種優惠有點像諾德斯特龍百貨公司（Nordstrom）的半年度優惠，你通常不知道它什麼時候會出現，但是一收到通知信，就知道非要去逛逛不可。公司的股價並不會時時刻刻打折優惠，但它們會規律地漲跌：遇到每 5 到 10 年一次的經濟衰退期，產業或公司出現憂慮的聲音，你就知道價錢要跌了。某個產業不受歡迎，或者發生某種事件時，股價會下跌、人們會害怕，有時候會有好公司跌到十資價格。這就是巴菲特說的優勢——股市天天有大量的資金流動，價格上漲和下跌的速度比房市快很多，也不穩定許多。

我爸總結道：「我們能經常性找到十資優惠，而不是一生只遇到一次，就是拜市場的天性所賜。」

原來我打從一開始就怕得要命、在我眼中變幻莫測的市場漲跌，竟然是創造完美購買時機的好東西。

「我舉個例子，最近這幾週，蘋果公司的股價就是十資價格。」我爸告訴我。

「你有買嗎？」

「有。巴菲特也買了。」

那一刻，我真的懂了，我終於理解第一定律投資法的原理了。

第一定律投資者必須稍微遠離市場狂亂的變動，這時我也感受到了，我挺喜歡這種遠離喧囂的感覺。其他人忙著投機買賣、隨著金融工業複合體的大浪起起伏伏，我能在遠處旁觀真好。

有種君臨天下的感覺。

「使用十資定價法的第二個理由，」我爸接著說。「是業主盈餘。」

業主盈餘

你在一般財報上找不到這個數值，但它是從財報上的數字算出來的，而且是十分有用的數值。算出業主盈餘，你就知道身為公司老闆的自己能挪用多少資金，而且即使少了這些錢，公司的營運也不會受到負面影響。業主盈餘對巴菲特而言很重要，因為他持有許多間私人公司，這些公司加總的業主盈餘金額極高。巴菲特這些公司的執行長負責分配業主盈餘，目標是由公司盡可能提供巴菲特投資用的資金，他每年用來投資的資金就是來自業主盈餘。

我發現業主盈餘對我來說也非常重要，原因有幾個。最關鍵的原因是，就算經營者想在財報上動手腳，相較公司淨利，業主盈餘的數字實在不好操作，因為它沒有任何預測、期望或推測的成分。業主盈餘就是一間公司現在賺到的現金，不是未來某個模模糊糊的數字，所以我們以業主盈餘為基礎計算買價，就不必推算公司 10 年後的狀況。只要你知道公司 10 年後

會經營得比現在好，也以十資價格買了這間公司，就沒什麼好擔心的了。

我很喜歡這種算法。

在 1986 年的波克夏股東信中，巴菲特說業主盈餘是「**估價的關鍵——無論是買股票的投資者或買整間企業的經營者，都會用到它**」。既然巴菲特把這個數字看得如此重要，既然巴菲特的公式在我爸心目中完美無瑕，我決定把巴菲特的定義完整寫下來：

「業主盈餘」代表：(a) 公開盈餘（reported earnings）；加上（b）折舊（depreciation）、折耗（depletion）、攤銷（amortization）和其他非現金費用……；而不是（c）廠房與器械等公司用以完整維持長期競爭能力與平衡單位數量（unit volume）的平均年度資本輸出[4]。

華倫你請稍等，我先去尖叫一下再回來。查理叔叔在哪裡？可不可以來幫幫忙？

其實這串話沒有我想像中那麼可怕，我爸幫我簡化公式，也教我在財報上找到相應的數字之後，我感覺好多了。換作正常文字的公式，就寫在下文。

一般的現金流量表上，第一行是淨利，那上頭寫著「營運

---

4. 華倫・巴菲特的波克夏海瑟威年度股東信，1986 年。

活動現金流」。下一行是折舊和攤銷，這些是非現金支出，用來表示某些資產減少的價值，像是汽車折舊後價格會下降[5]。同一區還會有一行或好幾行，記錄去年應收帳款（accounts receivable，A/R）和應付帳款（accounts payable，A/P）的淨變動數（net change）。應收帳款是客戶欠公司的錢，應付帳款則是公司欠供應商的錢。這些數字會每年變動，業主也許會多一些錢或欠一些錢——換句話說，淨變動數可能是正數，也可能是負數，每個數字都只是表現出這些變化而已。

┃業主盈餘公式┃

淨利 *

＋ 折舊與攤銷

＋ 淨變動數：應收帳款 *

＋ 淨變動數：應付帳款 *

＋ 所得稅

＋ 維護性資本支出 **

＝ 業主盈餘

* 注意，這些數字有的是正數，有的是負數，但是在運算時一定要用加法。

** 負數。

---

5. 非現金支出，是指從收入扣除，但不需在該時期支付現金的支出項目。

> 沒錯，你就是要把負數加上去，不是我寫錯。這樣的算法
> 是會計界的標準計算方式。

　　我們還會把損益表上的所得稅加進去，因為我們為公司估價的方式和為房地產估價一樣，算的是繳所得稅**之前**的業主盈餘。

　　這裡最麻煩的數字是維護性資本支出，因為沒有人規定公司要把它從總資本支出（total capital expenditure）（又稱「購買不動產及設備」〔purchase of property and equipment〕）中分離出來。維護性資本支出代表為維持公司長期營運與更新設備用的錢，以出租屋公司為例，就是每 15 年換一次的屋頂板與暖通空調、每 7 年更新一次的家具電、每 5 年重刷一次的外牆油漆。如果一間公司把財報寫得很整齊，維護性資本支出的數字就會出現在現金流量表的「投資活動現金流量」（cash flows from investing activities）註記中，可惜大部分的公司不會特別在註記中分出維護性資本支出，我們必須對公司有足夠的認識，才有辦法估算它每年平均花多少錢進行維護。

　　「我會找找看有沒有寫到資本支出、為公司成長購買不動產及設備的部分——例如開新分店或新工廠——把這些項目分出來。」我爸解釋道。「我們只關心公司花多少現金維持營運而已。最壞的情況下，我會直接把整個購買不動產及設備的數字搬過來用，然後特別標註這個數字比我應該選用的數字大，

我可能還不夠了解這間公司。」

　　我用出租屋公司的例子試著計算業主盈餘，它和檸檬汁小攤一樣是我和我爸瞎編的例子，這麼做是為了讓案例比較好理解。出租屋是一棟用現金買下的房子，沒有抵押貸款，業主買這棟房子就是為了租給別人。

業主盈餘	出租屋
淨利	$28,000
（加）折舊與攤銷	無（沒有折舊與攤銷）[6]
（加）淨變動數：應收帳款	無（沒有應收帳款）
（加）淨變動數：應付帳款	無（沒有應付帳款）
（加）所得稅	無（還沒繳所得稅）
（加）維護性資本支出	（$4,000）
業主盈餘	$24,000

　　出租屋公司的業主盈餘很好算，因為我們用的是現金。我從租金扣除房東一般的支出，得到淨利，然後扣除每年更新大型家具電等等的費用，剩下的數字就是業主盈餘。如果我是出租屋公司的老闆，就能把這筆錢收進口袋，拿去還學貸或買更多房地產。

　　我們再來算算檸檬汁小攤的業主盈餘。這間公司唯一的維

---

6. 在財報上，寫在括號內的數字是負數，括號的用處和負號一樣，只是比較明顯而已。我們在計算時，應該把負數加進去，表示從業主盈餘扣除這個數字。

護性資本支出，就是每3年更新果汁機。我在下表中，列出每
一個數字是從附錄中檸檬汁小攤財報的哪一部分得來的。

業主盈餘	檸檬汁小攤	數值來源
淨利	$2,000	損益表或現金流量表
（加）折舊與攤銷	$1,000	現金流量表
（加）淨變動數：應收帳款	（$300）	現金流量表
（加）淨變動數：應付帳款	$100	現金流量表
（加）所得稅	$500	損益表
（加）維護性資本支出	（$500）	現金流量表註記
業主盈餘	$2,800	

　　一旦你知道該用哪些數字、該去哪裡找這些數字後，計算
業主盈餘就很簡單了。只要上檸檬汁小攤的財報查一查，把數
字放入公式加一加即可。

　　業主盈餘是公司老闆繳稅前的所得，老闆可以把這筆錢
用在公司上，幫助公司成長，也可以併購其他公司、分配給自
己（如果是公眾公司，那就是以股息的形式分配給自己）、買
共同出資人或其他股東的股份，或把錢留在公司裡以備不時之
需。假如整間出租屋公司或整間檸檬汁小攤都屬於我，我就能
自己決定該怎麼處置業主盈餘；假如我和別人共有公司，我們
就一起做決定；假如我只持有公司的一小部分，就由經營團隊
決定該怎麼使用業主盈餘──這也是公眾公司的經營模式。我
們在第三章學過，股東是公司所有者，技術上而言業主盈餘屬

於他們，不過股東會票選出董事會、請經營者代理營運事項，到年底再由董事會替所有股東決定該如何處置業主盈餘。我們之後會用一整章說明公眾公司的業主盈餘通常會被用來做哪些事，但現在我們只須知道每間公司的業主盈餘都屬於公司所有者，無論那是公司、房地產或農場，無論是公眾公司或私人公司，無論所有者擁有公司的多寡，這個概念都不會變。

即使沒有要買下一整間公司的意思，我爸也會假設自己要買下公司 100% 的股份，這樣才能簡化事情，把情況看得更透徹。他也教我想像自己要買下一整間公眾公司，定價與估價的道理和這差不多，你可以先估算整間公司的價格，再決定要買多大一部分。我個人覺得這個方法很有用，我也順著我爸的方法學會計算業主盈餘，還有估算公司的價格。這部分的數學難不倒我。

我取出租屋公司與檸檬汁小攤的業主盈餘，把兩個數字乘以 10，檸檬汁小攤的優惠價是 2 萬 8,000 元，出租屋公司的優惠價則是 24 萬元。好，我懂了。努諾說得對，先學會公式背後的邏輯再來算數學，事情就簡單多了。一旦了解了邏輯，我就能隨心所欲地找到要用的公式。

檸檬汁小攤：$2,800 × 10 = $28,000
出租屋公司：$24,000 × 10 = $240,000

學會計算業主盈餘，並把這個數字用來算公司的價格——

包括房地產在內的任何公司──之後，我終於明白華倫和查理那些大投資者堅持自己計算這些數值的理由了。

我關閉視訊通話，開心又深深鬆一口氣地嘆息一聲。

幾天後我飛回博得市，走進自己的家、自己美麗的小空間，回到擺在餐桌上的投資辦公室，一股美妙的心安油然而生。這是個熾熱的星期日，我多花點錢到街上那間貴貴的咖啡廳買冰咖啡，這才回來坐在投資辦公室裡。美味的手沖咖啡幫助我的大腦做足準備，我已經準備好自己練習為公司定價了。

我嘗試自己為全食超市計算業主盈餘。我發現，這就是我的第一項考驗：我對這間公司了解得夠透徹嗎？閱讀財報的註腳時，我能不能有信心地找到維護性資本支出的數值呢？如果這項任務太難，就表示我對公司的認識還不夠深，那我就只能把全食超市歸進「太難」那一類，轉而研究下一間公司。以下是全食超市 2015 年財報中的相關數字（我在研究全食超市時，2015 年的 10-K 就是它最新的財報）。

從我爸那裡學到公式之後，找到正確的數字就很簡單了，數字其實都在財報上。想求得維護性資本支出，只要在全食超市的 10-K 報表中搜尋「資本支出」（capital expenditures）就行，我是在第 22 頁一個標題為「非 GAAP 數值」（Non-GAAP measures）、看上去有些含糊不清的註腳中找到我要的數字，現金流量表其實也有相關紀錄。明明是最困難的部分，我卻只點了四次滑鼠，花不到 30 秒就找到了。

業主盈餘	全食超市	數值來源
淨利	$536,000,000	2015 年現金流量表第二列
（加）折舊與攤銷	$439,000,000	2015 年現金流量表第四列
（加）淨變動數：應收帳款	（$21,000,000）	2015 年現金流量表第十四列
（加）淨變動數：應付帳款	$20,000,000	2015 年現金流量表第十七列
（加）所得稅	$342,000,000	2015 年損益表第十列
（加）維護性資本支出	（$335,000,000）	2015 年現金流量表第二十四列：「其他不動產業與設備支出」
業主盈餘	$981,000,000	

　　我把現金流量表和損益表上找到的正負數直接放入公式，全部相加後得到 9.81 億元，這是全食超市的業主盈餘。

　　求得業主盈餘之後，計算十資價格就很簡單了，把業主盈餘乘 10 即可。9.81 億元乘 10 就是 98.1 億元，假如我想買下整間公司，這會是很棒的優惠價。

$$\$981,000,000 \times 10 = \$9,810,000,000$$

耶！我會算了！

先前的擔憂漸漸消失，我知道自己有能力學會為公司估價。我支持的一個個使命都湧上心頭，如果能現在開始用錢票選使命就好了──但我不能盲目行事。要是把自己的錢投入經營不善的公司，我的本金終有一天會消失無蹤，到時候我不僅一票都不剩，連退休金也沒了。我好不容易學會算業主盈餘，現在一定要用新學到的方法找到支持好使命的好公司，用好價錢買下它。

我欣喜若狂地打電話給我爸，大聲把計算結果說給電話另一頭的他聽。投資語言中，對我來說最困難的就是定價語言，這下我終於懂了！我爸也開心地笑了。

接著，他幫我提高難度。「用十資定價法的時候，我們假設公司每年的業主盈餘都一樣，我們每年稅前可以拿到最少10%的十資報酬率。這種算法比較簡單，我們可以輕鬆找到好價錢，但是，我們只買自己非常了解、有堅固的護城河、有優秀的經營團隊，而且──最重要的是──以後會持續成長的公司。」

天啊，我知道他要說什麼了。說到成長，就表示我的「偏差成長率」好朋友又回來了。

我們當然能用十資定價法找到好公司的優惠價，但這種方法有兩個限制。第一個限制是，巴菲特對業主盈餘的定義在某些地方有點模糊，對許多公司而言，你很難找到適當的維護性資本輸出數值。因此，不同的投資者算出來的十資價格會有些

許不同。

第二個限制是，十資定價法並沒有算到成長率。使用十資定價法的話，兩間業主盈餘相同的公司就算成長速度不一樣，算出來的十資價格還是會完全相同，成長率似乎一點也不重要。巴菲特也許認為這是一種優勢，不過我們知道，其他數值都相同的話，一間公司的現金成長得快，未來就能賺更多現金，它今天的價值就會比成長較慢的公司高。保守的十資定價法並不會考慮到這一點。

這時候，就輪到投資回收期定價法了。

定價法門之二：投資回收期定價法

投資者如果想做長期投資，可能就會用投資回收期定價法找到好價錢。做長期投資的話，你的目標是快速回本，讓虧錢的風險完全消失，就像之前說的賭客一樣，自己的本金回來之後就收走，接下來只用賭資下注。我爸說的「投資回收期」就是字面上的意思：你需要幾年時間，才能把當初買股票的成本賺回來？用這種定價法時，買價會從另一個非 GAAP 現金流——「自由現金流」（free cash flow）——回到買家手裡。我們等等就會說明自由現金流的意思，在這裡，我先列出投資回收期的計算公式：

自由現金流，在複利計算的偏差成長率下成長 8 年

　　舉個例子說，你應該會看得比較清楚。我又開始練習定價，這次是用出租屋公司練習。

　　出租屋的地點不錯，也許在海灘旁，有越來越多人想住在那裡。在成長中的城鎮，房租通常會每年成長 3% 到 4%，我維護房屋的費用則大致不變，保守起見，我為出租屋公司定下每年 3% 的偏差成長率。我把每年的自由現金流乘上 100% 加偏差成長率，就這麼成長 8 年，算出了 8 年投資回收期。

出租屋公司的投資回收期

年份	自由現金流	成長率	預期的自由現金流成長量，帶入明年的自由現金流	累積自由現金流與投資回收期買價
0（購入那一年）	$24,000	3%	$720	-
1	$24,720	3%	$742	$24,720
2	$25,462	3%	$764	$50,182
3	$26,225	3%	$787	$76,407
4	$27,012	3%	$810	$103,419
5	$27,823	3%	$835	$131,242
6	$28,657	3%	$860	$159,899
7	$29,517	3%	$886	$189,416
8	$30,402	3%	$912	$219,819 8 年投資回收期買價

　　我可以花 219,819 元買下出租屋，如果它如我所料，每年成長 3%，那 8 年過後我的本金就會回到手上了。

　　我們為什麼要用 8 年這個數字呢？查理叔叔認為，要買下一間公司的話，它作為公眾公司的售價打對折，就差不多是個好價錢。公眾公司的售價大約是 12 到 20 年的自由現金流，平均是 16 年，16 的一半就是 8，所以我們關心的是 8 年的投資回收期。

　　公眾公司售價與私人公司買價的差別在於流動性（liquidity）——賣出一間公司的所有權有多容易。售出私人公司的一部分也許比較難，因為這項投資「無流動資金」（illiquid），而公眾公司的定義就是能在股市交易的公司，因為有很多人買賣這間公司的股票，股市的規範，以及政府規制下大致可靠的財務報告，公眾公司的流動性比私人公司高得多。基金經理不想長期持有公眾公司的股份，他們必須快速交易，因此流動性對他們來說非常重要。基金經理必須有辦法在短時間內賣出大量股份，為了這分流動性，他們願意付出較高的價錢——幾乎是我們 2 倍的價錢。

　　華倫和查理就不需要流動性了，他們也不願意花更多錢買到流動性。如果要買下一間優秀的私人公司，8 年投資回收價格就算是合理的價格，如果我要學華倫‧巴菲特、查理‧孟格和我爸的投資法，就不該用超過 8 年投資回收價買下公眾公司。

　　我先前研究自己有興趣的公司時，已經幫它們估算偏差成長率了。「這時候，妳之前了解公司、護城河和經營團隊時

打下的基本功，就可以派上用場了。」我爸告訴我。「如果這
間公司的護城河夠堅固，持久的競爭優勢能保護它的自由現金
流，自由現金流不會因為價格競爭或新產品上市導致顧客流失
而遭受衝擊，那這間公司的未來就應該和過去的趨勢差不多。
如果經營團隊能幹又誠實，他們應該不會把護城河拆了。妳要
憑自己對公司的了解，估算它的自由現金會在 8 年內成長多
少，如果可以在 8 年內從自由現金流拿回本金，它又是一間好
公司，那就是划算的投資。」

　　這裡的關鍵是，我要選擇容易了解的公司，跳過太難的那
一堆，然後用我的使命、護城河與經營者分析來算定價。數學
的部分終於和非數學的部分接軌了，以前學到的東西還能幫助
我理解現在的數學，感覺真好。

　　現在，是時候認識自由現金流了[7]。

　　「用自由現金流算定價，有幾個好處。」我爸解釋道。「計
算自由現金流的數值時，完全沒有主觀的成分，有些公司會把
數字寫在現金流量表的註腳。自由現金流包含成長性資本支出
（growth capital expenditures），股票資訊網站也會顯示每間公司
的自由現金流數值，妳可以和它們比對自己算出來的數字。」

　　太棒了。

---

7. 我爸就投資回收期的概念寫了一整本書，就是他出版的第二部紐約時報第一
暢銷書——《投資回收期》。在那本書中，他用淨盈餘（net earnings）計算投
資回報期，是因為這個數字比較容易找到，而我們現在用自由現金流是因為
它比較精準。

相較於業主盈餘，自由現金流簡單得要命，公式如下：

▌自由現金流公式▐

營運活動淨現金

＋ 購買不動產及設備（負數）

＋ 其他維護性與成長性資本支出（也是負數）

＝ 自由現金流

現金流量表從上往下看，大約在往下三分之一的位置有一串粗體字，寫的是「營運活動淨現金」（net cash provided by operating activities），那下面則是標題為「投資活動現金流」的一塊，裡頭通常有一列是「購買不動產與設備」。幾乎每一份財報上，這個數字都包含**所有**維護性與成長性資本支出，不過你偶爾會看到像後面的全食超市財報一樣，它會有一列寫成長性資本支出，一列寫其他資本支出，我們可以假設這裡的「其他」就是指維護性資本支出。好消息是，之前計算業主盈餘時，我已經讀過現金流量表所有的註腳了，這次也是以上次的研究為基礎，繼續往上蓋。別忘了，這些資本支出都是負數，我們把負數加進「營運活動淨現金」，就能得到所謂的自由現金流。

我們再回去看資本主義最成功的案例：檸檬汁小攤。以下是它的自由現金流計算表：

檸檬汁小攤的自由現金流

營運活動淨現金	$2,800
（加）購買不動產與設備及其他資本支出	（$1,300）
自由現金流	$1,500

　　從上次到現在，檸檬汁小攤公司有持續投資自己，它買了新的擠檸檬設備，還在城鎮另一頭開了第二個小攤，分店比本店的生意還好。檸檬汁小攤一直在賺錢，過去 2 年它的自由現金流都成長了 16%，而由於它的品牌護城河無人能敵，我可以自信滿滿地預測它會繼續照現在的趨勢成長。它在熱鬧的街角擺攤，檸檬汁又酸甜適中，沒有人贏得過它。我幾乎能為它16% 的偏差成長率打包票。

　　於是，我從 1,500 元的自由現金流開始算數，一年一年計算檸檬汁小攤 8 年後累積的自由現金流，也就是我的 8 年投資回收價格。我每年把 1,500 元乘上 16%，累計 8 年。

　　用投資回收期定價法的話，我可以花 $24,778 買下檸檬汁小攤公司。

　　哇，每年 16% 的成長率真是了不起，這也證實了複利的力量。

　　以檸檬汁小攤來說，我的十資價格是 $28,000，8 年投資回價是 $24,778。我漸漸看出我爸教我三種定價方法的用意了：算出不同的價格以後，我能以這些定價為基礎找到合理的價格區間，選擇自己要的價格。

檸檬汁小攤的投資回收期

年份		自由現金流	成長率	明年預期的自由現金流成長量	我的投資期累積的自由現金流量	投資回收期價格
	0	$1,500	16%	$240		
我的投資期	1	$1,740	16%	$278	$1,740	= 我的 1 年投資回收價
	2	$2,018	16%	$323	$3,758	= 我的 2 年投資回收價
	3	$2,341	16%	$375	$6,100	= 我的 3 年投資回收價
	4	$2,716	16%	$435	$8,816	= 我的 4 年投資回收價
	5	$3,151	16%	$504	$11,966	= 我的 5 年投資回收價
	6	$3,655	16%	$585	$15,621	= 我的 6 年投資回收價
	7	$4,239	16%	$678	$19,860	= 我的 7 年投資回收價
	8	$4,918	16%	$787	$24,778	= 我的 8 年投資回收價

　　我接著用一間真正的公司——全食超市——計算十資價格與投資回收價。

全食超市 2015 年的自由現金流[8]

營運活動淨現金	$1,129,000,000
（加）新據點開發費用	（$516,000,000）
（加）其他不動產與設備支出	（$335,000,000）
自由現金流	$278,000,000

　　全食超市的 8 年投資回收價：觀察它變幻莫測的成長率之後，我查了分析師的預測，發現其他人的預測是 14% 左右。我決定採用分析師預測的數字，把 2.78 億元的自由現金乘以 1.14，運算八次之後得到 42 億元的 8 年投資回收價（請見附錄的「全食超市的投資回收期」）。

　　全食超市的十資價格是 98.1 億元，8 年投資回收價大約是 42 億元──後者之所以較低，是因為全食超市花了不少錢投資新據點。兩者之間的差異這麼大，我該怎麼選擇合理的買價呢？

　　「還記得我們之前說過的嗎？妳必須用三個數字保護自己。」和我通投資實踐電話時，我爸告訴我。「是時候學第三個數字了，這個數字就是『安全邊際』。」

　　安全邊際不僅像我這個月學到的兩種定價方法，能算出公司的合理價格，還能估算整間公司的價值。我很想學安全邊際的算法，但自從放下努諾給我的估價書，我就沒再碰估價了，

---

8. 全食超市是少數會在財報中計算自由現金流的公司。請見它 2015 年 10-K 財報第 22 頁。

而且估算一整間公司的價值和我之前學的東西完全不同。想到這裡，我開始感覺太陽神經叢有點抖抖的。我和我爸的「溝通問題」多半和數學的複雜程度有關。但是除了忐忑不安之外，我內心深處還湧出一種全新的信心，令我稍微安心。我微笑著告訴自己：我們已經學到兩種定價方法，只剩最後一種了。

7 月的練習

　　盡量讓學習定價的過程輕鬆一些、簡單一些。挑選你喜歡的三家公司，計算它們的十資價格與投資回收價。作為給自己的犒賞，找一個理解這份辛苦的人自誇一番，讓那個人知道你現在已經懂得用巴菲特的業主盈餘算式，計算一間公司的合理價格了。

查理的第四原則：估價

本月待辦

○ 安全邊際估價法

- 每股盈餘
- 偏差成長率
- 偏差本益比
- 最低預期回報率

　　我家的冷氣努力和酷熱搏鬥，毫不停歇地吹出冷氣，卻還是不敵博得市 8 月的炎熱。我受夠了炎夏，受夠了工作，受夠了來回奔波，也受夠了不能和努諾相見的日子。我感覺胸中有一塊東西被硬生生扯出來，我們相見的時候被 OK 繃黏了回去，但是其中一人上飛機時，那東西又再度被扯出來。我又要搭飛機去蘇黎世過一個短得可笑的週末，總覺得這種狀況不能再持續下去了。

　　最慘的是，8 月正好也是投資實踐計畫中最痛苦的一個月，我預計要學最困難的**數學**。我已經不怕數學了，卻還是疲憊不堪，只想跳過痛苦的 8 月。就連把不停發熱的筆記型電腦放在腿上，都讓我心浮氣躁。

　　我對自己翻了個白眼。

　　繼續做下去就對了，我心想。我很想花錢了事，但你不能光等別人來幫你，還是自己幫自己一把比較實在，這就是人生嘛。我想成為自己想像中那個成功的投資者，在迷霧中摸索幾個月之後，我知道自己做得到。我找到支持我愛的使命的公司、面對我對金錢的成見、接受了定價的挑戰，現在我再次提醒自己，我必須學會這個月的數學。快起來，繼續學習。不過是數學，又不是開顱手術，有什麼好怕的？

　　我有點缺乏說服力地告訴自己，我**真的**想學會為一整間公司估價。

　　這時，我忽然注意到，我對投資實踐計畫的看法不知不覺變了。它不再是可怕、未知且充滿危險的領域，成了可以

學習、練習與內化的東西，封閉水泥樓梯間的危機感完全消失了。它不再是**數學**，現在感覺比較像……數學。再普通不過的數學。

我對自己微微一笑。想到數學的部分，我的心跳還是會稍微加速，但我也對自己有信心，知道我能學會這些計算方法。我腦中那個投資女當然能輕鬆算數學，而我的工作就是成為那個投資女。

我想學會估算一整間公司的價值。真的。

蘇黎世的晚間、亞特蘭大的中午，我和我爸開始視訊通話。

「我現在有 2 天時間可以算公司的定價，但我還是不知道該怎麼算出公司真正的價值。」我率先說道。「告訴我吧，我該怎麼估算一整間公司的價值？」

「還記得查理的第四原則嗎？」

「找到合理的價格。」

「妳也許忘了，但他還有提到『安全邊際』這件事。巴菲特說過，『安全邊際』應該是投資界最重要的四個字。只有在價格給我們適當的安全邊際時，我們才可以下手買公司。安全邊際是低於公司價值的價格，我們大部分的差錯都能用安全邊際當緩衝——當然也有一些錯誤無法補救，但大部分都還有救。」

安全邊際是計算價格的關鍵，有了它，我才不怕自己分析錯誤。身為企業律師，我深知公眾公司內部也許非常複雜，有不少我這種小投資者不了解的情況，有的人會犯錯、有的人會

做壞事、有的人會撒謊——為財富與名譽撒謊的人更是多得不計其數。公司經理的動機，可能和股東的動機與目標不一樣，也沒有人能保證公司未來的產能會維持現在的水準。公司與投資者之間的資訊不對等，就是投資本身的風險之一。

「我們投資者只能試著投資自己了解的公司，只要妳對公司的了解等同妳對公寓的了解，以保留安全邊際的價格買入，妳就不用害怕。」

「那十資定價法和投資回收期定價法有安全邊際嗎？」

「這兩種定價法都有內建的安全邊際，十資定價法求的是極高的報酬率，這表示買價一定要非常低，安全邊際也非常大。投資回收期定價法可以讓我們在 8 年內回本，如果那間公司是公眾公司的話，我們會用一般售價的一半買下它，因此有大約 50% 的安全邊際。」

原來十資定價法和投資回收期定價法，都已經有內建的安全邊際了。現在，我準備學一種內建安全邊際的**估價**方法。

關於每股公司數值

全公司數值和每股數值不一樣。使用安全邊際法時，我還是會想像自己要買一整間公司，但就如我們之前看到的全食超市，大部分的公眾公司財務數值都非常大，就算是幾十、幾百億元也不奇怪，算起來不太方便。這時候，為了方便起見，也因為實際上潛在投資者只關心自己買的

股份（但我們不一樣！），金融工業複合體會把全公司數
值分割成每股數值。這種算法當然也有幫助，不過你千萬
別忘記自己用的是全公司數值還是**每股數值**，計算時不可
以兩者混用。金融界的人經常在全公司數值與每股數值之
間切換，你看了可能會覺得煩，也可能會看得一頭霧水。
我每次都會先確認自己看到的是哪一種數值。接下來，在
這次安全邊際估價法的案例中，我用的都會是每股數值。

定價法門之三：安全邊際法

　　「我們之前用了業主盈餘和自由現金流，現在這是第三種
定價方法，我們要用盈餘來計算。安全邊際（margin of safety，
MOS）法可以算出我今天要付多少錢，以後才可以獲得好幾年
的盈餘，它還能算出我以後拿到這些錢的機率和風險。我們先
來認識時間和風險之間的關係，來，妳想想看，在什麼情況
下，把錢拿出來投資才值得？平常我們最先想到的選項，是
把錢放在安全的地方，妳覺得把錢放在哪裡最安全？」我爸問
道。

　　「床底下？」

　　「那妳的錢可能會被偷走或不小心燒毀。還有更安全的地
方嗎？」

　　「銀行。」

「好，銀行確實很安全，但還有更安全的地方。如果要把錢放在安全的所在，那最好的選項就是美國政府的國庫證券了。」

「喔對，就是國庫卷！我之前還打算用這種方法當守財奴呢。」

我爸笑了笑。「是啊，而且國庫證券還是無風險利率的標準。如果我們要把錢放在有風險的地方——例如檸檬汁小攤公司——就必須得到高於無風險利率的報酬，不然我們根本沒必要讓自己的錢被投資綁住，直接拿去花還比較保險。」

「那我怎麼知道要得到多少報酬，才值得花錢投資？」

「其實，我們可以用一種聰明的方法找到答案。」

我就知道。

「金融產業有一種分析方法，名叫『現金流折現分析法』（Discounted Cash Flow Analysis），我會教妳一個比較簡單的版本。」我爸告訴我。

還記得努諾送我那本字典般的估價書嗎？那本書裡大部分的篇章都在講現金流折現法。聽我爸提到這個名詞，我一點也高興不起來。

這個定價方法最大的問題是，我要算出今天投資多少錢，未來可以拿到多少錢，否則我今天投資 100 元，10 年後拿回不多不少 100 元，那不是很蠢嗎？我的死敵——通貨膨脹——已經毀了當守財奴的想法，我知道 10 年後的 100 元，能買到的東西少於今天的 100 元。更何況，我還得面對拿不回本金的風險。

考慮到金錢的購買力年年下降，以及最後拿不到錢的風險，我如果 10 年後想拿到 100 元，今天投資的金額就該少於 100 元。問題是，這筆錢應該比 100 元少多少？這時候，安全邊際估價法就派上用場了。沒錯，這的確是現金流折現法的簡易版（我現在都盡量在聊天時提到「現金流折現法」，讓人以為我學識淵博）。

使用這種定價法時，我們必須用主流的數值進行計算，這樣才能和其他人比較，看看我們和別人為這間公司估算的價值是否相當。畢竟我們會從別人手上買下股票，到時候也會把股票賣給別人。在這裡，我們要注意幾件事：一、我們計算的數值不在事業主盈餘或自由現金流，而是盈餘；二、我們之前是以估算私人公司的定價的方式算數，現在則是在估算公眾公司的價值的方式做計算（別忘了，這時候價格通常會是之前那些定價法的 2 倍）；三、因此，我們得到的結果會和投資回收期價格與十資價格不太一樣。

「妳可以用比較簡單的方式想這件事，」我爸說。「先算出每年該拿到多高的報酬率，這筆投資才值得。我投資了這麼多年，覺得 15% 的年利率算扎實——換言之，年複利 15%，值得我下功夫投資和冒險。」

我爸把 15% 的報酬率稱作他的「最低預期回報率」（Minimum Acceptable Rate of Return，MARR），我們可以用最低預期回報率計算今天要投資多少，10 年後才能得到某個金額的回報。最低預期回報率設定得越高，一開始投資的金額就越

低，15% 高到足以彌補投資的風險，但也不會高到找不到可以投資的公司，所以我也跟著選用這個數字。我大致算出 10 年後想以什麼價格賣出這間公司，估算我的安全邊際，然後再用 15% 的最低預期回報率往回推，用基礎代數運算得到我現在願意付的本金。

安全邊際估價法概要

目標：	算出我 10 年後想用什麼價格賣出這間公司，再用基礎代數往回推，得到我願意支付的買價。
需要的數字：	◆ 每股盈餘（earnings per share，EPS） ◆ 偏差成長率 ◆ 本益比（price-to-earnings，P/E） ◆ 最低預期回報率（minimum acceptable rate of return，MARR）

又出現新的數字了。這裡用到的安全邊際數字都很好找，經歷過辨識與計算業主盈餘與自由現金流的考驗後，這些數值的運算我很快就上手了。你不必讀財報的註腳，也能找到這些數字喔！和之前的財報數值相比，這些簡單得多。

以下是你的準備工作：

計算安全邊際價格所需的數值

數值	定義	它在哪裡	例：檸檬汁小攤
每股盈餘	每股盈餘是全公司盈餘，除以流通在	損益表上有提供	檸檬汁小攤公司每年有 $2,000

數值	定義	它在哪裡	例：檸檬汁小攤
	外股份		盈餘，一共有100股，所以每股盈餘是 $20。$2,000 / 100 = 每股 $20。
偏差成長率	你預期這間公司未來的成長率。在檢視四大成長率和充分了解公司、對預測它的未來走向有幾分信心之後，為它挑選的成長率數值。	這個我們之前就學過了——之前認識護城河的時候，我們已經為公司預設偏差成長率了，是不是很棒！想當初，只是憑研究與分析資料推測公司未來的成長率而已，我居然會覺得很可怕！成長率耶！親愛的讀者，我們真的進步了很多。	檸檬汁小攤的偏差成長率是16%。
偏差本益比	價格除以盈餘；或者說，是盈餘和價格的比率。還記得之前學過的席勒本益比嗎？觀察席勒本益比，你可以看出市場整體是不是定價過高或過低，	選用以下兩個選項數值較低的那一個：1. 偏差成長率乘以2（直接省略百分比記號，我們要的是單一數字）	1. 16 x 2 = 32 2. 檸檬汁小攤過去的本益比是 19、22 與 20，因此過去10 年最高的數值是 22。

數值	定義	它在哪裡	例：檸檬汁小攤
	而一間公司的本益比則是形容公司價格和盈餘之間的關係。因為它是比率，所以無論用全公司數值或每股數值計算，本益比都不會變——記得不要混用就好。	2. 公司過去 10 年最高的本益比（網路上都找得到）	偏差本益比：兩個選項中數值較低的是 22。
最低預期回報率	我們把錢投入這項投資，每年要拿到多少回報才划算。	這個數值一向是15%。	即使以檸檬汁小攤而言，最低預期回報率也是15%。

安全邊際公式

	白話文版本	數學版本
第一步	首先，時間拉到 10 年後，這間公司 10 年後的合理價格會是什麼呢？我們知道價格會是每股盈餘乘出來的數字，那我們先算算看 10 年後的每股盈餘是多少。讓每股盈餘隨偏差成長率年年成長（算出每年未來的每股盈餘），以同樣的方式計算 10 年的每股盈餘，就等於未來 10 年的每股盈餘。	每股盈餘 × (1 + 偏差成長率)〔重複十次〕= 未來 10 年的每股盈餘可以算出每年的數值，也可以用試算表計算。

	白話文版本	數學版本
第二步	未來 10 年的每股盈餘乘以偏差本益比 = 未來 10 年的股價。現在，我知道 10 年後一張股票的價格是多少了。	未來 10 年的每股盈餘 × 偏差本益比 = 未來 10 年的股價 別忘了，偏差本益比是偏差成長率乘以 2 與最高本益比之中數值較低的那一個。
第三步	接下來，從前面計算的數字往回推，算出今天的股價應該是多少錢（這不是在找股票的市值——那個我們等等再查），記得要考慮到每年 15% 的回報率。想找到年利率 15% 的話今天的股價應該是多少錢，你可以用這個公式：未來 10 年的股價 / $1.15^年$ = 定價。因為最低預期回報率是 15%，數字帶入公式後是 1.15 的「幾年」次方；假設你打算投資 10 年，這裡就是 1.15 的 10 次方，等於 4。只要我們是用 15% 年利率與 10 年，分母就一定是 4。這就是這間公司今天的合理價格。太棒了！我們算出答案了！等一下，那查理的安全邊際呢？	未來 10 年的股價 / $1.15^年$ = 定價 也可以寫作：未來 10 年的股價 / 4

	白話文版本	數學版本
第四步	安全邊際是定價的一半。定價 / 2 = 安全邊際買價	定價 / 2 = 安全邊際買價

公司成長率和本益比之間存在恆常不變的關係，而公眾公司的這兩個數值通常都是私人公司的 2 倍。在研究公司表現這方面我爸經驗豐富，他發現偏差成長率的 2 倍能準確表示本益比。

所以，我們這些用紙筆計算的「數學家」可以使用安全邊際公式，也可以用我爸提供的 Excel 計算方式（請見「菲爾的話」）。

把運算過程拆成幾個步驟，將數學拉到未來又拉回現在之後，我終於整理出符合邏輯、我自己也能理解的概念了。努諾之前說他都不必死背公式，原來是這個意思啊。安全邊際的公式我應該背不起來，但只要一步步釐清中間的過程，還是能從記憶中召喚我需要的算式。

我用檸檬汁小攤的數值來計算一次：

安全邊際估價法案例：檸檬汁小攤公司

數值	
每股盈餘：	$20
偏差成長率：	16%
偏差本益比：	22
最低預期回報率：	15%

公式	
第一步：本益比 ×（1 + 偏差成長率）〔重複十次〕= 未來 10 年的每股盈餘	未來 10 年的每股盈餘 = $88.23
第二步：未來 10 年的每股盈餘 × 偏差本益比 = 未來 10 年的股價	$88.23×22 = $1,941.06
第三步：未來 10 年的股價 / 1.15^{年} = 未來 10 年的股價 / 4	$1,941.06 / 4 = $485.27
第四步：定價 / 2 = 安全邊際買價	$485.27 / 2 = $242.64

更多估價案例，請參閱附錄。

┃ 菲爾的話 ┃

　　用 Excel 計算檸檬汁小攤的安全邊際非常簡單，我們要用的是「現值」（present value）與「未來值」（future value）公式，在 Excel 分別是「=PV( )」與「=FV( )」。輸入指令時，Excel 會顯示相對應的公式，告訴你要填入哪些數字。首先，我們用「=FV( )」公式讓目前的盈餘成長 10 年，這時候我們會用到偏差成長率、年數與本益比。

　　=FV(16%,10,,-20)
　　　FV(rate, nper, pmt, [pv], [type])

　　（注意，我們不會使用公式的「pmt」部分，所以直接多填一個逗號跳過那部分。另外請注意，我的「pv」是

20 元，不過我在 20 前面加了個負號；加了負號之後，
Excel 才知道那是投入公司的 20 元，這才能為我們算出未
來 10 年的盈餘。）

我們得到的答案是 $88.23。假如我們預測的成長率
無誤，10 年後這間公司的每股盈餘就會是 $88.23。

我們可以接著計算公司 10 年後的價值，算法是把本
益比（22）乘上未來的每股盈餘（$88.23），計算結果
是 $1,941.06。Excel 把這個數字稱作「未來值」——如果
公司第十年盈餘是 $88.23，而且會繼續每年成長 16%，
那公司的售價就會是 $1,941.06。

那如果要今天買下這間公司，合理的買價會長什麼樣
子呢？我們可以用「＝PV( )」公式計算：

```
=PV(15%,10,,-1941.06)
   PV(rate, nper, pmt, [fv], [type])
```

這裡的「rate」是最低預期回報率，「nper」是從未
來值往前推幾年才會回到今天，「pmt」的部分直接跳過，
而「fv」是公司 10 年後的未來值（別忘記加上負號）。
按下「enter」。這間公司今天的價值是每股 $479.79，因
為我們用的是 Excel 公式，算出來的數字和手動計算不太
一樣，但也很接近了。再把這個數字除以 2，就可以得到
安全邊際買價：$239.90。

　　說來奇怪，我竟然完全聽懂了。四個步驟就完成了，就四個簡單的步驟！這根本難不倒我。

　　檸檬汁小攤公司有 100 股，十資定價法算出來的買價是每股 $200，8 年投資回收期買價是每股 $247，安全邊際估價法算出來的定價則是大約 $480，安全邊際買價則是 $240。但檸檬汁小攤生意這麼好，當然不會賣出去囉！

　　「爸，」我宣布道。「我學成了。我可以用三種方法估價了，好酷喔！爸，謝謝你，我作夢都沒想過會有這一天。」

　　他笑著說：「我就知道妳做得到。」

　　我半信半疑。他**真的相信**我做得到嗎？

　　「真的，」他強調道。「我一直知道妳做得到。妳學了這麼多，還讓我找到教妳定價和估價的好方法，我們除了一起闖過這一關以外，還有別的選擇嗎？」

　　「我們一起來。」我重複道。

　　「沒錯，一起來，絕不分開。從現在開始，事情就會簡單很多了。」

　　我們道別後掛斷電話。我爸認為投資很容易，他可能沒辦法真正體會這些對我來說有多難，但是沒關係。我心中有種少見的感覺——我克服了乍看下無法克服的難關，心裡充滿了力量。

　　查理若是知道我在這裡一步一腳印地學習，可能不覺得有多了不起，不過我學會用估價公式分析公司數值了，而且有一部分還是自己學會的。我默默對遠方的查理說了聲謝謝。

當然也要感謝我自己。

我沒想過成功學會投資是什麼感覺，現在想來，我好像應該來個後空翻或是在屋子裡手舞足蹈，但我只是坐在椅子上露出大大的笑容。我笑著坐在椅子上，笑到眼睛瞇得都快不見了，也幾乎看不到眼前的東西了，然後像瘋子似地一個人在那邊哈哈大笑。征服一條估價公式，我居然能高興成這樣。這時我才發現時間不早，該上床睡覺了。那晚，我睡得很香，這是數學家式的沉眠，建議你下次試試。

隔天早上，我用全食超市的數值練習運算，沒想到算起來非常簡單。我的算式寫在後幾頁的表格中。

我之前已經用十資定價法和投資回收期定價法計算全食超市的定價了，為了和安全邊際估價法算出來的每股數值做比較，我用全食超市的流通股份除之前的全公司定價。

不好意思，流通股份和偏差成長率、偏差本益比一樣，是偏差組的數值，這是因為流通股份的數字一直都在變動。10-K報表顯示，全食超市的流通股份有下降的趨勢，一開始是 3.6億股，然後變成 3.49 億股，後來的 10-K 報表前言中表示，現在只剩 3.41 億股了。我上網查對資料，我爸的網站和雅虎財經都符合全食超市的數據，於是我選用 3.41 億股這個數字。把這個偏差數值算進去之後，我為全食超市算出以下幾個價格：

十資價格（總共 98.2 億元）：每股約 29 元

8 年投資回收價格（總共 42 億元）：每股約 13 元

安全邊際價格：每股約 19 元

我故意把一些數字四捨五入，提醒自己這些計算並不精確，裡頭有好幾個偏差數值，最後算出來的是一個價格區間。得到價格區間之後，我必須從中選擇合理的價格。

我現在只能做到這裡，之後再來學怎麼選合理的價格。今天的投資練習就到此為止，我決定買個巧克力杯子蛋糕犒賞自己。讀財報實在太痛苦了，讀完之後當然要慰勞自己一下。

這時，我突然想到自己在瑞士，在這裡買到杯子蛋糕可不容易。儘管如此，這一刻我也不在乎，我還是要慶祝這次的勝利。我走進廚房，打開冰箱，看見冰箱裡的香檳。就是這個，我表現得這麼好，有資格喝香檳了——這是數學公式香檳！我看了酒瓶一眼……好吧，是普羅賽克香檳。不管，反正我有資格喝普羅賽克！「努諾！」我大喊。「我要開普羅賽克囉！」

「現在才上午 11 點耶！」他喊道。

酒瓶已經開了。這是看完財報的美酒，是諸神的瓊漿玉液。

半瓶酒下肚，我越想越為自己的成就驕傲不已，開始對努諾大肆誇耀自己的算術能力。「然後呢，我就用邏輯——用你說的方法！——想到每股盈餘和未來股價的關係，我現在全都懂了。」我開始對他說明我爸的三種估價方法，只要能幫助別人，何樂而不為？歐普拉說要多多回饋他人，這就是我給努諾的回饋。可是三種估價法解釋到一半就說不下去了，變成亂成

一團的數字，我發現自己必須花更多時間練習，才有辦法讓公式在腦中紮根。想到這裡，我多喝了些普羅賽克，睡著了。

　　我也很推薦睡午覺這東西，你可以用午覺犒賞自己，不僅沒有熱量，還不用花錢。

　　醒來後，我在腦中檢視自己的投資實踐計畫狀態。三種估價方法我都學會了……忽然間，一堵磚牆從天而降，擋在我面前。三種方法算出來的數字也差太多了吧？

　　仍未醒酒、瀕臨驚慌的我，又打了通電話給我爸。我到底該怎麼找到合理的價格？

安全邊際估價法：全食超市

我需要的數值	
2015 年每股盈餘：	$1.48
偏差成長率：	1. 2009 年到 2015 年的平均成長率是 16.7%。 2. 分析師說的 5 年成長率平均是：14%。 3. 16.70% 和 14% 之中，比較低的是 14%。 因此，偏差成長率是 14%。
偏差本益比：	1. 14×2 = 28 2. 全食超市過去 10 年的本益比區間是 10 到 46，最高是 46。 偏差本益比：28 和 46 當中，比較低的是 28，因此偏差本益比是 28。
最低預期回報率：	15%，一直都是 15%。

公式			
第一步：每股盈餘 × （1 + 偏差成長率）〔重複 10 次〕 = 未來 10 年的每股盈餘	未來 10 年的每股盈餘 = $5.49		
	年份	未來每股盈餘	1 + 偏差成長率
	0	$1.48	1.14
	1	$1.69	1.14
	2	$1.92	1.14
	3	$2.19	1.14
	4	$2.50	1.14
	5	$2.85	1.14
	6	$3.25	1.14
	7	$3.70	1.14
	8	$4.22	1.14
	9	$4.81	1.14
	10	$5.49	
第二步：未來 10 年的每股盈餘 × 偏差本益比 = 未來 10 年的股價	$5.49×28 = $153.72		
第三步：未來 10 年的股價 / 1.15^{年} = 未來 10 年的股價 / 4	$153.72 / 4 = $38.43		
第四步：定價 / 2 = 安全邊際買價	$38.43 / 2 = $19.21		

「是啊，」他對我說。「有時候三種方法算出來的數字會差很多，因為它們算的是不同的東西。投資回收期定價法通常最準確也最有用，因為它是以自由現金流為基礎，也考慮到公

司未來的自由現金流可能會一直成長。但以全食超市而言，它花很大一筆現金建立新據點、讓公司成長，這可能會導致未來的自由現金流量上升，卻減少了現在的自由現金流，所以 8 年投資回收價格會比其他兩種定價法算出來的還要低。想知道自己是不是真的買到超好的價錢，那以業主盈餘為基礎的十資定價法很有用，如果妳可以用業主盈餘 10 倍的價格買下一間好的公眾公司，就真的是賺到了，因為這間公司就算以後都不成長，妳還是能賺到錢。安全邊際公式能幫妳算出公眾公司的價值，給妳一個保守的數字。」

安全邊際公式是把企業當作公眾公司來估算價值，再把那個價格除以 2，如此一來，我們才能像查理說的那樣，防範人生中的無常。使用這三種定價方法，和之前設定偏差成長率一樣，我必須自己做決定。

現在，我可以在 5 月時寫的清單上添加幾個項目，幫助我遵守查理的第四原則：

4. 有安全邊際的合理價格

☐ 十資價格是多少？
☐ 8 年投資回收價是多少？
☐ 安全邊際買價是多少？

走到這一步，我該自己練習，自己以正確的方式使用這些定價公式了。

　　我讓這個想法漂在腦海裡，盡量不去評判它，並且注意它對我的心情造成什麼影響。幾個月前，我想到要練習投資，可能會產生封閉水泥樓梯間的危機感，但現在我卻感覺自己握有真正的力量。我知道自己在做什麼，就好像拿著古典雞尾酒參加投資者派對，我感覺自在多了。嗯，好嘛，派對上還是有很多資歷更深、學識更淵博的人。那又怎樣？我已經知道得夠多，有資格和其他人聊天，不用再旁觀了。

　　我突然有點好奇，在現實世界買股票是怎麼一回事？再過不久，我是不是該把一大筆錢投入股市了？我爸說過，在今年結束前我不准買股票，但只是開個證券戶應該無傷大雅吧？反正以後一定會用到。我已經紙上談兵這麼久，想看看真正的證券戶長什麼樣子了。

開證券戶

　　我上網搜尋「證券戶」，其中一條搜尋結果是我看過的公司，我想說應該沒問題，就點了進去。我花大約 15 分鐘回答問題，就這樣開了證券戶，之後把一些錢轉進戶頭，網站說這筆錢明天就可以用了。好簡單。

　　開戶的過程簡單到令人詫異，怎麼沒有能力檢定之類的測試？我連怎麼買股票都不太清楚呢。

　　網站首頁就沒那麼好懂了，上頭是一堆亂七八糟的資訊、新聞、數值、股票標記和研究資料。我看到自己的錢出現在戶

頭裡，網站也許想鼓勵我買股票，我的錢寫著「可用」兩個字，但我目前還不想動那筆錢。我可不想在亂糟糟的首頁上點錯地方，不小心用真正的錢買下真正的股票，到時候提姆‧庫克（Tim Cook）以為我要花 800 萬元投資蘋果公司，那還得了。我還沒做好準備。

不過話說回來，對蘋果公司而言，800 萬元根本不算什麼，那應該只夠請員工吃午餐吧。蘋果公司怎麼可能注意這種無關痛癢的小買賣。我看著網站首頁的股票記號與各種按鍵，心想：天──啊。之前學的東西都成真了。

我告訴自己：妳要練習。這只是練習而已。深呼吸。什麼都別買，什麼都別碰，深呼吸就好。

這種感覺，和我第一次拿起小手槍的感覺差不多。那一次我 14 歲左右，我在我爸的監督下拿起手槍。城市鬧區一棟辦公大樓的地下室，有個小型室內射擊場，我爸決定帶我去見見世面。他認為自己用蘇格拉底式教學可以讓我學會辯論，那次可能也覺得我該學怎麼用槍了。手槍裡沒有裝子彈，我之所以知道它沒裝子彈，是因為我爸剛讓我看過它空無一物的膛室，但我拿著那把槍，還是對它的力量心生畏懼。要是我們漏看了，裡頭還有一發子彈，那怎麼辦？我爸又讓我看了一次，膛室裡沒有子彈，我才稍微自在了些。接著，我爸為我制定規則。「無論如何，妳一定、一定要把槍當作危險的物品。」他加強語氣告訴我。「無論何時都要把槍看成隨時會發射子彈的武器，之所以要妳保持警戒，是因為我們很容易忘記要檢查裡

頭有沒有子彈，很容易太緊張、太激動，結果不小心犯錯，很容易扣下扳機。槍是致命的武器，我們應該尊敬它。」

我看著新開立的證券戶，小心不讓滑鼠停留在「購買」按鍵上。我知道膛室裡沒有子彈，卻感覺像是子彈上膛了。除了槍枝安全之外，我也該注意投資安全。投資能使金錢流動，讓我的人生朝好的方向或壞的方向改變，我應該尊敬它。

我沒有把夢幻投資或開立證券戶的事情告訴我爸，他應該不會明白我小步小步前進的用意，而且他不希望我在這 1 年結束前買股票，老實說我不確定開證券戶算不算是買股票的一環。

話雖如此，我還是感覺自己有在進步，而且是心靈與身體同時進步。這個月，我的身體狀況比之前好很多，甚至不用吃胃藥了。從開始用藥起，我就一直很想停藥，不用每天依賴藥丸就是一種自由。現在我動不動就搭飛機出國，花一堆時間執行投資實踐計畫，本來就不多的閒暇時間變得更少了，我不是應該和之前一樣生病嗎？但雖然我每天的日程表排得滿滿的，還是和之前一樣忙碌，這些工作以外的事情都令我十分開心，身體狀況也因此改善了。

當然，事情不完全美好。週末即將結束，我在前往機場前打開夢幻投資試算表，發現我假裝投資的五間公司之中，有四間的股價下跌了。我眨著眼睛別開視線，心開始下沉。我好失望。這時候，我才發覺我一直期望自己是投資天才，一直很想對別人說：「哇，我只是選了看起來不錯的公司，沒想到會賺

大錢！」

　　但是我錯了。我選的公司跌了。我忽然感受到深深的恐懼，要是之後用真錢投資，結果選錯公司，那怎麼辦？我想到投資的情緒定律：你買的股票就是會跌，會跌就是因為你買了那支股票。這句話當時聽起來很好笑，現在我怎麼也笑不出來了。我知道短期變化和注重長期的價值投資關係不大，但要是這次股價下跌反映了長遠的趨勢呢？要是我真的犯錯了呢？

　　我反覆琢磨這件事。我從小就不滿足於 A，非要拿到 A+ 不可，甚至在小學一年級請老師多出一些作業給我。

　　不行，我只是腦子壞了，才會突然想學如何自己投資。我還沒做好準備，還不能用真錢投資。我又怕了。

　　我必須找到投資實踐計畫的漏洞。

8 月的練習

　　為你之前算過定價的三家公司計算安全邊際價格，比較每一間公司的三個定價，自己找到合適的買價。最重要的是，別忘了犒賞自己。

翻轉故事

本月待辦

- ⟲ 昂貴的錯誤清單
- ⟲ 寫故事
- ⟲ 翻轉故事
- ⟲ 練習買股票

SEPTEMBER

好吧，看來我出錯了，可能是漏看了什麼東西。沒什麼大不了的。

其實這件事非常大不了，但我先不管。明天早上太陽還是會升起，我還是得決定要不要信任自己，把自己的錢交給自己投資。

我到底漏看了什麼？

我們不常深深愛上別人，也不常深深愛上一間公司，所以你一旦愛了，就很容易對負面印象視而不見，或想辦法說服自己忽視那些缺點。行為經濟學者把這種現象稱為「確認偏差」（confirmation bias）──身邊的人如果想法和我們相近，我們通常會信任他們，而且自己都不會意識到這個狀況。愛上一間公司時，無視它的缺點實在太容易了，研究者發現我們甚至會下意識忽略那些缺點。我不想承認自己愛的公司有缺點，那太痛苦了，所以我看到別人批評那家公司，就會馬上暗暗反駁：「他們只是不懂那間公司罷了。」

我自己在研究公司時，一開始當然會抱持懷疑的心態。但我真的太想找到好公司了，一旦看到有潛力的公司，我就會迅速站到另一邊，開始相信那間公司。這時候，它的使命看起來超級棒，我完全有能力了解這間公司，它的經營團隊能幹又有紀律，它的護城河再穩固不過，就連財報看起來也很棒。我會越來越興奮，覺得 X 公司可能會賺大錢！我會接著看它的價格：哇，天啊，它現在是優惠價耶！我看到的每一篇文章都說這間公司做的事情非常好，這是一間很酷的好公司。這時候我

會愛上它，我要它，我會全心投入這間公司。

　　我是不是無意識地被情緒影響，結果沒看清現實？如果我希望投資實踐計畫成功，就必須時時注意自己的確認偏差，想辦法知道自己是不是還有不知道的事情。

　　巴菲特和孟格對抗確認偏差的方法，就是攻擊對方的投資計畫。巴菲特說過很多次，查理的人生一大樂事就是駁回他的想法，他也因此珍視查理的意見，近期在 2016 年的波克夏海瑟威股東信中寫道：「我可以保證，以後我會犯下更多錯誤，幸好查理從不害羞，總是會對我最糟糕的想法說『不』。」[1]蓋伊·斯皮爾之前住在紐約時，經常和一群他稱為「那一群」的投資者見面，討論投資的想法，多虧了這群投資者朋友，他才看清了幾間公司的缺點，沒有買下去[2]。

　　我提醒自己，我是律師，最喜歡在別人的論點中挑漏洞了。只要找到漏洞，我就能找到自己的錯誤，避免虧錢。

　　這週末，我會飛到亞特蘭大和我爸錄幾集播客。我和努諾已經連續好幾週沒見面了，一方面是因為工作繁忙，另一方面是機票太貴，我因此心情很差，至少想善用這段沒有努諾的時間，把心思和精力集中在工作上。能花幾天時間和我爸一起用 Big Green Egg 烤肉架烤鮭魚，然後在錄播客時拚命問他問題，好像也不錯。

---

1. 華倫·巴菲特的波克夏海瑟威年度股東信，2016 年。

2. Guy Spier, *Education of a Value Investor* (New York: St. Martin's Press, 2014)。

　　我想問他,他在愛上一間公司時,都怎麼處理自己的成見、讓自己看清公司的缺點?蘇格拉底很擅長辯論,那我爸呢?他會為了判斷一間公司是好是壞,和自己辯論嗎?

　　「會啊!」我爸說。「當妳希望一間公司是好公司,那就麻煩了!這應該是我最大的挑戰。」

　　「爸,這叫作『確認偏差』,已經有很多人研究過了。」

　　「酷喔。我想避免這種問題的時候,都會拿出我的清單——我有張昂貴的錯誤清單,列了我和其他投資者犯過的錯誤。我必須老老實實回答清單上每一個問題,不許貪圖簡便。」

　　「我已經有一張清單了。」我愉快地告訴他。

　　「太好了!我們一起來研究一間公司,實際跑一次流程。」

　　我在和他家相連的小辦公室裡坐下,和他一起坐在辦公桌前,看著他的電腦螢幕。我們打算先研究特斯拉(Tesla)、全食超市或露露檸檬,但在就座前,我們各從冰箱拿出一罐 La Croix 氣泡水,我突然靈光一閃:我認識的每個人冰箱裡都有 La Croix 氣泡水,卡瑪拉甚至把它當⋯⋯當水喝。柚子口味的氣泡水。氣泡水並不新奇,就連沛綠雅(Perrier)這種比較高檔的氣泡水也不新奇,而 La Croix 已經存在好一陣子了,但不知為何,我認識的所有人都會買 La Croix。我爸說:「那我們查查看。」看來,我們要從手邊的東西—— La Croix ——查起。

　　他上網找到 La Croix 的網站,原來這個品牌的氣泡水屬於一間名叫國家飲料公司(National Beverage Corp)的公眾公司(這

間公司的名字好——有創意喔）。他找出國家飲料最新的年報，我們發現它旗下有好幾間飲料公司與品牌，但我們只聽過 La Croix。我們接著查看公司的經營數值與報告，我爸簡單估算了一下，認為這間公司現在的價格高過實際價值[3]。

　　我向來以為包括我爸在內的專業投資者和我很不一樣，他們一定有不為人知的消息來源，那是我查不到的資料，只有他們那些投資者會在陰暗的酒館裡交換情報。但是此時此刻，我和我爸最初的調查方式一模一樣。我爸查資料的速度比我快很多——可能快 10 倍——不過我們做的事情一樣是上公司網站逛逛，大致認識這間公司，檢查它的護城河，檢查它的經營團隊，然後算出合理的價格。我突然發現，這個研究過程是我們共同的語言。

　　和我爸並肩坐在電腦桌前，我發現我們說的是相同的語言——至少根基相差不遠。我會用一些商業用語，可以稍微在「投資國」旅遊，也知道該怎麼問廁所在哪裡了。

　　我爸轉頭對我微笑。「這樣好像很酷。」我還以一笑。沒錯，真的很酷。

---

3. 根據它過去的表現，我爸認為國家飲料公司定價過高，但從我們分析與估價至今，國家飲料公司的股價漲了許多，顯然除了我們之外還有人注意到很多人在喝 La Croix，卻沒有競爭對手來搶生意。可惜國家飲料的經營紀錄不夠好，沒辦法成為第一定律投資者投資的公司。唉，這就是人生啊。

昂貴的錯誤清單

「不管是多麼偉大的投資者，都一定會犯錯。」我爸接著說。「錯誤本身不是重點，我們很容易因為犯錯而後悔，產生各種情緒，但這對未來沒有幫助。」

「那應該怎麼辦？我不想一直犯同樣的錯。」

「這種想法就對了。」我爸同意道。「盡量不要沉浸在後悔之中，但妳要毫不留情地檢視自己的過錯。這件事聽起來簡單，做起來很難，非常難。妳之前漏看了什麼？妳現在學到了什麼？要回答這些問題可不容易。」

在《風險智慧》（*Risk Intelligence*）一書中，作者迪倫·伊文斯（Dylan Evans）探討了人們更精確地判斷風險的方法——以下透露關鍵情節：其實我們人類很不擅長判斷風險。伊文斯寫道，完全以分析機率與風險定輸贏的賭博專家，都對自己誠實得毫不留情，他們能透過筆記誠實面對自己的長處與短處，回頭檢視自己的成功與失敗。我在投資實踐計畫中想要達到和賭博相反的境界，但還是能採用同樣的方法——我還是該分析買下特定公司的風險，檢查自己手上的資訊夠不夠完整，然後毫不留情地面對自己的判斷疏失。

「怎樣看待自己的過錯比較好？」我問我爸。

「最好的情況，當然就是不要犯錯。照我教妳的方法做，妳就能借鑑我們這一派投資者過去 85 年來昂貴的錯誤。我有張錯誤清單，每次在投資前都會先拿出來檢查。」

　　他把這張清單叫作「昂貴的錯誤清單」。我爸和其他聰明的投資者——其中甚至包括華倫‧巴菲特——都犯過不少錯，回過頭一看才發現自己當初忽略了清楚擺在眼前的事實。我不該自己犯下昂貴的錯誤，而是該引以為戒。莫赫尼什‧帕布萊的清單最多只有七個問題，我爸的清單稍微長了些，但還是很短，免得他草草掃過太長的清單，不小心漏看了關鍵問題。以下是我爸列的警告標誌清單，這些是投資失敗以前就存在、後來造成昂貴問題的基本錯誤：

昂貴的錯誤

◯ 意義

- 在能力圈外圍或能力圈之外
- 沒有大師買這間公司的股票
- 我不喜歡研究這間公司
- 產業、公司或產品不容易了解
- 沒有創新
- 夕陽產業
- 不友善的工會
- 不確定 10 年內消費者會不會產生對該產品的需求
- 不確定公司 10 年內會不會提高生產力
- 產業的變化率高
- 沒在 10-K 報告中看到 10 年份的註腳

◯ 護城河

- 護城河不是內在特質

- 護城河不穩固持久

- 護城河沒有拓寬

- 四大數值沒有成長

- 特別是帳面價值（加上股息）沒有成長

- 業主盈餘與自由現金流難以預測

- 廉價的外國競爭對手崛起，但還沒進軍本國市場

◯ 經營團隊

- 股本權益報酬與投入資本回報率下降

- 執行長表現得不像業主

- 執行長自私自利

- 執行長粉飾太平

- 執行長售出太多股份

- 公司以遠高於價值的價格買回自己的股票

- 近期剛換執行長

- 負債額大於 2 年份的自由現金流

- 負債漸增

- 借貸即將到期

- 公司貸款幾乎要違約

◯ 定價

- 無法有信心地計算業主盈餘

- 價格高於十資價格，**或**

- 價格高於 8 年投資回收價，**或**
- 價格高於安全邊際價格
- 暫時性問題使盈餘與／或自由現金成長或虧損發生異常
- 藉由回購操作每股盈餘成長數值
- 未來成長率與未來本益比的預估數值不切實際
- 沒有發生事件，價格也沒有下跌
- 價格下跌，但事件不足以讓公司跌到優惠價
- 事件使人心生恐懼，但問題無法在 1 到 3 年內解決
- 事件可能對公司造成永久性傷害
- 無法了解事件──因為太複雜

我發現定價問題都放在清單最後面。

「妳要記得，」我爸告誡我。「價格其實是最不重要的部分，因為只要公司夠好，時間應該能解決價格的問題。如果妳用太高的價格買下好公司，公司只要一直保持良好的表現，它的價值終有一天會高過妳當初的買價，妳只是得多等一段時間。」

我笑了。「你的意思是，我的缺點是太在意價錢？」

我爸聳聳肩。「好價錢當然很重要，它能在我們犯錯時成為緩衝。但重點是，如果找到好公司，價格就沒那麼重要了。」

「有道理。」我將這一條加入我自己的清單中。「那你還會用什麼方法排除確認偏差？」

「我還會和我信任又尊敬的投資者朋友討論我想買的公司，把我的論點說給他們聽。我們不會說要買或賣公司，只有提出自己的論點，這也包括『翻轉故事』──批評這間公司的論點。」

「我們原本在說故事時，是以買公司為重心，現在要翻轉故事，把重心放在賣公司上頭。妳在提出一個論點的時候，很難客觀地找到這個論點的漏洞，唯一的解法就是把故事翻轉過來，試著證明自己說錯了。舉出三個應該買這間公司的理由，把它們轉變成不該買這間公司的理由。舉例來說，如果我說奇波雷墨西哥燒烤有很好的護城河，翻轉過來的說法就是奇波雷的護城河壞了。」

原來他都是這樣找到漏洞，避免確認偏差的啊。我確認道：「所以我應該交叉詢問自己的論點，證明反方論點才是對的。」

「沒錯。這其實很困難，畢竟妳才剛花好幾天、好幾週，甚至好幾個月對這間公司產生興趣，找到各種喜歡上這間公司的理由，現在突然要挑它的毛病，可能會轉不過來。妳可以先做心理準備，先認同反方論點。這樣告訴自己：『我應該把這家公司賣了。為什麼？』」

「我們可以試試看嗎？」

故事

　　首先，寫下公司的故事。我拿出清單，一一回答上頭的問題，最後為全食超市寫下完整的故事。

1. 投資的四大原則：我們一一檢視四大原則，看看全食超市是否符合標準。

(1) 了解——這是公司的簡介，我會說明這家公司做什麼、怎麼做，還有我是怎麼找到它的（如果我注意到它，是因為投資大師開始買它的股票，那就再好不過了）。如果我沒辦法用一段話簡單介紹這間公司，就是對它不夠了解，也表示它太難了。

　　全食超市：食品雜貨業。全食超市是美國排名第一的有機食品連鎖超市，我當初注意到它，是因為我在這裡買菜。我喜歡在全食超市買菜，它有販售自有品牌的產品，還有大大小小零售商的產品，所有商品的來源、原料與永續性都經過嚴格審查。

(2) 使命——我為什麼喜歡這家公司？公司的使命與經營時表現出的價值觀。

　　全食超市：它的使命是以優異的表現行善，將對地球友善的食品提供給想買這些產品的顧客，甚至領先消費者需求一步，教顧客提高購物標準。舉例來說，全食超市的海鮮永續性評分系統提高了產業標準，顧客

開始要求商家提供海鮮來源與永續性資訊。

(3) 護城河——公司的競爭對手是誰？它有哪些內在特質，使它優於競爭對手？

全食超市：在過去，全食超市的競爭對手是其他有機超市，這是因為一般超市比的不是品質，而是價錢。但全食超市經營得太成功，現在它主要的競爭對手已經是一般超市了。它擁有品牌護城河，直到今天，這仍是最強大的品牌護城河之一，象徵了有道德的食物。如果你想有個美好的買菜體驗，想確保自己買的食物來源都沒有問題，還想買到別地方沒有的產品，就可以去全食超市，即使其他超市開始提供有機食品，你還是會選擇全食超市。

(4) 經營團隊——是誰在經營這間公司？我對他們的道德觀與才能有什麼看法？

全食超市：全食超市的創立者與執行長是約翰·麥基，這個男人過去 40 年走在有機食品革命的先鋒，現在經營公司幾乎不拿薪水。全食超市是他的寶貝孩子。他現在還有個同為執行長的生意夥伴，幫助他增強公司面對一般超市的競爭力。

(5) 合理的價格——它有安全邊際嗎？

十資價格（以業主盈餘為基礎）

全食超市：$29

投資回收期價格（以自由現金流為基礎）

全食超市：$13

安全邊際價格（以盈餘為基礎）

全食超市：$19

2. **三個理由：**舉出三個買下這間公司的好理由，它們必須和護城河、經營團隊或價格有關。

全食超市理由一：我相當信任它的經營團隊。

全食超市理由二：它的品牌護城河會持續加強邊際，因為比起其他食品供應商，消費者還是最喜歡全食超市。

全食超市理由三：食品雜貨業會持續快速成長，全食超市10年後的價值會比現在來得高。

3. **事件：**描述讓這間公司跌到優惠價的事件。公司能在大於1年、小於3年的時限內走出低谷嗎？

全食超市事件：它在產品售價與有競爭性商品上遭傳統超市攻擊，很多投資者都慌了，因此原本偏高的價格跌了下來。全食超市是經營完善的知名公司，價格不太可能跌得更低了，只要重整經營模式、降價，還有最重要的一點──減緩擴張──它就能在3年內走出低谷。它之前把大量資金投入新據點，一旦暫緩這方面的開發，它就有很多可以用來抵禦外敵的現金了。

我爸又解釋道：「妳舉了三個買這間公司的理由，現在我們要想辦法推翻它們。妳說說看，全食超市哪裡不好？妳為什麼不想買它？」

「老實說，這真的很難。」我說。「我已經努力找到公司的優點，把它包裝得漂漂亮亮的，現在突然要找自己的漏洞感覺很不好受。」

「是不容易，但我知道妳足夠冷靜理性。妳和查理・孟格都是律師，當初想到要在買公司之前翻轉故事的人，就是查理。被哈佛商學院請去在 1986 年畢業典禮致詞時，查理・孟格說：『就如雅可比（Jacobi）所說，很多難題的最佳解，往往是反過來從結論往前推，這是自然的本質。』雅可比是非常有名的數學家，在他看來，解決難題的方法往往是『翻轉——絕對要翻轉』。」

我露出笑容。「不愧是大師，連他們用的方法都有這麼悠久的歷史。」

「是啊。」我爸笑著看我。「我們來翻轉全食超市的故事吧。」

爸，你好狠心啊，竟然要殺死我的寶貝公司。我對全食超市的愛，相當於喬治・克隆尼（George Clooney）對龍舌蘭酒的愛——我想從中得到快樂，也希望能賺到一大筆錢。唉，好嘛，翻轉就翻轉。

我對全食超市懷有根深蒂固的成見，形成了我自己一個人的小圈圈。唯一配和全食超市競爭的對手—— Wild Oats 公司——就是誕生在博得市，這間公司後來在 2009 年被全食超市買下來了。在我居住的城市，人們經常討論食物的來源與生產食品的公司，我們關心食品公司的起源與經營者，也喜歡鉅細靡

遺地討論食品成分。我在研究全食超市時，真心喜歡上了它顯而易見、成功且開始散布到其他公司的使命。某方面而言，我也想用我最愛的這間公司，測試查理翻轉公司故事的方法。

翻轉故事

「翻轉故事最好的方法，就是把妳想買這間公司的三大理由顛倒過來。」我爸告訴我。「然後再一一推翻妳翻轉的理由。」

1. **翻轉故事：**把買下這間公司的三個好理由翻轉過來，變成不要買這間公司的三個好理由。
2. **翻轉你的翻轉：**推翻這三個理由。

以下是我們為全食超市寫下的翻轉故事：

(1) **不買全食超市的第一個理由：**麥基年紀大了，從新經營者的表現看來，他們比不上麥基。

反駁：約翰其實比我爸年輕，而我爸太愛他的工作了，不太可能在接下來 10 年內退休打高爾夫球去，麥基也太愛他的工作了，不可能讓自己的寶貝孩子受苦。在全食超市回歸正軌、奪回產業頂尖地位前，他不會離開。

(2) **不買全食超市的第二個理由：**它的品牌護城河不能持久，這是因為好市多已經開始販售有機食品，一旦這

兩家公司開始削價競爭，在全食超市購物的體驗想必會不如從前。

反駁：販售有機食品是一門專業，有機食品不可能變成隨處可見的商品。我相信全食超市能提供別處沒有的品質與選擇，而且其他公司很難複製全食超市的團隊、態度、選擇、供應商、產業影響力與價值觀，並提供吸引消費者的價格，所以它的品牌護城河足夠牢固。

(3)不買全食超市的第三個理由：這個產業會持續快速成長，但全食超市的獲利會縮減到和一般超市差不多，它10年後的價值會比今天低。

反駁：根據預期，全球的有機食品市場會以每年13%的複利成長[4]。全食超市會持續開拓新的365品牌店面，並在特定市場上開拓更多一般形式的大型超市。除此之外，為了觸及更多顧客，它還開始提供送貨服務。即使獲利較少，從它的規模擴增與持續成長的同店銷售額看來，全食超市10年後規模會比今天大很多，價值也會提升。就算用較高的十資價格買下它，一段時間過去後，這筆投資也極有可能賺錢。

「哇，我們真的在反覆找漏洞耶。」

---

4. Duff & Phelps, *Food Retail Industry Insights*—2016, 3。

「沒錯。妳之前擔心自己不夠可靠，沒辦法自己理財，現在我教妳的正是找到信心的方法。這不是魔法，而是不帶感情的反覆訊問。」

「爸，這個方法太棒了。」

他先是露出驚訝的表情，然後粲然一笑。「真的嗎？」

「嗯。我之前一直在想，到底該怎麼防止自己做傻事？這就是最好的方法。我知道自己很會辯論，所以能說服我的論點應該有一定程度的道理，我完全有能力翻轉故事，而且這個方法我喜歡。」

「妳是真心對投資感興趣呢。」我爸說道。「看到妳這麼積極，我好開心。我希望妳對投資產生安全感和熟悉感，如此一來，妳就可以開始回收 15%、20%、26% 的利率了。」

這都是我爸的功勞，當初是他教我怎麼提出論點，現在又是他教我翻轉故事。「更何況，」我半開玩笑地說。「你以前開車載我出門時，那些在車上的碎念，不就是給我最好的訓練嗎？」我這才想到，以前他對我說這麼多，就是在盡己所能幫助我。他一再挑戰我、一再讓我做好接受挑戰的心理準備，就是希望我能從容面對大學與出社會後的種種困難。

「哈！」他詫異地笑了。「寶貝，這我就不曉得了，妳可能被我唸到越來越反感了吧。但是妳現在學得好的很，所以我一定是哪裡做對了。」

「爸，你有很多地方都做對了。」

他清了清喉嚨。「那現在，我幫妳再加上一層防護。」

「來吧。」

「如果妳翻轉了故事，發現自己很難做決定，就把這間公司放進『太難』那一類。直接把它從願望清單移到太難清單，事情就這麼結束了。」

「可是我花了好多時間研究它，那不是很浪費嗎？」

「只要是用來研究投資的時間，就不可能被浪費掉。這句話妳千萬要記住。就算全食超市太難了，妳在研究它的過程中學到的一切還是會留在腦子裡，沒有人能把這些知識偷走。也許 10 年後，妳會用這些知識投資別間食品雜貨公司，也許妳會喜歡上零售業。妳可以毫不留情地用這些知識檢視自己的輸贏，等到幾年後，妳看到全食超市的未來了，就能回頭看看自己是不是漏了什麼資訊，還是當初猜對了。這都不算是浪費時間。」

我會把自己的研究結果存下來，帶著新學到的知識與技能走下去。**永遠別碰太困難的東西。**

「不過，」我爸接著說。「如果妳翻轉故事以後，對這間公司和妳的分析更有信心了——如果翻轉過後的故事沒能說服妳放棄這家公司——那妳的工作就完成了，可以把這間公司放進願望清單。現在只要等到好價錢，妳就能放心買下去。」

「好，我會自己試試看。」

「其實妳不一定要自己翻轉故事。」

「我可以打電話問你？」

我爸笑了。「當然可以，但是網路上還有更多資源呢！

有很多人認為投資者不該買那間公司，他們都會寫下自己的理由。」

「對耶。」我恍然大悟。「分析師都會寫文章分析不同的公司，然後把文章放上網，對不對？」

「沒錯，Seeking Alpha、The Motley Fool 和其他網站與新聞媒體都提供各種翻轉故事，告訴妳這些公司哪裡有問題、為什麼不要投資它們。把這些全部讀過一遍，用別人的研究結果，提出不要買這些公司的理由。」

「我猜分析師在季度電話會談提出的問題，也多少能指出公司故事的漏洞。」

「有時候是這樣沒錯。」我爸沒有非常肯定。「打那些電話的分析師通常都沒什麼攻擊力，很少人認真去質問公司執行長。這其實很可惜，分析師要是肯再咄咄逼人一點，電話會談想必會有趣許多。話雖這麼說，他們有時候還是會問些一針見血的問題，強調公司的翻轉故事。妳要問自己：如果妳認同分析師的觀點，妳會提出哪些論據支持這個人？」

「原來如此，所以我也可能被分析師說服，又開始反對自己之前愛上的公司。」我是不是不慎跳上了來回擺盪的正反方鐘擺？我是不是再也別想對一間公司下最終決定了？

「但是，妳還要注意一個重點：公司和馬有點像，只要看得夠仔細，妳一定能找到它們的缺點。」

我笑了。**那還得了？**

「重點是，這是足以推翻公司故事的缺點嗎？」

喔，我懂了。**我必須兼顧正反方，一面想辦法證明公司有多好，一面想辦法拆穿故事中的漏洞。**

我當初寫下了公司的故事，現在就要寫翻轉故事。我這個人喜歡用文字整理思緒，也最擅長用文字表達自己的想法，不過其他人可能不一樣，有的人可能會覺得對牆壁、鏡子或朋友說這些故事比較合適。我個人想把文字寫在紙上，接下來才能反覆閱讀、提出佐證，然後以作文的形式寫下反對這間公司的理由，再看看是正方還是反方比較有說服力。寫下自己的翻轉故事時，我能強迫自己檢視清單上的每一點，確保自己考慮得夠周全，這樣翻轉故事才能在我腦中活起來。現在的我對全食超市的翻轉故事十分反感，在看見白紙黑字的反方論點之前，我不可能相信和自己意見相反的故事。只有寫下翻轉故事，我才能逼自己認真看待故事的反面。

事後，我坐了下來，在電腦的「投資實踐計畫」資料夾中新增了幾個項目。我這個人最喜歡資料夾了，我的「投資實踐計畫」資料夾裡頭還分了不同公司的資料夾，「全食超市」裡頭有：

「公司官方文件」

「研究資料」

「正方意見」

「反方意見」

翻轉故事的過程比我想像中痛苦許多，這明明是我深愛的公司，我卻必須站在反方吹毛求疵，這感覺就像是在法庭上質問自己的好朋友——從情緒的角度出發，那確實痛苦萬分。但反過來說，我對這個朋友了解得夠深，知道該怎麼找到她的弱點。在克服自己對投資的恐懼時，我和自己最喜歡的幾間公司形成了密切的情緒連結，所以才需要用翻轉故事保護自己，以免自己不理性地妄下定論。公司如果能通過翻轉故事的考驗，就是通過了交叉訊問這一關，我終於能把它放進願望清單。

練習買股票

幾天後，我和努諾講電話時，他若無其事地問我是不是準備買公司了。他提問的時候稍微遲疑了一下，聲音卻多了某種活力，同時也一直維持雲淡風輕的語調，畢竟**是啊，這其實也沒有多重要嘛，妳當然應該做自己想做的事啊，不過換個角度想，妳已經為這件事努力了好幾個月，是不是該認真動手了？**他就是要說得輕描淡寫！

我回答：「對。」

我不想說「對」。

我補充道：「快了。」

我根本沒有在近期買股票的打算，而且我也答應我爸了，這 1 年內我不會花錢買股票。

我其實不確定自己究竟害怕的是什麼。這和之前買當日沖

銷的感覺截然相反，經過投資實踐計畫的洗禮，我總覺得買股票是天大的決策，它能影響我接下來好幾年的人生。我可不能隨便買股票，然後在 1 個鐘頭、1 天或 1 週後隨隨便便賣掉。我現在買的股票會一直留在身邊，要是我以後後悔了怎麼辦？

更何況，我到現在還不曉得要怎麼使用證券交易平台，連該點哪些按鍵、該在什麼時候做什麼動作都不知道。假如它問我問題，我卻答不上來，那怎麼辦？我擔心得要命。要是按錯按鍵，不小心丟了所有的份額，或是不慎買下太多股份，那又該怎麼辦？

而且，一旦買了股票，別人就會問我買哪些公司，他們會知道我支持和代表哪些公司。我怎麼可以隨便亂買？

還是……說不定我可以。

那如果我先試用看看呢？就當作情緒上的測試？

我會選一間我喜歡又想買下來的公司，練習用非常少的一筆錢買一點點股票——少到就算不見了也不可惜的金額。至於價格是不是優惠價、是不是高得過分都不重要，一點也不重要，重點是這次體驗——重點是，這並不是投資。我不會奢望這筆交易賺到任何一分錢，對我而言，它就是我練習買股票的學費，和花錢學網球的概念差不多。體驗結束時，我會：一、擁有一間我愛的公司，這當然很棒；二、可能永遠失去了那筆錢；三、得到了買股票的經驗，而且這次我關注的不是數字，而是自己的情緒。我可以把股份留下來，也可以在隔天把它賣掉，這都不重要，反正是練習用的。

又過了一小段時間，我回到博得市後，和我爸打了通視訊通話。我們現在都定期用視訊聯絡，能看見彼此感覺好很多，相比小時候和我爸尷尬的電話對談，還是這樣溝通自在許多。

我爸應該會覺得我的情緒體驗很有趣。他教了我這麼多，應該對我的學習模式瞭若指掌，知道這麼一來我才能得到些許自信。

沒想到他聽到我的想法，卻像是被我狠揍了一拳，臉往後一仰。「妳根本沒把我教妳的東西聽進去。這不叫投資。」

我眨眨眼睛。我都不知道他會這麼不高興。「對啊，這不是投資，是練習。我要花錢買經驗。」

「買經驗？這是什麼意思？」

「我想練習買賣股票的感覺，這樣到時候用真錢交易才沒那麼可怕，因為我已經試過了。我想先看看自己買股票的時候會產生什麼情緒，以後真的花很多錢投資，我才能控制情緒。」

「那妳打算花多少錢？」

「這筆錢不能太多，這樣我才不會因為花錢買下重要的經驗而感到可惜，但也不能太少，不然我會完全忽略這筆數目，沒辦法對它產生情緒。如果只是 20 元的話，我不會太在乎，但幾百塊對我來說就很多了。在花幾百塊錢之前，我通常會多想一下，思考這筆錢是不是真的用在了重要的地方。我覺得可以花 250 到 300 元，體驗一下交易的感受。」

我爸嗤之以鼻，他根本就不懂。

「好喔，那妳打算『假裝買』哪間公司、把錢浪費在哪家

定價過高的公司？」

「全食超市。」

他的態度稍微軟了一些。「好吧，至少這間公司值得妳下注。」

「這不是賭——你沒聽到重點！」我語無倫次地說。那之後我就沒再提起這件事，反正我怎麼解釋他也不會明白，我就是要花錢練習買股票。

這時我突然想到，他對我的想法這麼無感，可能是因為他從未體驗過買賣公司的緊張感。我提起這個問題時，他露出詭異的表情，彷彿我問他會不會因為刷牙而感到緊張。「我從沒因為買公司而感到緊張。」話說完，他就懂了，我看到他腦袋裡的燈泡亮起來。「是啊，我沒有因為股票感到緊張的經驗，但妳是不是很緊張？」

「對，這真的很可怕，所以我才想先練習。」

「好吧，那妳的感受真的和我差很多。那就體驗看看吧，只要妳明白這不是投資、和我的職業沒有任何關係，就去做吧。」

我笑了起來。「別擔心，我明白的。這就是重點啊。我不是在投資，這是練習。」

「這是練習，練習買股票。」他比較喜歡這種說法。雖然他還是無法體會我的緊張，至少他不再反對我的想法了。

「我練習完再把結果告訴你。」

我已經太久沒碰證券戶了，結果不得不改密碼。我輸入全

食超市的股票代號：「WFM」。旁邊有個大大的「購買」按鍵，還有紅色的「售出」按鍵，我小心避開這兩個選項。在網站上買股票令人興奮不已，但我想把每一個動作做到最好，要是不小心花 5,000 元買下我不要的股票，那就麻煩了。我非常緩慢、非常小心地挪動游標，輸入 10 股。

緊張歸緊張，我還是覺得這是十分新奇好玩的體驗。幾個月前的我完全無法想像自己做這件事，而今天我卻來到了這裡，像是準備高空彈跳似地興奮不已。

網頁彈出小視窗，問我想用哪一種方式下單。**糟糕**。我沒想到會發生這種事。我哪知道要用哪種方式下單？網站的預設模式是「限價單」（limit order），於是我上網查詢「限價單」，在 Investopedia 投資網站上查到相關資料。限價單的意思是，賣家會以我看到的價格或更低價把股票賣給我。我輸入稍微高過目前訂價的金額，確保交易能成功。現在是紐約時間的早上 9 點 7 分，我知道紐約證券交易所是早上 9 點鐘開門，所以我可以交易了。我按下「購買」鍵。

天啊。我都做對了嗎？

我一再提醒自己，這只不過是昂貴的體驗而已，不是投資。我不是在投資，而是在買經歷，在嘗試買股票。深呼吸。

新的頁面出現了，標題是「訂單狀態」，下方寫著「未定」。好喔，感覺沒問題。我需要重新整理頁面嗎？會不會是股價突然飆升，所以我的限價低於售價了？通常在買機票時，你在完成交易前不會重新整理頁面，現在我也有類似的感覺

——我可不想一不小心按錯按鍵，買到更多股份。我深呼吸幾口，開始感謝自己。幸好我只是在練習，還沒有花大錢認真投資，練習用的股份當然也很重要，但至少金額不高。

我還等在「訂單狀態」頁面，從剛才到現在已經過了整整 1 分鐘，都還沒有動靜。**市場步調不是該快一些嗎？這是怎麼回事？**我的交易怎麼還沒完成？會不會是我做錯事了？證券交易所不是 9 點整開門嗎？我搜尋「紐約證券交易所交易時段」，發現交易所其實是 9 點 30 分開門。各位觀眾請注意，證券交易所的工作時間是上午 9 點 30 分到下午 4 點。

此時是紐約的上午 9 點 10 分，難怪我的交易到現在都沒有動靜。**好，沒關係，深呼吸，妳還得等 20 分鐘。**

我開始重新檢視剛才輸入的數字。**我是不是該改變下單的價格？對，我就是該改變價格，也許能降到比之前低 2 分、5 分，甚至是 10 分的價格！那要不要直接取消訂單，重新開始？**

我在腦中聽到我爸的聲音：**只要是妳想買下來的公司，價格發生什麼小變動都不重要。知道自己設定的價格有安全邊際，而且又想花錢買這間公司，那就夠了。只要妳買的是優惠價，短時間內的價格變動都不重要。**

好嘛。我心想。老師在說我都有在聽，我就繼續順這條路走下去吧。更何況，我相信自己下了限價訂單，就表示股價低於我的限價，最後交易的價格還會是較低的數字。這也是我今天可以測試的假說！我決定把我的限價單放著不管。

還有 11 分鐘。坐在這裡乾等也沒有用，我還是去摺衣服

好了。

我成功在 4 分鐘內摺完衣服，接下來 6 分鐘一直在我、卡瑪拉和其他幾個朋友的聊天群組內傳一堆焦躁的表情貼圖。你看，我的時間分配得很平均吧。

時間是上午 9 點 29 分。

上午 9 點 30 分。

上午 9 點 31 分。我的訂單狀態頁面沒有變化，不過證券戶裡的金額少了大約 300 元。**有人拿了我的錢。對方有沒有把全食超市的一部分給我？如果沒有，我是不是該告他們違反契約？**

最後，在網頁上焦急地尋找一陣後，終於在頁面底部找到小小的「重新整理」按鍵。真是的，這個按鍵看起來像是被遺忘了，默默躺在小角落裡。我按下按鍵，結果呢——我的訂單狀態變成「已完成」了。

沒有人敲鑼打鼓，證券公司的網站沒有跳出訊息恭喜我，全食超市也沒有寄信來感謝我成為股東。沒有人來敲門送香檳。但是，現在我是全食超市的老闆了！我是業主，我和其他價值投資者一樣，變成一間公司正式的業主了。我開心得扭來扭去。在有自覺的資本主義者當中，我可是世界無敵呢！**來吧，放馬來吧！那接下來要做什麼？**

我的第一個動作是用 iPhone 開啟股票應用程式，把「WFM」加入關注清單，查看股價。我在報價頁面輸入「WFM」，發現股價比我的買價高了 11 分錢！我大腦中掌控

本能的那一塊簡直樂不可支。**菲爾·湯恩，不好意思啦**。我持有的股票漲了，直直漲上去了，我能不開心嗎！

我稍微移開視線，再回來看——在關閉證券戶網頁的短短幾分鐘內，全食超市的股價竟然跌到比我的買價還低。搞什麼啊！我無法接受。這時股價又立刻漲了回去，我馬上感到後悔，早知道就把限價設定得低一點，就能在股價的低谷完成交易了。我怎麼沒等股市開盤一小段時間後再下手？我又下載兩款追蹤股票的應用程式，以便掌握最完整的資訊，然後把最後一個應用程式留在手機螢幕上，目不轉睛地看著價格即時變動。**糟糕，我快上癮了。我也快瘋了**。

這不是投資。我在腦中一再重複這句話：**這不是投資，這不是投資，這不是投資**。

我真的要被搞瘋了。價格跌到低於買價時，我緊張得要死；價格上漲整整 1 分錢時，我又樂得像要升天了。只是幾分錢而已，我以前甚至懶得把零錢拿去換鈔票，直接把零錢丟進垃圾桶呢。那我現在又怎麼了？我在股票應用程式上刪除「WFM」，將三款股價追蹤程式挪到手機螢幕上很少有機會看到的角落。我沒把應用程式刪掉，免得以後需要它們，但我也不想依賴它們。我把三款應用程式放進標題為「刀山油鍋」的群組，沒有人想點進去看「刀山油鍋」吧？

那天以後，我就再也沒點進去看了。

我漸漸發現，也漸漸接受一件事：我不可能剛好在股價跌到最低點時買入，也不可能在股價漲到最高點時賣出。我決

定在往後將時機問題納入考慮，在盤上留一些假想的錢。我不夠聰明，沒辦法抓到最完美的買賣時機，也沒幸運到能碰巧在最佳時機買賣股票，畢竟我連去買東西也沒辦法挑到結帳速度最快的隊伍排隊。這都沒關係。我有一些開新創公司的客戶會焦慮地打電話告訴我，他們費盡心血，用血、淚與汗水成立公司，不想讓投資者奪走他們對公司的所有權。這時候我會告訴他們：一間公司價值 0 元，你手握 100% 的所有權，最後還是只有 0 元。但如果公司價值 5,000 萬元，你持有 50% 的股份，不就能得到 2,500 萬元嗎？你選哪一個？

這時候，價值投資者會怎麼做呢？他們絕對不會打開「刀山油鍋」群組。莫赫尼什·帕布萊甚至說過，他從不在交易時段買賣股票，這樣才不會受當日的價格變動影響。我現在有了練習買股票的經驗，終於明白他這麼做的用意了。他真是天才。

話雖這麼說，價值投資者還是會多少會追蹤公司的狀況吧？我們總不能對自己買的股票置之不理。

等一下，我突然想到一件事。我是不是不小心跳進大坑了？我這個人不喜歡定期查看股價變動，要我每天上網就像要我的命。假如我想拋開手機電腦，去度假一週，那是不是還得天天為市場變化煩惱？

我打電話給我爸，讓他知道我已經扣下扳機了，練習用的股份已經買下去了。這下，我就真的在練習擁有一間公司，體驗相應的種種擔憂了。我是不是一腳踏進了戰戰兢兢、如履薄

冰的人生？

　　「不是不是不是，」我爸說。「不是那樣的。我不希望妳每天查看股價，這樣妳只會給自己壓力，情緒被價格的漲跌左右。妳必須看這些公司的長期走向，每天關注股價對妳沒有幫助。」

　　「要是股市崩盤了，我不是該關心相關消息嗎？」

　　「這個嗎，如果股市大跌，妳可以多買一些好公司的股份，畢竟那些是妳一直等著價格下跌的公司。不過一旦買下一間公司，妳就不要隨便把股份賣掉，除非那間公司的**價值**下跌。在股市崩盤的時候，妳反而可以多買一些股份，因為妳知道好公司的價值沒有問題，現在又剛好是優惠價。」

　　喔，原來如此，這我可以。

　　「說來奇怪，我買下股票以後，才第一次想到這些問題。」我沉思著說。「我之前是有想過沒錯，但是一買到練習用的股票，我才突然發現自己該研究的東西還很多。」

　　我爸笑了。「是有點奇怪沒錯，不過我自己也有這種感覺！我對一家公司感興趣的時候，常常會先買下它的一小部分，因為擁有公司的一部分之後，我對公司的理解就會從理論層面轉換到實際層面。這時，我才會確切意識到公司可能對我的名聲產生影響。買下少少的股份後，我可以觀察自己的反應，判斷自己該不該多買一些股份，還是先停下來等一等。除了我之外，還有其他價值投資者會用這種方式買股票。」

　　等等，他這不就是先買少量股份，觀察自己的情緒反應

嗎？「喔喔喔。」我逗他說。「你這樣說，我可能會誤以為你喜歡買練習用的股票，觀察自己的反應呢。」

我讓他消化這句話，又接著說：「等一下，那沒道理啊，你不是覺得練習買股票很傻嗎？」

「呃，不對，我的意思是……」他結結巴巴地說。「我買的股票也不完全算是練習用的……」

「是啊，你只是買股票來測試自己的知識和情緒而已，就和我一樣。」

他知道自己說不過我，自嘲地笑了起來。「好吧，」他承認。「這就和練習買股票差不多。妳的主意很棒。」

看到我爸承認我說得對、他說錯了，我幾乎樂不可支。想當年，8 歲的我困在車上被蘇格拉底連連逼問，現在我終於想到最好的反駁，能一雪前恥了。

我爸開始把我的想法納為己用。「練習買股票，這個想法我喜歡。」他興奮地說。「酷喔。」

我見好就收，掛了電話。

我越來越等不及真的花錢買股票了。我想找到一間令我信心十足的公司，然後照我爸的說法「開始上貨」，但我還是不知道「上貨」轉換成數字會長什麼樣子。

9 月的練習

　　從你之前研究的三間公司中挑選最喜歡的一間，為它寫下完整的故事與翻轉故事，記得在翻轉故事中大力撻伐它。試著想一想，你為什麼不該買這間公司？如果買了，你有可能遇到哪些問題？

編組抗跌投資組合

本月待辦

○ 打造抗跌投資組合

○ 寫下願望清單買入計畫

○ 份額

○ 準備在事件發生時管理情緒

  ● 投資情緒定律：你一買股票，價格就會下跌

OCTOBER

「爸，我不想再玩夢幻投資，也不想再練習買股票了，我想當真正的投資者。我已經做好準備，可以認真拿錢投資了，我也想成為公司永遠的老闆。我現在可以買什麼？」

我們在進行投資視訊，我在博得市，我爸在亞特蘭大。我這個月有新任務。投資辦公室已經在桌上擺設完畢，我充滿投資的幹勁，恨不得馬上得到何時買股票、買多少股票的資訊，準備動手實踐我的投資計畫。

我爸一個堅定的眼神朝我射來，即使隔著電腦螢幕我也能感受到他的心情。「糟糕，1 年期限快要結束，妳開始感覺到把理論付諸行動的壓力了。歡迎光臨基金經理人的世界——他們動不動就被買股票的壓力壓得喘不過氣，所以才沒辦法超越市場。妳覺得成功的投資者該有什麼特質？因為『必須』買而買股票嗎？還是要像獵人一樣耐心等待，等公司價格降到剛剛好再出手？」

我愣愣盯著他。「你要我追蹤獵物？」

「完全正確。因為非買不可而買股票時，妳用優惠價買到好公司的機率有多高？」

「呃，很低。」

「沒錯。」他隔著螢幕瞪我。

「這我也知道，可是別人知道我在執行投資實踐計畫，都一直問我買了哪些股票。」我說。「如果只有我自己一個人，那我應該不會太在意，可是每次別人問起這件事，就像在提醒我，我還沒有買下任何公司，我還不是真正的投資者。」

「妳不是買了全食超市嗎？」

「不對，你忘了嗎？練習買股票的股份都不算。我買的不是股份，是經驗。」

「那妳是擔心自己錯過好時機嗎？」

「嗯，我也有這種感覺。」

「老實說，被別人拋在後頭的感覺對第一定律投資者而言，是非常嚴重的問題。我們腦中都會出現一個小聲音，擔心錯過了好機會。這是群眾心理的效應，這種心態會驅使我們去看人滿為患的演唱會或美式足球賽，是群眾把我們拉進去的。我們只要看清群眾心理的影響，學會無視它就好。」

他說得當然正確。

「在壓力的作用下買股票不是投資，那些典型的共同基金經理天天在市場上做的就是這件事，他們在猜測群眾對某個產業或某支股票會有什麼動作，然後進行投機買賣。他們才不是投資者。」

「所以說，投資者會在一旁等待？」

「投資者和投機者的差別是，我們有耐心，而且我們知道自己買的是什麼東西。想在投資這一行成功，祕訣就是『等待』。別忘了，妳的投資是一輩子的事，妳犧牲了時間和心血學投資，就是為了成為投資達人，得到一輩子都不會離妳而去的技能。寶貝，妳真的犧牲了很多，今年妳花了很多時間、精神和腦力學投資，而不是把時間拿去做比較好玩的事情。這真的很了不起。」

我聳聳肩。「我感覺自己沒得選，再不想辦法朝財務自由前進，我就要被自己的人生溺死了。」

「妳做得很好。我說了這麼多，其實妳花心思注意自己感受到的壓力也好，就算是大投資者也會有壓力。像是基金經理朱利安·羅伯遜（Julian Robertson），他幫投資者賺到 32% 的複利，而且維持了 20 年左右[1]，可是後來市場不停漲上去，他的投資者不停對他施壓，要他多投資，結果他在 1999 年終於受不了了，不再經營基金。華倫·巴菲特在 1969 年好像也做過相同的事。巴菲特雖然沒用這種方式描述他的決定，但我覺得應該是巴菲特合夥公司的投資者對他施壓，他卻想等待，所以他才會教投資者買波克夏的股份、投資比爾·魯恩（Bill Ruane）新成立的紅杉基金（Sequoia Fund），或是直接把錢拿回家。這些大投資家都會受壓力影響，而妳也會感受到相同的壓力，但妳不能屈服——市場走向總有一天會對你有利的。」

好嘛，蘇格拉底，我聽懂了。我等就是了。「反正你要我放慢腳步就對了？」我開玩笑說。

他輕笑幾聲。「只要沒找到符合第一定律標準的公司，那就不、要、買。」他又恢復一本正經的神情。「這樣妳才能防止自己基於恐懼或貪欲，做出錯誤的選擇。」

「我懂了，你不希望我馬上開始買股票，但我想知道該怎

1. Nathan Reiff, "The Great Investors: Julian Robertson," Investopedia, October 27, 2017, http://www.investopedia.com/university/greatest/julianroberson.asp。

麼準備才好。等願望清單上的公司降到我可以接受的買價，我該買多少股份？下單有什麼先後順序嗎？」

我爸對我投以讚許的眼神。「丹妮爾，這就是投資的實際面向了。第一定律投資法的重點，就是打造抗跌投資組合。」

抗跌投資組合

納西姆・尼可拉斯・塔雷伯在《反脆弱：脆弱的反義詞不是堅強，是反脆弱》（*Antifragile: Things That Gain from Disorder*）一書中告訴我們，從混亂情勢獲利的策略往往能得到好結果，因為它們「反脆弱」（antifragile）。這是塔雷伯自創的新詞，形容因負面事件獲利且變得更強的事物。基金經理與指數型基金投資者的投資組合都很脆弱，容易在「黑天鵝事件」——造成混亂與震驚、讓市場進入恐懼狀態的無預警事件——發生時大受打擊。黑天鵝事件能使所有股價大跌，一般的多元投資組合可能得等 10、20 年才能復元，1929 年、1941 年、1973 年、2000 年和 2008 年的股災都算是這類事件。

話雖如此，我還是常聽人建議要分散風險，買不同公司、不同產業，甚至投資不同的股市。分散風險、分散風險、分散風險。用你的錢投資各種不同的東西。投資顧問如果以效率市場假說為基礎，就是相信你不可能超越市場，所以他們會針對資本的分配長篇大論。既然效率市場假說派認為我們只有冒大險和運氣很好才有可能得到高報酬，他們除了教你怎麼分配資

本之外也不能做什麼。我對財務顧問朋友說，我應該一次只會持有十到十五間公司的股份，她聽了用看笨蛋的眼神看我，對我說：「唉，親愛的。」但她有所不知，在公司降到優惠價時買入有好使命和護城河的公司，就能在兩個出人意料的方面建立抗跌的第一定律投資組合。

　　首先，我爸說，一間公司如果有堅固的護城河，那遭遇市場混亂時它不僅能存活下來，甚至會從中得利。在通貨膨脹時，公司護城河能保護它不受競爭對手傷害，它還能隨勞力與物料價格上漲而調漲商品價格。在通貨緊縮時，護城河能確保顧客持續消費，它就不必降價。更棒的是，護城河較大的公司淨利率（profit margin）也較高，在經濟大衰退時期它們能透過合併、收購、削價競爭和其他強硬的手段，趁機消滅較弱的競爭對手。經濟衰退與市場混亂結束後，好公司不僅能全身而退，還能變得更強，更完全掌控它們在市場上的地位。身為業主，我們能因此獲利，因為公司股價最終還是會隨市場占有率與現金流上漲。

　　「所以，你想告訴我的是，」我說。「公司本身就能抗跌了，它們的股價雖然可能隨經濟衰退或產業混亂而下跌，在混亂結束後，護城河終究會讓公司的價值提升。」

　　「正是。因此，我們的第一定律投資組合在定義上就是抗跌投資組合。」

　　「那如果我的投資組合有很多不同的共同基金和交易所交易基金，那意思不是也一樣嗎？」我看不出兩者之間的差別

——如果沒有差別，那我何必這麼努力學投資？只要買指數型基金就能達到抗跌的效果了啊。

「說得好，這就和我要說的第二個理由有關了。我們的投資組合為什麼抗跌？指數型投資組合為什麼脆弱？答案是，我們會握著現金，等價格隨事件下跌，別人不會。」

我隨時都可以把好公司買下來，但要是支付過高的代價，那照查理的說法，人生的無常與事件會大幅削減我最終的收益。我們在 2 月提過用指數型基金得到 7% 的年利率，假如我有 20 年時間，可以慢慢在經濟大衰退之後復元，那分散的指數型投資組合也不差。問題是，如果我的目標是得到財務自由，我就必須壓低買價，手上留一筆現金，隨時準備在混亂來臨時出手。巴菲特的說法是，我們必須把洗衣盆準備好，外面下黃金雨的時候立刻抱著盆子衝出去。

「把洗衣盆準備好，」我爸接著說。「意思是確保在經濟衰退時，妳手上有足夠的錢可以用來投資。做到這些，妳就能打造由好幾間好公司組成的投資組合，在危急時刻花小錢買下這些公司，等一切恢復正常後，再把股票賣掉賺大錢。」這，就是抗跌投資組合的關鍵。

被動攻擊策略

我爸又說：「現實世界是這樣運作的：市場會規律地漲跌，妳會看著願望清單上的公司價格漸漸下跌，有一天，公司股價

會跌到妳預設的買價以下，妳會想把它買下來。這時候神奇的事情就發生了，妳想買它，但妳也**不會**想買它。」

「什麼意思？」我不可思議地問。

「妳畢竟是人，所以妳的決定會受情緒影響，而最強的情緒就是恐懼。我們花了很多時間討論恐懼，這就是會叫妳『不要買股票』的情緒。但是妳漸漸了解策略以後，另一種情緒也會開始影響妳——我說的是貪婪。妳現在看著股價下跌，就會想說可以繼續等，等價格跌得更低，到時候價格回升妳就能賺到更多錢。一旦受貪欲影響，妳就**不會**想買股票了，而是想再等一下，等價格跌得更低。妳想買，同時也想等待，就好像兩邊肩膀都有小惡魔，可是兩隻小惡魔在唆使妳做截然相反的動作。」

嘖，不用他多說，我就知道他說得對。我絕對會被貪念控制，想要抓到最完美的時機，同時也擔心自己最初的分析有誤，擔心這間公司沒有我想像中好。之前練習買股票時，看到股價降到比買價低 1 分錢，我就對自己發火——這還只是練習呢！換成真的花大錢買股票，我的煩惱只可能增長。投資情緒定律告訴我們，一旦我買下一間公司，它的價格就會下跌——這完全是因為我買了這支股票，沒別的理由。我買下練習用的股份過後沒幾分鐘，價格就下跌了，表示情緒定律是真的，這也表示我永遠不可能抓到完美的時機。

我爸告訴我：「相信自己的研究。妳之前做這麼多研究，就是為了避免決策受情緒左右。當妳把好公司列在願望清單

上，價格又低於妳的預設買價時，唯一能犯的錯就是無作為。妳一定要明白這點。我們現在一直等待、等待、等待，還有努力做功課、努力研究，但是到了該買的時機，我們就該強硬地出手。」

我笑了起來，世界越快，心則慢。「所以這就是投資的被動攻擊策略？」我問道。

我爸露出笑容。「沒錯。我們一開始被動，然後突然主動出擊。在按下『購買』鍵之前我們要懶惰，甚至是懶散，然後突然變成全世界最主動、最強硬的投資者。相信我，只買下公司的一小部分，幾乎比完全不買還要糟糕。等這家公司給妳 1,000% 的回報，妳會因為自己當初沒多買一些股份而後悔莫及。我們人類有時會對一件事充滿信心，卻又不照自己的信念行動。妳之後應該還是會經歷這種懊悔，我先把警告說在前頭。」

我這才明白一個重點。「我知道你為什麼不會為市場變動大驚小怪了。如果價格下跌，你就知道自己身為買家可以獲利，如果價格上漲，你現有的投資組合也會跟著漲上去，你還是會獲利。」

「完全正確。」他愉快地說。「2009 年 3 月，我對 CNBC 的瑪麗亞‧巴蒂羅姆（Maria Bartiromo）說我要重回市場時，不是因為我預測了股價即將跌到谷底，畢竟當時我以為價格會繼續下跌。我開始買入，是因為願望清單上兩間最好的公司當時價格極低，那根本不像公眾公司的價格，反而像便宜的私人公

司。那兩間公司的股價低得不可思議，但已經開始上漲了，在這種情勢下，我當然要買。假如那兩支股票的價格持續下跌，我當然樂意繼續等；假如我買了股票之後價格不再上漲，反而跌得更低，那我也很高興，因為這樣就能買到更多更便宜的股份了。那時候我對她說，我不知道市場會不會跌到道瓊指數2,500，不過這對我來說不重要，我打算現在開始上貨。」

我在學習為公司估算定價時，就是從不同的角度體驗同一件事。當時我感覺自己是市場的旁觀者，自己和人們的情緒起伏完全無關，我能看見其他人感受到且影響了他們的恐懼與喜悅，自己卻能和它們保持一段距離、保持冷靜。這是因為我能客觀觀察市場，策劃從中得利的方法──這就是反脆弱的力量。

我想和巴菲特一樣備好洗衣盆，隨時準備衝出去接黃金雨。如果能預先制定明確的計畫，那事情會簡單許多，到時候就算我因股災而暈頭轉向，就算 CNBC 上的財經專家喊得比平常還大聲，我也能打開願望清單購買計畫，一步一腳印地執行。這會是我的「緊急時刻」計畫，現在我開始等待──也有點期待──緊急時刻了。

「緊急時刻」購買計畫

我爸總是把「上貨」掛在嘴邊，但這究竟是什麼意思？我該把清單上所有的東西買下來嗎？還是買特定幾間公司就好？

「我的規則是，」他說道。「每間公司占投資組合的 10%。」話才剛說完，他就反悔了。「但這是很粗略的規則，妳參考參考就好。」

「但這條規則到底是什麼意思？我無論如何都不該在一間公司投入超過 10% 的資金嗎？如果我想買的公司少於十家或超過十家，我該怎麼選？」

我爸嘆了口氣。

「我先回答妳的問題，然後再解釋，因為妳應該不會對答案非常滿意。妳應該買自己最喜歡的公司，照巴菲特的說法應該是『買妳最喜歡的』，他會建議妳盡量買自己有多方考慮過的公司。」

我哈哈大笑。竟然是這種答案，又是和偏差成長率、偏差本益比一樣，要我自己做決定的玩意兒。話雖這麼說，我還是明白我爸和巴菲特的意思：我花了很多時間查資料、挑選公司，慢慢愛上了願望清單中的每一間公司，但這些公司之中我還是會比較喜歡某幾家，這很正常。巴菲特想告訴我們，如果清單上每一家公司都低於我的預設買價，那我就可以把最喜歡的公司買下來了。我本以為他們要求我再次自己做決定，我會感到心煩氣躁，但老實說我挺喜歡這種作法。將最喜歡的公司買下來，這非常簡單，我絕對做得到。

「所有公司同時降到優惠價，那是我們求之不得的好機會！記得為自己的小煩惱感到感激，發自內心大大的感激。這可是幸福的煩惱。」

「是啊，是啊。」我微微一笑。「有你在身邊，就有人提醒我在好事發生時感恩了！到時候真的遇到那種情況，我應該會嚇得驚慌失措吧。」

「不會，妳不會驚慌失措，而是會清楚知道自己該採取什麼行動。我都會這麼問自己：如果只能買一家公司，我會選哪一家？」

「我一定要做這樣的決定嗎？」

「好的公司並非全都長得一樣，它們仍有環肥燕瘦，而妳能意識到這件事的話，對妳有益而無害。也許有一間公司的價格遠低於預設買價，其他幾間只是稍微低一些而已；也許妳特別想支持某家公司的使命；也許妳對某家公司迅速成長或在事件過後復元的能力特別有信心；也許某家公司的經營團隊比較可靠。妳要問自己：『如果我只能擁有其中一間公司，我會選哪一間？』然後再問一次、再一次、再一次，直到妳知道所有公司大降價時，妳會按什麼順序把它們買下來。」

我想到願望清單上的全食超市和好市多。「我選全食超市。」

「為什麼？」

「在我看來，全食超市的價格特別優惠，它的業主盈餘比好市多高，所以十資定價也比較漂亮，而且我比較喜歡它的價值觀和執行長。假如清單上的公司全是私人公司，我要一次買下一整間企業，那我絕對會選全食超市。」

「非常好，那妳記住這一點：妳馬上就知道自己最喜歡的

是全食超市，所以它是妳心目中的第一名。」

我爸解釋道，我的願望清單應該記下兩種資訊：公司名稱和我能接受的買價。在判斷何時買入時，我要看的不是市場整體狀況，而是自己的願望清單。

我漸漸明白了。「願望清單讓我知道要買什麼，買價則是幫我挑選時機，對不對？」

「沒錯。」

「我只要把清單上第一個降到優惠價的公司買下來就對了？」

「基本上就是這樣。這也是為什麼我們和其他人不同，不會把它稱為『觀察清單』。只有我們真正想擁有的公司，才有資格放上願望清單，然後等價格降下來就扣下扳機，直接買下去。」

倘若清單上所有公司同時降價（例如在股災期間），我應該先買自己最愛的公司，然後再按喜好一一購入清單上的公司。假如這些公司沒有同時降價（只有某一間公司遭遇事件），那就先買最先降到預設買價以下的公司。是啊，誰知道其他公司的價格會如何浮動？還是趁太陽出來的時候趕快晒衣服比較實在。

我擬了份願望清單買入計畫草稿。

願望清單買入計畫

優先序	公司	價格區間	我的預設買價	有沒有設定價格變化的線上提醒？
1	檸檬汁小攤	十資定價：$200 8年投資回報價:$247 標價：$480 安全邊際價格:$240	價格降到每股$250 以下，我就會認真考慮	沒有——我沒辦法在網路上買檸檬汁小攤的股票
2	全食超市	十資定價：$29 8年投資回報價:$13 標價：$39 安全邊際價格：$19	我買了練習用的股份，現在還想繼續買	有

　　嗯……全食超市。我將草稿分享給我爸，讓他檢查時，他也注意到了。

　　「妳以前不敢買股票，現在卻等不及開始買了。這兩種情緒很危險，妳必須在自己感受到不理性的恐懼或不理性的興奮時，保持鎮定。」

　　「有時候，我不太能分辨怎樣算良性恐懼——能保護我的恐懼——怎樣又算不理性的恐懼。」

　　「這是我們每個人都必須面對的課題。投資成功的大祕訣，其實是我 8 歲時看電視從大衛・克拉克（Davy Crockett）那裡學來的道理：『先確認自己對了，然後再行動。』我以前把大衛和他的浣熊皮帽當神看待，每次都坐在十九吋黑白電視機前的地上，心想：這才是真男人的表現，我要先確認自己對了，

然後直接展開行動。華倫‧巴菲特像是被大衛‧克拉克上身了，用相反的方式說出同樣的道理：『如果你對接下來的行動有任何疑慮，那就**稍等**，先不要行動。』所以我想給妳這個投資新手一點不同的建議：不要一口氣買一堆股票。這樣妳才能保護自己的情緒。我要妳把分配給每一間公司的錢再切成四塊，四個『份額』。」

「好喔。」我緩緩地說。**份額是什麼東西？**

份額買入

在金融工業複合體之中，「份額」的意思類似「部分」，只是稍微再複雜一些。

「妳是在事件當中買公司，對不對？我們不是天才，所以不可能抓到完美的交易時機，只能預期公司股價會一直下跌。如果分不同的份額買入，妳就能把握機會用便宜和更便宜的價錢買到好公司的股票。」

「所以份額背後的概念是，我們預期股價會一直跌，我分次買入就是在充分從股價下跌的情勢中獲利。」

「沒錯。價格下跌的時候，」我爸告訴我。「妳就有機會以更好的價格買到好公司。這樣想吧：如果我跟妳收 50 元，把一張百元鈔賣給妳，可是過一段時間妳發現自己可以用 25 元再跟我買一張百元鈔，妳會不會不高興？如果再過一段時間，我說要再賣一張百元鈔給妳，這次只賣 10 元，妳會對自

己生氣嗎？」

「不會，我買第一張的時候會很開心，買第二張就更開心，買到第三張的時候就要樂昏了。」

「對，就是這樣！第三張的價格低到了極點，但這不表示第一張的價格就不是優惠價，妳要學會用這種方式看待所有的投資。如果妳想到自己買了股票之後，股價可能會下跌，因此感到緊張，那可能是直覺在告訴妳，妳對這家公司還不夠了解，現在還不該把它買下來。專心聆聽自己的內心，一再回顧妳為公司寫的故事和翻轉故事，直到確信自己充分了解這間公司為止。不過，假如妳知道價格下跌的原因，對自己的預設買價有信心，卻還是會緊張，那可能是因為妳在某種層面上還是認為價格和公司價值有關。記住，這兩件事情沒有關係。價格就只是妳付的錢而已，它和價值沒有任何關係。」

為股價下跌的時刻制定計畫後，我的緊張感漸漸消退，現在想到要買股票，我反而興奮了起來。

我想像一個四層蛋糕，蛋糕是我給某間公司的所有資金，而每一層都是一個份額——也就是我想花在這間公司的 25% 資金。我用第一份額—— 25% ——買一些股票，等價格再降 10% 左右，再用第二份額買入，價格繼續跌 10%，我再出動第三份額。這時候，我要把最後的份額留在手上。

「讓股價一路跌下去，再跌 30% 也無所謂，反正妳要繼續等待。等妳確定它不會再跌，價格也開始回升時，用第四份額買下去。」

「這也太麻煩了吧。」我抱怨道。說好的「買自己最喜歡的公司」呢？說好的簡單計畫呢？「如果我想花 1 萬元買那間公司，為什麼不能直接把 1 萬元投下去，簡單了事？」

「那也可以，」我爸說。「但妳會錯過越降越低的好價格。用我說的策略，妳可以控制自己的情緒，但是不喜歡也沒關係，妳不一定要在最低點的時候買進。」

我下定決心，我會等股價跌到谷底、開始回升，直接把分配給這家公司的錢全部投下去，就這樣。我不想太仔細追蹤股價，也不想打開手機上的「刀山油鍋」應用程式。如果股價漲到太高，超過我的預設買價，那我就不去追蹤價格。價格可能會降回我能接受的買價，也可能不會，反正我在這裡瞎操心也沒有幫助。

「妳不必把份額分配得很完美，」我爸重複了之前的重點。「只要趁價格在妳能接受的買價附近時，把四個份額都買下去就對了。」

「我看得出份額交易在心理層面的功用。我當然知道自己買股票之後價格會下跌，可是從之前練習買股票的經驗看來，我看到股價跌了還是會難過。」

「假如願望清單上一間公司跌到優惠價，妳卻沒錢投資，那就真的很痛苦了！某方面而言，這是非常糟糕的情況。不過理性而言，價格下跌，我們又有多餘的資金能投資的話，那對我們來說就是好事，這樣就能用更便宜的價格買到更多股份了。所以說，份額策略是幫助我們在投資時管理情緒用的，我

們也能以這種方法來善用不完美的時機。」

「那還有其他的好方法嗎？」我問他。

「市場動盪不安、我感覺自己被拋下時，我還會用另一種方式管控情緒，那就是注意兩條重要資訊，關注市場狀態。我說的是席勒本益比和巴菲特指標。」

「喔對，我們好幾個月前就討論過了。」

「沒錯，妳可以觀察這兩個指標的動態，大致了解市場整體的狀況。除了這個之外，我其實還會做另一件事，只是這已經是我根深蒂固的習慣了，我通常不會記得有這件事。以金融財政而言，這件事並不重要，但它對我有幫助。」

「很好，我就愛聽小細節。」

「股價接近我預設的買價時，我會先買入一點點，測試自己的決心。這時候花的錢是多是少很重要，必須是少到賠光了也不會造成問題，但多到我對公司的認識不如想像中充分的話，會讓我感到不安的金額。真正加入遊戲後，我對公司的看法會改變，從理論轉移到實際面向。這時，我的神經系統會發生無意識的變化，要是事前做的功課不夠扎實，也不夠有信心，那過沒多久我的身體和情緒都會受壓力影響。聽起來是不是有點瘋狂？」

他上個月已經說過這件事了。我爸也許是受我練習買股票的想法影響，開始思考自己是如何以漸進的方式買股票。

「即使我認為自己對一間公司充分了解了，還是有可能犯錯，但我相信我們的認知超出自己能有意識提取的資訊，我

也知道很多厲害的第一定律避險基金經理人都會用到這個小撇步。買下一點點股份後，壓力會暫時阻止我一口氣大買特買，等我深入研究這間公司，發現它太難或真的值得投資，我才會繼續行動。想像自己擁有一間公司，和實際擁有一間公司的感覺差很多，差別大到妳的身體都可能有感覺。」

「說來有趣，我之前也是這麼做。」我指出。「我不是有練習買股票嗎？我先買了一點點，體驗自己的情緒，然後從業主的角度看事情，看看自己先前是不是漏了什麼資訊。」

「我們說的方法很相似，也同樣有用。我還會在自己身上採用另一種小技巧：我會對一個投資判斷能力值得信任的人說，我在考慮要不要買這間公司。我不會說自己已經買下一些股份了，否則對方可能不願意大力抨擊這間公司，我只說自己對它感興趣。接著，我會簡單用大約 1 分鐘時間敘說這家公司的故事，說明它的有趣之處。我也發現，我不能再說自己喜歡這家公司了，不然對方的反應會大受影響。我之前已經和朋友討論過這間公司了，不過那時候股價還沒跌下來，現在就快到扣下扳機的時刻，我想用這招刺激潛意識，把以前沒注意到的未知數全部挑出來。」

我笑了。他說得很有道理，我必須對尊敬的人解釋自己為什麼對某間公司感興趣時，似乎催化了自己對公司的看法成形。

同樣地，對別人提到改變人生的需求，也催化我形成確切的想法。我和我爸結束為時許久的視訊通話後，我開始自我檢

視。我打了通電話問候卡瑪拉，從 1 月那次走投無路的對話至今，她不僅換了工作，還申請加入名聲赫赫的寫作群體，希望該組織能出錢讓她住進荒郊野外的小屋，除了盡情揮灑創意之外什麼事都不做。申請加入這項計畫的人多得不計其數，被錄取的機率極低，但她錄取了！現在，她考慮用那段充實的寫作時間踏上成為自由作家的旅程。這位勇往直前的好朋友能走到這一步，我真為她感到驕傲。

我知道卡瑪拉明白，我在執行投資實踐計畫時，一直在想自己有沒有遵守 1 月對她許下的承諾。然而在今天以前，我們都沒提到 1 月的對話。她和我談論彼此生命中的變化，然後說：「還記得我們年初說過的話嗎？」我告訴她，我當然記得。

「事情真的很不可思議，」她有些驚訝地輕笑一聲。「但我們都算是成功了。妳看，從年初到現在，我們的生活是不是變得很不一樣了？這 1 年還沒過完呢。」

「是有點……神奇。」我同意道。我也笑了——這時候當然要笑啊。我已經從無意識的無能進化成……這個嗎，我現在絕對進入「有意識」的境界了，而且我默默回顧自己近幾個月學到的技能，發現感覺自己挺有能力的。哇，我已經不再無能，有能力自己投資了耶。這真的是我嗎？我露出微笑。

「我們之前說非要改變人生不可，然後就真的改變了。但如果妳問過去的我，就算妳拿我的性命威脅我，我也預料不到事情會往這個方向發展。」

「對啊。」

　　這是意念的力量，也是朋友默默幫助我、支持我，給予我的力量。

10 月的練習

　　挑選自己最喜歡的公司，能讓我臉上浮現一抹微笑。選出你自己最喜歡的公司，為你的抗跌投資組合寫下願望清單買入計畫，然後稍微休息一下，花一點時間欣賞目前為止的成果。你已經列出好公司名單，這些都是你自己查過資料、決定買入的公司──和數月前的自己比起來，你是不是前進了很多？

何時脫手

本月待辦

○ 計算降低基本額：
- 股息
- 回購

○ 判定脫手時機

　　一想到要真正動手買股票，我就興奮不已。我做了一份詳細的願望清單買入計畫，以試算表的形式存入「投資實踐計畫」資料夾。

　　我不再害怕，也不想再等下去了。我感受到耶誕節早晨那種迫不及待要拆禮物的興奮，急著學以致用。

　　我知道投資的關鍵是耐心，但我就是想現在跳下去、立刻開始交易。

有買才有賣

　　我爸從一開始就說了，我這一整年都別想買股票，我上個月提到要買股票，他似乎不怎麼高興。我不知道他有沒有預料到我會這麼急著買股票，但我能一路走到今天，不就是因為我有注意自己的直覺嗎？我當然會等待好時機和好價格，不過我想買的心完全不假。

　　我本想對我爸隱瞞自己的決定，但那會違反我們過去幾個月建立的一切。我和他現在像是戰友，他在我身上投資了這麼多，我怎麼能瞞著他做事？我希望能說服他。我撥了通電話給亞特蘭大的他——我們會在月底感恩節時見面，可是我不想再等下去了。

　　「爸，我想真的動手買全食超市的股票。我覺得時候到了。」

　　我開始鼓動三寸不爛之舌。「它的品牌護城河很強，還

有很多注重品牌的忠實顧客，而且價格已經降到這 6 年的新低了！我很愛這間公司，也了解它的經營模式。它的負債非常少，用現在持有的現金就能還清。以食品雜貨商而言，它的投入資本回報率和股本權益報酬都非常棒，而且業主盈餘多得要命。它的執行長約翰·麥基根本是天才，我認同他的道德觀和價值觀。它現在的股價比十資定價稍微高一些，不過這家公司實在太受歡迎，大家對它的擔憂都已經算到價格裡了，我不認為它會再降到比現在更低的價格了。我不覺得再等 2 個月會對我有多少幫助，現在是時候全力投入這間公司了。就是現在。」

我爸想了想，電話另一頭傳來漫長的沉默。我讓他慢慢思考，自己則靜靜等待。這對他來說也是十分重大的決策，在他眼裡，我真的準備好了嗎？

他的聲音再次傳來。「嗯，可以。妳練習過，現在做好準備了。是時候動手實作了。」

說服他沒有我想像中困難嘛！他現在已經愛上練習買股票的概念，也認為我做好準備了。

我彷彿一隻準備離巢的小鳥，現在終於有人輕輕推我一把，鼓勵我展開翅膀。他相信我會飛，這件事非常非常重要。他是我的導師，我的投資決策多少會影響他的名聲——我當然會和以往一樣自己做決定，但是我們之間存在無法斷開的連結。我有種畢業了的感覺。

我即將真正擁有這間公司。我以每股 $30.85 的價格買了全食超市。

過程十分輕鬆。

輕鬆到簡直像在打電動。我買下股份，沒有驚慌，也沒有理會買下去當下的價格。整件事輕鬆到我開始懷疑自己過去 5 分鐘都在做白日夢，實際上根本沒把珍貴的資本砸下去。

登出證券戶的同時，我不由得心想，是不是該重複買一次，確保自己真的買成功了？我靠坐在椅子上，回想當初練習買股票時，顫抖著坐在同一張椅子上的自己。幸好我之前有練習。鐘擺般的情緒盪到了一個極端，我都不敢相信自己真的買下去了，現在我還真希望價格不要上漲，而是下跌，如此一來我就能以更低的價格再用一份額的本金買股票了。

此時此刻，我感覺十分反脆弱，看來之前的練習都派上用場了。

今年感恩節，我和爸媽（他們現在關係夠好，可以一塊過節了）、我爸的太太、我妹妹和她先生，還有妹夫的姊妹齊聚一堂，在聖地牙哥我妹妹的家中慶祝佳節。除了家人之外，我們還有特別來賓：努諾特地從蘇黎世飛來見我的家人。壓力好大啊。家人都急著見見讓我改變人生的男人，讓他見識我們美國人的感恩節。

火雞肉、馬鈴薯泥與葡萄酒下肚後，我們散在屋子各個角落，大家分別在聊天、洗碗還有看美式足球（是美式足球，不是歐洲人心目中的足球──我們的歐洲訪客識相地接受了大家的說法）。我和我爸癱在客廳一旁的沙發上，我心中浮現了一直想問他的問題。

我已經成為名副其實的投資者了，問題是，我怎麼知道該在什麼時候賣股票？總不能一輩子抓著那幾間公司不放吧？

我爸緩緩地回答，充滿智慧的聲音宛若以葡萄酒染色的禪宗心印：「巴菲特說過，『賣公司的最佳時間點，就是永遠不賣』。」

永遠不賣？他是不是吃太多感恩節火雞，吃到腦子壞了？我替他泡了杯濃咖啡，讓他醒醒腦，然後接著問下去。

「但是在現實生活中，」我強調道。「在現實生活中，我該在什麼時候賣股票？」

「我是認真的。」我爸十分堅持。「除非公司的故事變了，否則妳永遠不該把它賣掉。我以前犯過這個錯，之所以是錯誤，是因為複利回報的前提就是長期持有股份。我在 2009 年買了很多公司，後來在 2015 年脫手，但是那幾間公司到現在還在漲，早知道當初就不要賣了。重點是心態，妳在買入的時候就要抱持永不賣出的心態。聰明的投資者以優惠價買下好公司，就不該考慮賣公司，少做就是少錯。」

這只是我爸的抽象描述吧？他要我抱持永不賣出的心態買公司，這樣我在購買時才會更加認真。這就像我們說的「真心感激」，我預計永遠持有一家公司，就絕對會更認真、更嚴肅地考慮長遠方向。

話雖如此，我還是得學習第一定律投資者賺錢的方法。在現實生活、現實世界，我總不能讓錢永遠套牢在那裡。「可是巴菲特會賣公司啊。」

「那當然。」我爸同意道。「巴菲特會例行賣出他投資的公司，他卻說自己從不想讓公司脫手。這又是怎麼回事呢？」

我盯著他看。這就是我想問的問題啊。

「關鍵是，他只在公司的故事改變時脫手，其他時候他絕不考慮賣出。沒事為什麼要賣公司？」

我繼續盯著他。

「這樣想吧：妳想找到這一輩子可以用優惠價買下來的好公司，可能可以找個二十間左右。這些公司之所以好，是因為有堅固的護城河守護它們的利潤，負債很低，業主盈餘和自由現金流量高，而且公司經營者不僅優秀，他們的使命還符合妳的價值觀。假如妳擁有的不是公司的一部分，而是整間公司，那妳永遠永遠不會把它賣掉。」

「那當然。」我同意道。公司的股息源源不絕地存入我的銀行戶頭，我有什麼理由把金雞母賣掉？

「但是，」我爸接著說。「現在的企業不如從前持久──即使是好公司也一樣。在這個時代，汰舊換新的速度比以前快很多。100 年前，標普 500 公司的平均壽命是 67 年；到了現在，這樣一間公司的平均壽命只有 15 年 [1]。我們投資者必須注意公司故事的變化，通常故事改變，是因為消費者的消費方式發生巨變，產業整體的變動導致護城河失效。妳看看 Amazon 對零售商的衝擊，還有健康觀念普及化對非健康食品的影響，還

---

1. BBC, "Can A Company Live Forever?" January 2012。

有 iPhone 對諾基亞（Nokia）和黑莓機（Blackberry）的衝擊。這些購物、文化或科技變化，都是不同形式的創造性破壞。」

我的工作和新創公司與創投息息相關，類似的變化我看過無數次。市場上往往會出現新想法，大幅改變該市場的運作方式。

對社會整體而言，能繼續前進、持續創新當然非常棒，但是對身為投資者的我而言，這表示我必須時時注意各家公司的故事。

我爸越說越開心。「妳看看今天的租車業，它已經快被共乘和無人車消滅了。從共乘汽車和無人車合併的趨勢看來，再過幾年，妳可能會搭特斯拉上班，妳在辦公室的時候同一輛車會在城市裡載著其他乘客到處跑，最後在妳下班時送妳回家。妳可以用汽車共乘賺到的錢繳車貸，或者特斯拉會直接把車送妳，讓妳和其他人共乘那輛車，總之人們對汽車的需求會降低。尼曼馬庫斯百貨公司（Neiman Marcus）一個銷售員對我說過，她 1 年前搬到聖地牙哥時沒有買車，每天搭 Lyft 上下班，1 天花 5 元通勤。她不必繳車貸、不用付油錢、不必保養汽車、不用繳車險、不用為停車煩惱，而且每個月只花大約 200 元。那還是在沒有車就沒辦法出門的聖地牙哥呢。現在很多人都不需要汽車，大眾的消費模式轉變了。這些破壞現狀的科技，會對車廠、共乘公司、租車公司、二手車公司和其他為這些公司提供保險、零件、停車空間和借貸的公司，造成什麼影響呢？如果車庫一間間空了，儲物業又會受到什麼樣的影響？作為投

資者，妳如果沒法提出自己的意見，回答這些問題，那間公司
對妳來說就太難了。把公司放進太難那一堆也沒關係。」

我笑了起來。「我知道啊！」

「把精力集中在沒有太難的地方。舉例而言，妳看看巴菲
特與孟格持有的公司：巴菲特擁有蘋果公司和 IBM、富國銀行
（Wells Fargo）和美國運通，還有可口可樂、卡夫食品（Kraft）
和 Phillips 66 能源公司。這些公司都有堅固的護城河，很難被
競爭對手擊敗，就連從 1950 年代至今一直賣垃圾食品的卡夫
食品，10 年後依然會屹立不搖。妳說為什麼？就是因為它的食
品夠便宜，而且人盡皆知，也就是我們說的價格護城河和品牌
護城河。妳也許不認同巴菲特的價值觀，但那不是重點──重
點是，妳要買下符合自己價值觀、能夠順應變化的公司，然後
永遠不要把它們賣出去。」

「所以巴菲特說永遠不要賣，意思是『只要故事沒變，就
永遠不要賣』。」

「完全正確。許多公司的故事會隨新科技改變，但也有很
多公司不會受影響，妳的任務就是注意相關動態。比爾‧蓋茲
曾建議巴菲特買電腦（然後買幾間電腦公司），理由是『它們
將改變一切』。巴菲特這麼回應他：『電腦能改變人們嚼口香
糖的習慣嗎？』相較其他企業，有些公司的護城河就是比較容
易被攻破。」

「護城河被攻破的時候當然要賣。那我做決定的時候要考
慮經營團隊嗎？」

「要是經營者背叛股東，我們當然該賣。所以，如果公司漸漸債台高築、投入資本回報率開始下滑，或是執行長對我們不誠實，那我們可能得把公司賣掉。」

「好，所以護城河失效或經營者變成混蛋的時候要賣，那我們還應該在什麼時候賣公司？」

「偶爾遇到高得不可思議的股價，我們也可以脫手。妳現在還是第一定律投資新手，除了投資之外還有穩定的收入，可以持續增加投資的資本，所以妳只要愛一間公司，那間公司的故事也沒變，那就繼續支持它，讓降低基本額減緩股市動盪對妳的衝擊。」

降低基本額？那是什麼，能吃嗎？

「可以解釋給我聽嗎？」

降低基本額

「我說的『基本額』是指妳投入股市、經調整的資本。還記得之前是怎麼分配投資組合的嗎？我們舉的例子是，我們一共要投資某間公司 1 萬元，所以妳在這間公司的基本額是 1 萬元。」

嗯，所以基本額不能吃。好嘛。

「降低基本額，意思是減少妳投資股票的資本額。這是巴菲特降低風險、提升整體回報率的祕訣之一，他買的公司當中，有一些會把部分的自由現金流回報給他，他可以漸漸回

本。自由現金流每年回到業主身上，就可以降低業主的基本額，而基本額越低，妳持有一間公司的風險就越低。巴菲特的投資組合中，他投入好幾家公司的本金都已經賺回來了。」

「那些公司怎麼不把錢留下來，繼續成長？」

「經營團隊和董事會可以決定自由現金流——別忘了，這是公司投資自己、成長過後留下來的現金——的使用方式。」

我爸又說：「公司執行長想避免持有過多現金，導致股本權益報酬和投入資本回報率下降，所以巴菲特買的公司可以以幾種不同的方式處理多餘的現金。它們可以把錢拿去投資新一代的產品，或用來大力行銷，想辦法提升盈餘與股本權益報酬，同時幫助公司成長。除了內部成長之外，它們也能把錢投入外部成長，併購其他公司——可以把和自己競爭的移動式房屋建造公司或地毯製造商買下來。假如以上兩者都已經做到了極致，公司還是有多餘的現金，就可以將這筆錢分配給業主——巴菲特拿到這些錢，就能繼續投資。」

聽到這裡，我發現我爸這番話當中，我每一個字都聽得懂，忍不住對自己微微一笑。我在短短 10 個月內學到不少東西，而且更棒的是，我爸根本沒注意到我小小的喜悅，因為他現在已經對我的學識有充分的信心，他相信我能理解他使用的種種詞彙。這是兩個投資者之間的對話。

「喔，我懂了。」我恍然大悟。「這就是股息。」

「對。公司把現金分發給業主，就是在支付股息。」

股息

　　不少公司會每季直接發股息給股東，你只要持有公司股票，什麼事都不用做，證券戶就會一直生錢。很酷吧。公司給業主股息，就等同將業主當初投資的一部分資本還給他們，降低他們投入公司的基本額。假如我最初投資的基本額是 1 萬元，公司發 100 元給我，我可以從一開始的 1 萬元扣除 100 元股息，現在經調整的基本額就是 9,900 元。拿到股息，就等同把自己的本金從賭桌收回來。

　　「對了，」我爸接著說。「大部分的人計算股票收益，只會看他們賣股票時拿到的回報，但是我看待收益的方式比較像在投資私人公司。我想盡快收回本金，在考慮這筆資本能賺到多少回報以前，我比較關心這筆資本什麼時候能收回來。」馬克・吐溫也說過類似的話：「比起金錢賺得的回報，我更關心金錢本身的回報。」[2]

　　「你希望可以透過股息把所有的本金收回來？」

　　「沒錯，可以完全收回本金就再好不過了。」我爸用可口可樂的股息舉例，它在 2005 年與 2015 年間總共發了每股 $9.21 的股息[3]。2005 年年初，可口可樂的股價大約是 20 元，所以

---

2. Mark Twain Performs, October 28, 2017, http://marktwainperforms.com/quotes.html。

3. Coca-Cola Dividends, http://www.coca-colacompany.com/investors/investors-info-dividends。話雖如此，因為後來股票分割的緣故，我們必須調整計算股息的方式。

10 年後，經調整的每股基本額就降到了 11 元，這表示就算股價沒有上漲，實際回報率還是翻了 1 倍。

回報率翻了 1 倍！光是用股息降低基本額，回報率就翻倍了！

難道除了我以外，全世界都知道股息的力量嗎？

「是啊，有的股東還會對股息上癮，沒拿到預期的金額的話，他們會鬼吼鬼叫呢。」我爸說。可以想見——假如我為了股息買可口可樂，卻沒有拿到錢，當然會不高興。投資者很容易緊抓著自己的期望不放，公司不希望股東操心，所以就算經費吃緊它們還是會持續提升股息。我們現在就能在可口可樂身上看到這種效應：可口可樂的自由現金流在 2014 年達到近期的高峰，現在跌了不少，它卻若無其事地漲了股息。

在我聽來，為股息買公司實在太不可思議了。我好不容易找到一間好公司，找到我信任的經營團隊，把我的錢交給這些人，他們怎麼不善用我的資金？遭遇經濟衰退、市場動盪或事件時，公司比股東更需要這筆錢，經營者應該能輕易做決定，把錢留下來照顧公司。

「這是因為公司經理和基金經理人一樣，人們評估他們的標準是一季一季的短期表現。經理希望股東能保持心情愉快，而大部分的股東都懶得檢查公司數值，所以經理硬著頭皮多發一些股息，也不會有人提出異議。這是其中一個原因。另一個原因是，有些人非常依賴股息，那占他們退休收入的一大部分，要是拿不到那筆錢，他們的財政計畫會大受影響。持續發

股息的壓力非常大，除非公司發生災難，它都會儘可能穩定發股息給股東。舉例來說，墨西哥灣漏油事件發生時，BP 減少了發出去的股息，後來還是盡快恢復平時的分發金額，因為英國很大一部分退休人士的日常生活都仰賴 BP 股息。」

　　我漸漸明白股息的力量了。股息持續增長能吸引投資者，建立人們對公司的信任，但公司也會像簽了不成文的合約，受股東的期望所困。一旦簽下這份承諾，公司就再也不能反悔，這就是「期望與股息的合約」。期望與股息的合約告訴股東，公司會持續分發漸增的股息給他們，在股東看來，股息就代表公司的財政健康。倘若公司停止分發股息——即使公司的財政健康無虞，只是決定把這筆錢用來做內部投資而已——股東會認為公司違反了期望與股息的合約，對它信心全失，這時股價很可能狂跌。

　　我爸在《有錢人就做這件事》一書中寫道，通用汽車（General Motors）知道不發股息會使股東驚慌失措，導致股價猛跌，所以只能借錢發股息。只要能定期拿到股息，投資者就認為一切安好，畢竟股息理應是公司多餘的現金。一直到它在 2008 年宣告破產，通用汽車才停止發股息。以上述案例來說，重點本該是善用股東的資金，卻變成了股息。太荒謬了。

　　蘋果公司之前長達 16 年沒發股息，是因為史蒂夫・賈伯斯相信公司該用多餘的現金加強行銷或推出更好的產品，同時維持居高不下的股本權益報酬與投入資本回報率。儘管蘋果公司握有 1 億元現金，公司的股本權益報酬與投入資本回報率也

沒有下滑。賈伯斯在 2011 年罹癌去世後，後繼者在 2012 年宣布要每季發股息[4]，蘋果自此每季發股息，也一直穩定提升股息金額。儘管如此，在我寫這段文字之時，蘋果手上握有超過 2,000 億元現金，公司的股本權益報酬與投入資本回報率大幅下滑了，股東全都虎視眈眈地等著那 2,000 億元進到他們的戶頭。選擇發股息那一刻，蘋果公司簽了史蒂夫·賈伯斯一直想避免的期望與股息合約。

　　各家企業都了解期望與股息合約，它們會想辦法從這份約定得利。公司一般不是會在財力雄厚時發股息嗎？所以它們宣布要發股息，投資者便會以為它們財力雄厚。「股息這東西很微妙。」我爸若有所思地說。「績效優良、不需要太多自由現金的公司也許該發股息，但一間公司發股息不見得代表它績效優良，而且發股息也不見得是那筆錢最合適的用途。」

　　股息能降低基本額，卻不一定是公司資金最合適的用途。A 公司發股息，B 公司選擇不發，假如這兩家公司在其他方面一模一樣，我們該投資哪一家？很多人會選擇發股息的 A 公司，因為他們想收到錢。

　　這又是我們必須自行拿捏的問題。自由現金流有太多種用法，也許把錢用在別地方對公司比較好，它可以收購別家公司、把資金用在研發、回購自己的股票，也可以暫存現金以備

---

4. Chris Nerney, "Apple Declares First Dividend in 16 Years," ITWorld, March 15, 2012, http://www.itworld.com/article/2730792/mobile/apple-declares-first-dividend-in-16-years.html。

不時之需。把錢發給股東的理由只能有一個：這筆錢拿去做別種投資，對公司沒有好處。

這也不是不可能。有效率的公眾公司如果已經走出成長高峰期，那應該會和有效率的私人公司一樣，在種種投資後還有多餘的現金（至少，我們希望是如此），它可以選擇將自由現金流回饋給業主。倘若 A 公司與 B 公司真的在其他方面都毫無二致——現實世界當然不可能有這種情形——那我們才能斷定 A 公司比較值得投資。

我爸補充道：「在現實生活中不可能找到兩間完全平等的公司，妳必須看看它們有多少自由現金，它們過去如何使用自由現金，再評估經營團隊有沒有善用那筆錢。這間公司的股本權益報酬是多少？它和蘋果一樣是每年 30% 左右嗎？如果是，那它把現金交給妳，妳能用這筆錢每年賺 30% 嗎？如果不行，那就讓公司把錢留著，別掉進期望與股息合約的陷阱。別管什麼合約了，合約並不存在。」

「可是在現實生活中，定期有人把錢轉進我的證券戶，聽起來挺不錯的。」

「我覺得這種心態不太好。妳把錢投入好公司，是因為好公司能以最好的方式分配和使用資金，對一些公司而言，發股息就是最好的分配方式，但別把公司是否發股息當作投資標準，除非妳真的沒有股息就活不下去。過度注重股息的話，妳可能會為了發股息的公司錯過更好的企業，那就太可惜了。千萬要選擇最優秀的公司，讓它決定該怎麼分配現金。我舉一個

最顯而易見的例子：過去 50 年，波克夏‧海瑟威公司一直是全球最值得投資的公司之一，它卻從沒發過股息。」

我爸頓了頓，思索片刻。

「好吧，話雖這麼說，假如妳錢夠多，又希望投資組合能給妳一筆收入，讓妳去花用——而不是再把這筆錢拿去投資——那投資發股息的公司也很好。每季收股息，把它當平常的生活費，然後自己祈禱股價上漲。如果股價不漲，那沒關係，反正妳還有股息。」

呃……。

「對有錢人來說，這種生活方式是很好沒錯，」我希望他能聽懂我的意思。「可是我們其他人就……」

「喔！」他說道。「是啊，對我們其他人而言，股息就只是會被課稅的一筆錢，收到之後還是得拿回去做其他投資。對朝財務自由前進的投資者而言，拿到股息反而要煩惱呢。」

我思索片刻。我真的該為股息煩惱嗎？

「傻孩子，別想太多。」我爸說。「專心顧好股本權益報酬和經營團隊的決策就好。把心思放在第一定律投資法的基本原則上，別被股息和其他小東西帶歪了。妳應該投資好公司，讓它們決定該怎麼分配資本，而不是反過來。我要妳了解股息和回購，是希望妳知道這兩件事能降低基本額，但妳別把它們當作決定該投資哪間公司的標準。」

回購

除了股息以外，公司從市場回購自家股份，也會降低你的基本額——股東什麼事都不必做，持有的公司比例就會提高。這沒有股息那麼直接，但回購確實會影響帳本盈虧。查理·孟格把這些自己吃自己的公司稱為「食人族」，回購的結果是，一些股份離開了公眾市場，現在手上還握有公司股票的所有人控制的公司比例會比先前高，而且公司淨值降低了，股本權益報酬與投入資本回報率通常會瞬間上升，每股盈餘也會跟著提升。

這有點像潔芮（Ginger Spice）離開辣妹合唱團（Spice Girls）的情況，忽然間五個辣妹只剩四個，不過她們四個仍然是辣妹合唱團（至少過一段時間才解散）。她們每個人本來是合唱團的 20%，潔芮離開後，她們什麼事都沒做，光是繼續留下來，每個人就自動變成合唱團的 25% 了。公司回購股票的時候，股市也會發生類似的事情，只不過尺度大很多，所以比較難察覺。

IBM 過去 20 年一直回購自己的股票，之前在 1996 年買 IBM 股票的投資者，現在擁有的公司比例已經是當年的 2 倍了。當然有許多投資者知道 IBM 一直在回購與撤銷自己的股票，也因此買了它的股票，讓股價一路漲上去。到了這個趨勢的巔峰期，20 年前的投資能翻倍三次，20 年的年複利率大約是 12%。很漂亮吧。除此之外，IBM 還會發股息給股東，調整過後一共

是 43 元，你在 16 年內能將投資基本額降到 0 元。

　　然而，我怎麼都無法排除心中的疑問。

　　「可是公司回購股票時，我不會拿到現金吧？我拿不到錢。」

　　「妳的確拿不到現金，但從 IBM 的情況可以看出，股票被回購後，因為每股盈餘上漲（同樣的盈餘分給較少的股份，每股盈餘自然會提升），股價也會上漲，妳持有的每一股份都能分配到更多股息。但就算經營團隊除了回購之外沒辦法善用我們的錢，以高於實際價值的價格回購自家股票，還是可能對公司造成傷害。」

　　「等等，公司用什麼價格回購有差嗎？」

　　「公司的投資原則和我們一樣，用高過優惠價的價格回購股票，就是錯誤的投資。假如 IBM 的實際價值是每股 200 元，公司以每股 120 元的價格回購，餘下的股東就能受益於那中間每股 80 元的價差。公司花 120 元買到價值 200 元的東西，無論我們用什麼標準看待這件事，這都是一筆划算的交易。」

　　「回購就有點像假想的獲利，因為股價上漲了，我很開心，但它和股息不一樣，我口袋裡的錢不會變多。」

　　「完全正確。」我爸對我說。「這是證券戶裡的錢，而不是銀行帳戶裡的錢。妳必須賣股票才能得到實質利益，但這也是我們的重點。我們希望公司能善用它們的資金，至於錢是在我們的證券戶或銀行帳戶並不重要，反正我們收到錢以後還是會再拿回去投資。還記得我之前說的複利的力量嗎？趁公司降

到優惠價時，把股息重新投入這間公司，就能讓我說的複利回饋成真。」

「所以我不該把股息用來買新的保時捷 911 嗎？」我開玩笑說。好吧，其實是半開玩笑。

我爸哈哈大笑。「妳想拿那些錢怎麼做就怎麼做，只要知道自己放棄複利回報的後果就好。」

對美國公司而言，在考慮要發股息或回購自家股份時，它們還必須考慮稅負。「別忘了，稅收優惠可能會對公司造成很大的影響。」我爸一而再、再而三地提醒我。那當然。美國公司如果發股息，就是讓股東再被政府收一次稅──公司會先繳所得稅，公司淨收入扣除稅金之後，一部分的錢當股息發給股東，股東還得為這筆股息收入納稅。明明是同樣的錢，卻必須繳兩次稅。回購就是避免二重收稅的方法，雖然這不會是公司選擇回購的最佳理由，但還是值得我們放在心上。

「政府允許企業扣除營業支出，這會扭曲企業的種種決策。」一說到納稅，我爸就停不下來了。「公司都知道，如果它們買一架大噴射機，有一大部分的支出都源自節省下來的稅金。我們的稅制鼓勵這些執行長不停消費、消費、消費，把大量金錢撒下去也沒關係，畢竟有一部分是公司本該繳納的稅金。倘若稅制鼓勵企業儲蓄，美國的公司就能獲得更多利潤了，利潤能轉化成未稅的股息，發給業主，也可以轉化成較高的薪水，發給員工，或者是更多工作機會。」

「而且公司業主大多是努力存退休金的普通人。」我附和

道。

「是啊，說得沒錯。消防員和教師的退休基金、401(k) 退休福利計畫、個人退休帳戶……美國公司大部分的股份持有者都是這些人，根本就不是某些政客所說的大富豪。問題是，大眾對此一無所知，一再投票給想盡辦法從他們身上課稅的政客。如果人們能增進他們對投資的理解，我們的選民就能做出更好的決定，不會選出這麼多裙帶資本主義者了。」

我爸口若懸河，重述我聽過幾百遍的一番話。他說得有道理。約翰・麥基原本是社會主義者，後來成了自由意志主義者，他在《品格致勝》一書中提出了相同的論點。如果有更多人在投票時考慮到自己的價值觀、自己的利益與自己的財務自由，我們的國家想必會好很多，而不會被不道德的執行長和華爾街那些成天剝削他人的傢伙掌控。那些傢伙一個個竭盡所能，巴不得我們對他們的補償計畫、納稅策略與基金管理策略一無所知。這就是為什麼我非得關心使命不可，我可不認為不道德的公司會致力於保護股東。

自己研究過股票回購後，我發現了兩個陷阱。首先，你看到公司宣布要回購股票，別盲目地相信它。別忘了，有的執行長會說謊，他們有時會為了哄抬股價而宣布要回購股票，然後根本就不會買。是不是很不誠實、很糟糕？我們得先檢查公司是否真的回購了股票。第二個陷阱是，公司完成回購後，每股盈餘會立刻上漲，因為總股份減少了。這會使公司的財務數值變漂亮，也會讓執行長的績效變得光鮮亮麗。有些執行長的薪

資和每股盈餘目標有直接關係，在這樣的體制下，他們自然想回購股票，讓每股盈餘飆升。人們把這種計策稱為「金融工程」（financial engineering），這種遊戲會讓盈餘的數值成長。我通常會先看看每股盈餘的成長背後的原因是不是股票回購，才肯信任公司的數值。

我和我爸靠坐在沙發上，聽廚房裡的人洗碗，只要負責洗碗的人不是我們，我就覺得那個聲音再悅耳不過。努諾在和我媽分享里斯本的種種。

「我希望在 10 年後，」我爸靜靜地說。「妳的投資組合中每一間公司的基本額都是零，而且它們每年發股息給妳，給妳一份優渥的收入。」

「那就太好了。」我試著想像自己成為成功的投資者，持續投資，直到沒多少年過後——我不記得確切的數字是幾年了——投資能替我賺錢，我下半輩子能隨心所欲地過活。那是我夢寐以求的自由。

「以後，」我爸提議。「我會教妳怎麼用期權從投資組合製造更多現金流，這種投資沒有任何多餘的風險。」

什麼？還有更多要學？我笑了。想到以後能繼續實踐我這 1 年學到的投資方法，我的心情就好了起來。也許我以後能學些新招，但也可能沒辦法，像查理就一直沒有學新的投資方法。我想跟隨查理前進。

說了這麼多，我爸還是沒回答我最初的問題。「現在我知道，正確的脫手時機，就是永遠不脫手」

「除非公司的故事改變。」

「那我怎麼知道故事改變得夠多，是時候賣股票了？」

判定脫手時機

我爸說：「判斷脫手時機的基礎，就是翻轉故事。翻轉故事時，妳會考慮有機會毀了那間公司、讓它不再是好公司、讓它的價格超過優惠價的種種因素，例如護城河被攻破、執行長不誠實，或是股市蒸蒸日上。所以某方面而言，將公司加入願望清單的瞬間，妳就開始判定脫手時機了。」

「等等，我根本還沒買這間公司，也不打算把它賣掉，可是一開始就要判定什麼時候脫手？」

「正是。」

我忍不住大笑。這個老傢伙根本是矛盾之王。

我爸笑著抗議道：「妳一開始寫下鼓勵自己買這家公司的故事，一看到故事改變，妳就知道該賣了。我們一定在故事改變時脫手，這表示我們可以比對翻轉故事，當公司變成翻轉故事裡的模樣，就該賣出去了。」

翻轉故事時，我已經知道這間公司誤入歧途會長什麼樣子了。那之後，我可以把新資訊套入翻轉故事，看看公司的狀況有沒有惡化。

我爸舉了個例子。「我們在 2009 年以每股 55 元的價格買下奇波雷墨西哥燒烤，到 2014 年，公司的股價漲到超過 600 元，

除此之外故事沒有變化。股價高漲也是值得注意的故事變化，
因為公司的價值根本沒有那麼高，所以現在就該讓股票脫手，
收回年複利率 60% 的報酬。這支股票又回到我的願望清單上
了，如果哪天它的價格降下去，我又會想買它。可惜股價持續
高漲，漲到每股 749 元──這時候，信箱裡突然冒出新聞快報，
原來是爆發了大腸桿菌風波。那可是大事件。我們把這則新聞
套入翻轉故事：食物中毒事件，會對公司的『我們的食物都超
健康超美味』品牌護城河造成什麼影響？是不是很糟糕？這會
成為翻轉故事的論點：『別買這家公司，因為它的護城河毀了，
不會有消費者進奇波雷店裡消費了。』這是真的嗎？想辦法查
證。去問問附近的奇波雷，最近店裡狀況如何？假設我們認定
這不是長期問題，但股價還是太高，還不能買入。然而，就在
這時，另一則新聞報出來：又發生大腸桿菌風波了。股價一路
跌到 400 元。現在可以買股票了嗎？我們來寫翻轉故事：品牌
護城河快被大腸桿菌侵蝕殆盡了。營收和盈餘絕對會下滑。想
辦法反駁這個論點：問題會持續多久？2 年？3 年？還是 10 年？
其他速食餐廳發生大腸桿菌食物中毒事件時，營收低迷的情形
持續了多久？研究過後，我們認定這不會永久摧毀公司的護城
河，所以這時候我們不該賣股票，而是該買更多股份。但要以
什麼價錢買入才好？記得把接下來 2、3 年的低盈餘考慮進去，
或是把偏差成長率往下調整。如果接下來 3 年這間公司的盈餘
都是零，那 10 年後它的盈餘會成長到多少？我們下定決心，
在股價降到大約 300 元時多買一些股份。把奇波雷加入願望清

單，目標是每股 300 元。」

　　呼，我到底掉進了什麼坑，以後是不是得每天戰戰兢兢地注意情勢？「那在現實生活中，這到底是什麼意思？」我問他。「我要花多少心思注意這些公司的動向？」光是關心願望清單上的十間公司，感覺就和全職工作一樣辛苦了。

　　「沒那麼嚴重。」我爸安慰道。「妳已經做了功課，在買股票之前充分研究過這間公司了。經營這間公司的人值得信任，他們會正直、誠實地經營妳的公司，所以每季向證券交易委員會提交報告時，他們會把妳該知道的事情全盤告訴妳，而且提交報告時通常還會透過網路研討會直播影片，發表大約半個小時的報告。報告結束後，通常會有一段詳細的問答時間，大型投資銀行的分析師與避險基金經理人會對他們提問，所有問題都會在當天以文字的形式記錄下來，妳可以上網找來看。」

　　「他們發表 10-K 年報的時候，也會有問答時間。」

　　「沒錯，而且經營團隊發表年報時，通常會花更長的時間解說——可能長達兩個鐘頭——同樣製作成直播影片與文字紀錄。此外，公司還有年度股東會議。公司的故事沒有大變化的話，妳每年應該會花共約 6 小時檢視一間公司的報告。十間公司加總起來就是 60 小時，平均下來是每週 1 小時左右。

　　「好，那我辦得到。我還要注意什麼？」

　　「持續關注新聞與資訊，然後持續增進妳對該產業競爭對手的認知，養成閱讀《華爾街日報》、《巴隆週刊》（*Barron's*）、

《財星》（*Fortune*）雜誌與《富比士》雜誌的習慣，還有多多閱讀 Seeking Alpha 網站上的分析文。」

我已經為我關注的公司設置電郵通知了，每當報上出現關於它們的新聞，就會直接寄入我的電子信箱，如此一來就不用擔心自己錯過相關新聞了。我也設定接收證券交易委員會的通知，每當我的公司提交報告，我就會收到通知信。

「別忘了透過提交給證券交易委員會的 13F 報告，觀察投資大師是否在買賣妳的公司。」我爸補充道。「因為證券交易委員會設定的截止日期，妳拿到的可能是 90 天以前的資訊，但還是很有參考價值。妳可以注意帕布萊、斯皮爾或巴菲特有沒有買賣妳願望清單上的公司。」

華倫和查理每季和我分享他們的交易內容，真是太棒了。

「還有，從剛剛的奇波雷案例可以看到，妳應該持續關心價格和價值之間的差異。就如華倫所說：『我決定是否買入，會遵照簡單的規則：在其他人貪心時害怕，在其他人害怕時貪心。』[5] 他的意思是，我們應該在事件發生時買入，在價格太高時賣出。」

「別擔心自己時間不夠用，」他接著說。「妳不可能一夕間找到十家好公司，全部放進願望清單。妳現在只有幾間公司，先開始認識妳喜歡且有能力了解的企業，然後照我教妳的方法往前走，找到適合自己的步調。」

---

5. 節自巴菲特 2008 年 10 月 17 日發表於《紐約時報》的社論文章。

　　我微微一笑。「好喔，爸。」我想到自己的決心，這會是跟我走一輩子的投資計畫，我必須像練瑜珈一樣從原地開始，別操之過急。

　　「投資計畫實際執行起來很簡單，和查理說得一樣簡單，但妳應該也發現了，簡單的事情不見得容易。在事情變得容易之前，妳必須成為這方面的專家，而在妳成為專家之前，必須先花時間練習。妳這 1 年學到的一切，可以應用在這輩子所有真正的投資項目，無論是投資房地產、有限合夥、買農場、買下屬於自己的公司或品牌，或是自己開檸檬汁小攤，這些概念都能派上用場。有了我教妳的知識，妳可以避免種種錯誤，只在自己確定能賺錢的情況下投資，而且投資的是好公司。就算妳計算定價時出錯了，好公司終究會幫妳賺到錢──只要妳買的是好公司，那就和在黃金地段買房地產一樣，時間能消除妳所有的錯誤。這是晚上睡得安穩的關鍵──妳知道自己擁有的公司非常優秀，不必花太多心思煩惱買價。最終，投資好公司的回報會優於其他的投資項目。」

　　「總而言之，只有在公司的故事改變時，我才該賣出手上的股份。」我重複道。「否則股票永遠都不該脫手。可以用電郵通知和公司報告觀察我的公司，只要出現變化，就把新資訊套入故事與翻轉故事，看看我是不是想賣公司。」

　　「丹妮爾，繼續練習吧。」我爸恢復禪定般的祥和，建議道。「妳這幾個月學了非常多東西，我已經把一切教給了妳，妳現在完全有能力成為有信心、有意識、有能力的投資者了。」

真的嗎？我所需的一切都教給我了？

11 月的練習

查查看，你關心的公司當中，有沒有哪幾間會發股息或回購股票？現在是不是接近買入的時機了？你是不是可以想辦法追蹤你買的公司，以及經調整的基本額與銷貨收入，做好充足的準備？從現在開始，你不用再碰數學了喔！

感激的生活

本月待辦

○ 投資實踐清單
○ MARO ——真心感激

DECEMBER

　　12 月的耶誕季即將來臨，我坐在大扶手椅上，準備和我爸進行週末的投資實踐電話會議。年底與連假將至，我漸漸忙了起來，所以得刻意花一些時間放鬆休息。我也注意到，這 1 年的投資實踐計畫就快結束了。

　　真是豐富多姿的 1 年。這 1 年來，我的生活實際發生的變化，遠不及我對生活的感受發生的改變。回想自己 1 月的感受──不對，應該是從以前到今年 1 月的感受──將近 1 年前，我坐在同一張椅子上，為自己的健康狀況、工作與財務狀況憂心，有種深及內心的不安與緊張感。當時我不知道該把精力放在哪裡才能改善財務問題，甚至連如何著手解決問題都不曉得。我還記得當時那深深的恐懼，我害怕未來，害怕展開行動的後果，害怕自己做財務決策時犯錯，害怕賠錢，也害怕沒有選擇的人生。

　　但是，不可思議的事情發生了。只有回顧當時，我才能看清情勢：我下定了決心，請宇宙幫助我。那時的我還不知道自己開啟了什麼開關，也根本不曉得宇宙會如何幫助我，只知道我需要幫助。我回想 1 月坐在這張椅子上，和卡瑪拉通電話的經過：我們都十分絕望，不相信事情有好轉的機會，而這是因為我們兩人都無法想像生活能有什麼實際的改變。儘管如此，我還是嚮往自由，先是說出自己對自由的渴望，然後請求身邊的人幫忙。

　　我將自己對自由的渴望送到宇宙之中，宇宙提供了我未曾想見的幫助。我連想都沒想過，光是對世界說出自己的需求，

種種選項便會立刻冒出來，供我選擇。我沒想到一開始下定展
開行動的決心會如此困難，也沒想過在不同選項間猶豫時，我
會找到投資實踐計畫的關鍵之一：我支持的使命。沒想到我執
行投資實踐計畫不到 1 年，就能加深我和身邊的人之間的連結。
光是學會以公司做的好事評斷它們的價值，學會欣賞公司的善
行，我便能透過投資者的雙眼看世界，更加了解自己所在的世
界。我沒想到自己逃避投資的恐懼，會成為這 1 年真正的重點，
在恐懼阻礙我時，我會按摩它、揉捏它；在它幫助我時，我學
著尊重這份恐懼。相比將近 1 年前，我和恐懼的關係改善了不
少。

　　我完全沒想到投資實踐計畫會強迫我面對童年傷疤，然後
在教學過程中加深我和我爸的感情。老實說，我一開始還怕我
們在這 1 年內發生衝突，也許我爸會催我快快採取投資行動，
令我焦慮不安，導致父女之間出現嫌隙。幸好這種事情完全沒
發生。

　　我爸非但沒有催促我，還首次讓我照自己的步調前進。想
當初，聽查理介紹他投資時的四大原則時，我還以為我們已經
沒什麼好討論的了，要是沒有我爸指導我，我也許會在此停下
腳步。但我爸知道我想得到扎實的投資教育，也相信我能完成
他交給我的任務。

　　最重要的是，他信任我，相信我能在他的投資法門中加
入自己的想法，他也足夠開明，甚至配合我改變了自己長久以
來的作法。我老爸為了幫助我理解他為公司定價的方法，還調

整了他的方法呢！我和他都沒想過我們的教學會如此發展。我需要學定價與估價公式時，他相信我能將數學公式化為己用，他對我的信念，是一種充滿愛的溝通，我永遠不會忘記這份關愛。我爸相信我能成功，我們兩人一起發展出了優秀的投資方法，應該連他都沒料想到投資實踐計畫會這麼成功。我們的投資實踐計畫超越了兩人的總和，還讓我和我爸恢復了舊時的感情。

我又和我爸打了通投資實踐電話。

「爸，這個月就是投資實踐計畫的最後 1 個月了。」

「真的嗎？」他驚訝地說。「可是寶貝，我已經習慣和妳一起研究投資了。」

「我也是。」

我真的習慣了定期向我爸求教，他的教學能力也不斷進步，現在能傾聽我的煩惱與恐懼，把我的話聽進去，而且他似乎教得很愉快。

「能見證妳成為真正的投資者，感覺很酷。我投資了這麼久，幾乎不記得自己以前是怎麼學投資的了，但在教學的過程中，我又想起過去的興奮感。和妳討論投資，我自己的投資能力也進步了，我會比從前更謹慎，確保我教妳的東西完全正確。」

「我學到了照顧自己的好方法。」我告訴他。「這種感覺……非常不可思議。我沒預期到自己會有這樣的感受。」

「沒有嗎？那妳原本是怎麼想的？」

「我原本以為會學一些投資基礎，能和你好好相處就很不錯了。」

我爸哈哈大笑。「我覺得在這方面，我們表現得很好。能經常和妳聊天，對我而言非常特別，我也感覺妳現在比較信任我了。」

「你是有一點點學識啦。」我開玩笑說。

「是，是，但我的意思是，妳好像在各種方面都更信任我了。希望我沒有會錯意。」

「你沒有。」我靜靜回答。「你一直陪我努力，就算在艱困的時刻也沒有放棄。」

「那當然了，而且這 1 年雖然結束了，我們的投資實踐計畫不會結束，該練習的事情可多了。」

「我知道。我還記得你說過的話，學投資與成功投資的一大關鍵，就是知道自己不知道什麼。你還記得嗎？」

「我當然記得。」

「現在我清楚意識到自己不知道的事情還很多。你別誤會，我知道我已經學了不少，不過我當初以為自己只會學到你的投資方法，沒想到自己會把那套方法內化、變成自己的東西。尤其在前幾個月，我感覺自己這麼無能，根本沒想到自己能完整吸收你所教的投資方法。」

之前的我只覺得自己完全無能，那是一種令人心煩、折磨人的感受。這 1 年當中，我最不開心的就是那段時期，而且那時我相信那樣的情形會一直持續下去。清楚意識到自己的無

能，意識到我在自己渴望成功的領域上缺乏知識技能，感覺十分恐怖。能消弭這份恐懼的，就只有我爸的知識，以及他對我的信心，我小步小步前進了一段時間，才好不容易走出迷霧，看清身邊的景色。我過去一直是無意識的無能投資者，在成為有意識的無能那一瞬間，我最先意識到的就是恐懼。我花了幾個月才學到足夠的知識，足以處理自己的恐懼，用來支援——而不是阻礙——我的投資實踐計畫。

現在，我固定追蹤新聞，在不同公司尋找我支持的使命。我開始注意到日常生活中看到的各家公司，記錄關於企業經營者的資料。我學會觀察大市場與總體經濟變動，我的知識也足夠讓我對市場變化提出自己的見解。我知道如何打造自己專屬的抗跌投資組合，也在情緒中加入反脆弱元素。我制定了計畫，隨時可以應對市場的衰退。還記得我1月感受到的恐懼嗎？知識還真是消除恐懼的利器，現在的我感到堅強——不對，是反脆弱。對過去的我而言，股災再恐怖不過，我只想把錢藏到床底下。現在，我知道發生股災時該怎麼辦，甚至產生了與正常情緒相反的想法，希望股災發生。這不是因為我希望別人虧錢，而是因為市場價格被過度哄抬，股價高於公司的實際價值時，市場上充滿了貪念，我不該把好不容易賺來的錢投入市場。在價格恢復正常以前，我不能把錢投入如此不健康的市場。

投資實踐計畫開始數月後，我知道自己有能力挑選好公司、找到好價錢。是不是很不可思議？我可以舒舒服服地坐在

沙發上，調查我感興趣的公司，看看經營團隊是否值得信任，用三種方法計算好價格，自行找到恰到好處的買價，並判斷這間公司該在投資組合中占多大的比例。

現在，我知道自己可能出錯，但這沒關係。抗跌投資方法有內建的預防措施，例如價格上的安全邊際、投資不同公司以分散風險，以及經過仔細檢查的清單，而且我如果對公司或過程的任何部分不清楚，就該停下腳步。

有了這些，我還能不感激嗎？已經沒什麼好補充的了，投資所需的原料都已經握在我手裡。

此外，我知道自己不知道的事情還很多。我爸能再自然、再輕鬆不過地評判公司好壞，數月前一同研究 La Croix 公司是我們教學過程中非常重要的環節。對我而言，下一步是提高研究與評估速度，加強自己對產業與公司的認知與了解、從不同視角看它們，多加認識知名經營者的背景，並且加強我在計算定價時的信心。在會計領域，我該學的事情還多得很，不過前提是我學得下去。在達到有意識的有能之前，我必須投入大量時間練習，即使是大師也有更上一層樓的空間。

「我發現自己能學的東西多了很多。」我告訴我爸。「想到這裡，我就感覺自己又變回初學者了。」

我爸捧腹大笑。「就和瑜珈一樣！寶貝，這就是練習與實踐。事情會越變越簡單，你自然也會持續進步，但本質上這是精益求精、小心謹慎的工作。妳永遠都會有進步的空間，也會一直看到新的警示，該加入清單的事項永遠寫不完。這也是為

什麼我很喜歡妳把第一定律投資法當作實踐計畫，實踐就是這麼一回事，妳這種態度非常棒，如此一來妳就能終身學習、朝大師的境界邁進。」

「能把這種投資法當作自己的東西，感覺真的很棒。我的方法和你有點不一樣，你的方法也和我有點不一樣。」

「是啊。」他同意道。「對我而言，這也是教學相長的過程，我能看到女兒使用第一定律投資法時，和我的方法有何不同。我還以為所有用這種方法投資的人，投資方法都和我一模一樣，但妳顯然加了自己的創意，我欣賞妳的想法。看到妳為投資方法添加自己的特色，我真的很高興。雖然是一樣的方法，它卻在某方面成了妳專屬的東西。」

「你是說練習買股票嗎？」我故意逗他。他笑了。

「我以前就會練習買股票，卻一直沒意識到這件事！對啊，妳說得沒錯。除此之外，妳也花很多心思研究企業組織、經營團隊、用金錢投票的力量、指標背後的原理，還有股市的運作方式。這些我都知道，但我不會像妳這樣研究細節，所以我也從妳身上學到不少，成了更好的投資者。」

他誇得我都不知該如何回應才好了。我提醒他：「幸好我們有錄播客，我才能一直拿這些事情煩你。我們的投資實踐計畫絕對還沒結束。」

「沒錯。」他說。「不過和從前相比，妳已經變得自由了，有沒有感覺到？妳現在已經有一種自由的氣場了。」

我確實感覺到了。他說得沒錯，我已經好幾個月沒有那種

封閉水泥樓梯間的危機感了。

「其實，我覺得這很大一部分是不必時時為未來擔憂的關係。」我沉思著說。「這是一趟雲霄飛車般的旅程，我相信它還沒結束，但老實說，少了金錢煩惱的生活就是一種貨真價實的自由。這種感覺非常真實。在處理自己的恐懼之前，我應該沒辦法放手去投資。」

我爸極力贊同。「那麼，我們再討論財務自由的數字最後一次吧。現在妳做好投資的準備了，我們估算的金錢和時間數值是不是感覺更真實了？」

「其實，」我咕噥道。「我已經不記得我的數值是什麼了，我也不想記得！那些數字讓我心情很差。」

我爸啞口無言。

「那個數字太大了，我感覺一輩子都無法達成目標。」我解釋道。「我不擅長算數嘛！很抱歉，練了這麼久，我還是沒辦法改變這一點。只要知道我大致朝那個方向前進，對我來說就夠了。」

「好吧。」他讓了一步。「妳不想討論數值就算了。我覺得妳投資賺到一點錢之後，會對自己的數值更有信心。」

可以想見。至少這麼一來，我的數值會顯得更真切。

「說實話，」我爸接著說。「妳準備得比我想像中還好，在我預計的期限之前就想用真錢買股票了。」

「呃，對啊，也是。」我承認。

「但我覺得沒關係，這顯然是投資實踐計畫的成果，所以

妳在這 1 年開始買股票也好。這下，妳完成學業了。」

「我找到的公司應該都很好，而且我也為願望清單上的公司制定了買入計畫，就等股價下跌。」

「妳已經準備萬全，隨時可以出手了。價格降到妳預設的買價時，妳會不敢買下去嗎？」

「完全不會。我已經等不及了。」

充分自我祝賀一番之後，我們沒心情認真討論投資，於是道別後掛斷電話。

短短數月過去了，我的人生與以往截然不同。

分開的小部分加總起來，成了更完美的總和。我從沒想過投資實踐計畫的各部分加起來，能成為深及內心、足以改變人生的美麗總和。學習關於公司與股市的知識，怎麼可能改善我的人生？但結論是，我的人生確實改善了。

現在我感到深深的安定感，學習第一定律投資法的過程中，我學會看見社會、製造業者、服務業者與其他企業之間的連結，我也因此能行善。各行各業之間的連結就藏在我們身邊，如今我成了能看清這一切的投資者。也許這些公司對我而言太難理解，但我能看見事物之間的連結，我也許能用自己的錢支持它們的使命。能以投資的方式影響社會，我開心得要命——而且我之前說對了，投資我支持的使命，能讓我在尋找好公司的過程中不減興趣。就算我想放棄投資，追求更輕鬆的事物，我愛的使命也能延續我的興趣，並在我讀 10-K 報告讀到頭昏腦脹時，讓我保持專注。

　　我的目標是得到自由，這主要是減少生活中的壓力，並且維持身體健康。我還沒達到那個境界，但現在光是把心思放在自由上，在生命中為自由製造空間，它似乎已然降臨。

　　我離開了埋頭苦幹的生活，意外地開始不時外出旅遊，和我爸錄製令人興奮不已的 InvestED 播客，還在生活中製造一片空間，容納一個認真和我交往的男友。以前的我應該作夢都想不到會有這一天。

　　結果我不必賺到我爸估算的數字，不必讓銀行戶頭裡的錢倍增，也能得到心情上的自由。掌控自己的財務、面對自己的財務惡魔，就給了我自由的感覺。我發現，其實這才是我一直以來的重點。只有在面對心魔之後，我才能敞開心扉，嘗試投資。我對金錢的感受實際上和錢沒什麼關係，而是和我腦中許多其他的事件相關——我的身家背景、經歷與情緒，以及我的家庭，還有家族對金錢的態度。在其他人看來，金融世界充滿賺大錢的機會，在我看來卻是令我心力交瘁的重擔。在投資與財務方面，我已經進步了許多，改變了我對自己在世界上的定位與看法。

　　除了我之外，還有很多人發現把目光放在公司長遠的價值上，能為他們的人生增添價值。蓋伊·斯皮爾寫了整整一本書，說他接受的價值投資教育，同時也啟發了他、幫助他開發自己的價值。巴菲特與孟格在奧瑪哈舉辦波克夏·海瑟威公司年會時，經常提出如何過好生活的建議，他們憑經驗看出，專心買好公司能幫助人們做出長期下來對生活較有益的選擇。

　　我沒想過自己會這樣愛上投資，它的相關知識給了我掌控人生的力量，彌補了我的不足。比起我的法律工作，我現在好像更愛投資了。

　　我男友住在大海的另一邊，我們兩人的工作都不是很彈性。努諾提議放棄他在歐洲的一切，搬到博得市和我在一起，但我不想逼他千里迢迢搬來陌生的國家，加入我以律師事務所為中心的未來——特別是現在，我已經不確定自己是否想朝那個未來前進了。

　　我想成為真正的投資者，也想專注於我和我爸的播客。我離財務自由的數值還遠得很，但多虧了我們的播客與房市，我發現自己辭去律師工作，專心投資也能取得財務自由。對現在的我來說，這樣就很夠了。

　　如果不能盡情享受人生，活著有什麼用？我沒有小孩，沒有人靠我扶養，所以我沒理由留下來。離開創業界，我當然會很難過，但是比起疲憊又病懨懨的律師，我身為投資者應該能對創業者提供更有效的幫助，以後還有機會重返創業界。我太愛那個世界了，不可能一去不返。最重要的是，我的身體狀況正漸漸好轉，現在我得到充足的休息，不再受困於無法消除的疲勞，過去躁動不安的胃已經靜了下來，頭髮也不再一綹綹脫落。我不用吃藥，不用天天依賴塞滿夾鏈袋的保健食品，也能安然度日了。

　　我漸漸找回自己應有的感覺——堅強、強壯且頭腦專注，樣子越來越接近自己想像中成功的投資者了。

我下定決心。

房市還真是蒸蒸日上，我賣公寓賺了一筆錢，繳清學貸後縱身一躍，辭了律師事務所的工作。踏出如此瘋狂的一步，我感到隱隱的恐懼，但主要還是為未知的未來興奮不已。

我將所有家具存入出租倉庫，帶幾個行李箱搬進我媽在懷俄明州的房子，正式和我媽同住。雖然回到我媽家，我卻感覺自己前進了一步，這就是我心目中的自由，別人怎麼想並不重要。我隨著水流轉彎，順著河水漂流，感受那深深的平靜。

我感到快樂，感到自由。

我到蘇黎世待了幾週，然後隨努諾到里斯本，和他的家人共度耶誕節。努諾爸媽不太會講英語，而我不會說葡萄牙語，我們一面喝葡萄酒一面用葡式英語閒聊，度過愉快的假期。

我開始朝未來看齊，列出能幫助我繼續投資的所有事項。現在，只要我不敢把真錢投入市場，內心驚恐、不安與擔憂時，就會打開代辦事項清單。事實白紙黑字寫在清單上，列出我必須達成的目標，令我安定下來。我說句理所當然的話：我能使用清單，確保自己不遺忘任何重要事項。

投資實踐清單

◯ 願望清單狀態。把願望清單上每一間公司的季度與年度報告排進行事曆，在日曆上設定為單獨的一類，只在檢查進度時點開來看就好。在每間公司網站上設定

追蹤投資者更新資訊，設定接收電郵通知，關注每一間公司提交給證券交易委員會的報告，然後為不同公司設置不個別的篩選器，免得信箱被各種通知塞滿。這和設定行事曆的原理一樣，我想看通知信再看就好，平時不想受它們打擾。

○ 每季重讀我為每間公司寫的故事與翻轉故事，回想自己的初衷，因為我們平常很容易錯過故事的小變化。運用季度財報的新數值，重新計算三種買價。

○ 觀察市場指標──不用天天關注，但還是要注意席勒本益比與巴菲特指標的動向。

○ 多讀一些關於價值投資的書，可以從《窮查理的普通常識》（*Poor Charlie's Almanack*）開始，這是一本厚重的茶几書，收錄了查理叔叔的名言、事蹟與生平故事，非常值得一讀。我認識的某個投資者告訴我，他會把這本書放在容易拿取的位置，動不動就打開來看看有沒有什麼好建議，而且每次都能找到有用的東西。我也想從其他價值投資者身上學習，吸納他們給我們這些投資學徒的忠告。

○ 繼續研究。我決定繼續付錢訂《華爾街日報》，在查資料與看新聞時拿出這份報紙，也透過不同的視角看市場。我會在明年年初評估是否要加訂《巴隆週刊》、《金融時報》或另一份價格不低的研究資料。

　　耶誕日當天，我的家人四散在全球各地，1 週後的元旦才聚集在聖地牙哥過節。投資實踐計畫的第一年結束了，被我們稱作「新年耶誕節」的日子，剛好可以慶祝這 1 年來所有的變化。

　　家族慶祝活動間的小空檔，我和我爸找到一點父女時間，用只屬於我們兩人的語言交談。

　　他注視著我。「今年真的很棒。」

　　我們一同點頭。「之後我們應該不會再這麼常聯絡了，反正妳也不需要我了。」他半開玩笑道。「妳自己一個人也沒問題。」

　　什麼？我心想。「你瘋了嗎？我還得讓你檢查我的進度，偷渡你的想法呢。我們可以繼續打電話開投資會嗎？」

　　他露出微笑。「可以啊。如果我們之間除了投資以外沒得聊，那當然可以聊投資。」

　　我這才聽懂他的意思。「爸，不是啦，我們當然可以聊其他事情，就算只是……單純聊天也沒關係。」

　　「我不想失去我們辛苦建立起來的感情。」

　　「不會的。」我承諾道。「我們繼續維繫感情就好。這是幸福的煩惱。」

　　我為自己的煩惱感激不已。我必須學會相信自己，而我在我爸身上找到的信任，則是額外的贈禮。

　　投資實踐計畫這 1 年結束了，但我的投資計畫和新生活才剛開始呢。

12 月的練習

你成功了——你完成一整年的投資實踐計畫了。花幾分鐘回顧你這 1 年學到的事物，看看自己的人生是否發生了變化。你的煩惱還和從前一樣嗎？制定一份計畫，在未來繼續掌控屬於你自己的投資實踐計畫。

結語

2017 年 6 月，一封通知信告訴我，Amazon 將以每股 42 元的價格收購全食超市。知道我鍾愛那間公司的朋友紛紛傳訊息過來，我爸也撥了通電話恭喜我，我簡直像在過生日。

我選對了！能妨礙全食超市發揮潛力的因素太多了，所以能找到有好使命的好公司、擊出全壘打，感覺就像贏了一場比賽。過去所有頭疼的時刻、用來讀年報的時間、辛苦的調查研究、情緒上的起伏、所有的疑慮——那些全都值得了。

當時是蘇黎世的傍晚，我和努諾繼續隔著大西洋交往了一小段時間，我就答應要嫁給他。我知道在別人眼中，我們的感情進展太快，但我們生活在自己的小世界，卻感到步調太慢了。我們花好幾個月在兩塊大陸上兩個忙碌的家庭之間協調時間，試著在不遠的將來安排婚禮，卻一直沒有成功，最後乾脆放棄婚禮，直接私奔。某個雨天，我們在博得市一間破舊的法官辦公室裡成婚，除了準時到場之外沒別的壓力。我們可以事後和家人同慶，也能將這僅屬我們兩人的日子珍藏在回憶中。

不久後，我和裝滿衣服與家具的貨櫃一起抵達了蘇黎世。以新婚妻子的身分搬到新的國家，本身就存在種種適應上的挑戰，但我享受這樣的挑戰。這還真是嶄新的生活。

　　那天傍晚，我坐在大扶手椅上，不知該如何處置手裡的全食超市股份才好，於是我打了通電話給我爸。

　　「把全食超市賣掉。」我爸告訴我。「立刻賣掉。」

　　此時的股價稍高於 42 元的收購價，我爸希望我掌握時機，在價格下跌前售出。有時併購公司的消息傳出去後，會有新買家出現，提出更高的價格，談成更好的交易。在現在的情況下，我和我爸都認為這種事情不太可能發生，畢竟約翰・麥基明顯只想把自己的寶貝公司賣給 Amazon。

　　我爸說對了，而且事情發生得極快。從收到消息到現在只過了短短數小時，我就得賣出自己深愛的公司？我有種洩氣的感覺。我和這間公司的旅程走到了緊要關頭，我卻要把全食超市當作隨便一家公司，直接賣了它、甩了它？難道它在我心中的份量就如此微不足道？

　　儘管我們的目標是「永不脫手」，賣股票仍舊是投資者無可避免的事情。

　　我深吸一口氣，決定咬牙動手，過程中一點也開心不起來。

　　我填入賣股票的單，因為忘了怎麼賣股票，一些選項只能隨便選。滑鼠游標移到「售出」按鍵上，卻又被我移開，移到比較安全的位置，以免一個不小心點下去，終結了我和我深愛的公司之間的感情。我把游標移回去，然後再次移開，怎麼也無法按下「售出」鍵。這些是我的股份，是我踏入投資世界的第一步，也是我最初的練習。如果把它們賣了，我會不會失去

自己和投資實踐計畫第一年的連結？會不會一把抹去了這一整年的努力？

不會。我提醒自己，沒有人能奪走我的知識或投資技能，而賣股票也是投資的一部分。投資的其他步驟我都練過，現在該練習賣股票了。

下定決心後，我心中的貪婪又想再等一下，看看股價會不會再上漲幾分錢。那是投機買賣。我在腦中聽見我爸的聲音。我們行動的依據不是投機想法，而是自己肯定的事物。好，我已經賺到一些錢了。我按下「售出」鍵。

螢幕顯示：「您已超出下單時限。」等一下，這該不會是某種徵兆吧？糟糕，我是不是該把股份留下來？不行，別胡思亂想了，快把這些該死的股票賣出去。

我再次填入表單，按下「售出」。螢幕顯示訂單「已完成」，我怎麼也移不開視線。一切都結束了。

我一面用 Amazon Prime 影片撫慰分手後傷心難過的自己（是不是有點諷刺？），一面做瑜珈時，努諾回來了。我把自己賣股票的情緒起伏與戲劇性的經過告訴他。「這是因為妳愛上了那間公司。」他微笑著說。他說得沒錯。我知道自己贏了，卻有種失去了什麼的感覺——我失去了初戀，不知道以後還能不能找到新的愛情。我允許自己為我和全食超市的感情哀悼 1 週，然後才動手計算自己賺到多少錢。計入公司給的股息、計算調整後的基本額之後，我拿基本額和售價比較。等一下，我投資的報酬率是 41%……41%！

41%！

不錯的分手禮物。我滿腦子想著自己達標了，41%比我爸心目中的最佳投報率——26%——高很多，想到這裡，我就默默笑得合不攏嘴。這是很好的開始。是時候繼續研究公司、尋找新歡了。我真的愛上了投資，並已經開始朝下一步邁進了。

後記

　　和丹妮爾一同寫書時，我也在看華倫‧巴菲特在奧瑪哈舉辦的年會直播，觀眾對他與查理‧孟格提問，其中一個問題是，他們希望能留給後人什麼東西？巴菲特答道，他希望後人將他視為好老師。

　　華倫‧巴菲特當然是世界富豪之一，剛踏入投資界時只有100元，後來卻憑自己的能力向上爬，成為全世界捐最多錢給慈善團體的人。這麼一號人物，此時卻告訴我們，這所有的成功對他而言都不重要，他比較想教我們如何成功投資、如何成為更好的人。

　　我覺得他選了十分了不起的遺贈物。

　　在我看來，他和查理是近百年最有影響力的老師之二，若以他們在金融界造成的影響來看，這兩人也許是近代最重要的兩位教師。他們成功的長期投資成果，一直是效率市場假說中的異常現象，鼓勵新一代經濟學者推翻假說。他們不僅製造了財富，更重要的是，他們分享了製造財富的知識，讓人將這份技能傳給下一代。我試著教丹妮爾如何製造「世代財富」，不僅希望她得到純粹的金錢，也是希望她能讓價值觀掌控金錢。對我而言，最酷的就是價值觀與金錢之間密不可分的關係，這

使打造財富的策略在丹妮爾心中多了一分意義。

對我而言,此事十分重要。從丹妮爾小時候,我就一直想辦法引起她對投資的興趣。還是嬰兒的她有時會半夜肚子痛,我會抱著她在黑暗中來回踱步,唱〈Ragtime Cowboy Joe〉給她聽。我爸說這首歌有魔力,能讓嬰兒快快入睡,據說我小時候聽到這首歌就會睡著。不得不說,我對我爸的說法抱持疑慮,不過我每次唱歌,丹妮爾都會靜下來,有時她舒舒服服、安安穩穩地躺在我懷裡之後,我會邊踱步邊對她介紹我投資的公司,她一定立刻睡死。

從她生命的最初,丹妮爾和我就十分親近,不過她小時候我和她媽媽離婚,丹妮爾感覺自己被我拋棄了,她對我的信心也蕩然無存。我一直不曉得該如何重建這份信任,不過這本書和我們的播客給了我新的機會,我得到自己從沒奢望的東西:陪伴女兒的第二次機會。她決定相信華倫與查理,就是決定相信我,我希望自己確實充分利用了第二次機會。

能將有潛力創造世代財富的想法傳給下一代,是顛覆遊戲規則的大好機會。莫赫尼什·帕布萊在《下重注的本事:當道投資人的高勝算法則》(*The Dhando Investor*)這本好書中,以帕特爾(Patel)家為例,讓我們知道世代財富可能比實際財富還有價值,因為無論如何都沒人能奪走製造財富的知識。帕特爾家深諳擁有並經營旅館之道,所以在 1960 年代帶少少幾千元與那份知識移民美國時,他們買了間破舊的汽車旅館,從零開始賺錢。短短 50 年後的今天,帕特爾大家族擁有美國 40%

的旅館與汽車旅館，這就是世代財富策略的力量。

　　我很清楚這一點：我已經盡量努力給丹妮爾最好的教育，把我能給的資源都給她，幫助她過她想過的生活。我相信她真的學會第一定律投資策略了，也許學得比我還好呢。學這套方法的最初，我就和查理說的一樣——「事情聽上去如此簡單易懂，他們這學期剩下的時間要學什麼？」但丹妮爾是真的下苦功學習，我認為她的努力為我們所有人創造了學習的深井，至少對我而言是如此。俗話說，想成為某個領域的專家，那就先成為老師。我想在此補充，如果你真的、真的、真的想成為專家，那就想辦法把知識教給你聰明的孩子。

　　華倫與查理做了革命性的創舉，發展出一套任何人都能實踐、任何人都能因此賺大錢的策略。帕特爾家族的世代財富讓家族成員在旅館服務業致富；同樣地，第一定律投資策略能讓你的家族成員投資股票致富。我們這些投資者遵照老祖宗——華倫與查理——的教誨，學到了他們的智慧，因此欠他們深深的感激。欠他們的一切，我永遠還不清，因為他們讓我把女兒找回來了。

　　丹妮爾，我愛妳。

菲爾‧湯恩

投資實踐計畫實用資源

　　你並不孤單。你有一群成功投資者家人，家族歷史可以一路追溯回 1934 年，華倫‧巴菲特的導師——班傑明‧葛拉漢——寫下投資教學書那一年。這 80 多年來，我們的投資策略製造了驚人的財富，世界上許多富豪的錢財都來自葛拉漢發明的方法。因此，你在開啟或延續投資實踐計畫時，有許多資源可供你選用。

　　從我的網站—— danielletown.com ——出發，我在網站上放了個人化的計畫，支援你執行自己的投資實踐計畫。此外，我還提供更多數學方面的幫助、投資密集訓練用的資源、練習買股票的建議、打造投資辦公室的想法、形成投資小團體的建議、讀書清單，還有更多更多新資訊。在你（還有我！）持續執行投資實踐計畫的過程中，網站會提供我們所需的資源。

　　扎實的計畫能幫助我們堅持下去。我發現把每個月的練習都放在同一個地方對我很有幫助，這樣我更能清楚看見自己該做的事項。如果你想有一份屬於自己的每月練習表格，可以寄信到 danielle@danielletown.com，或透過 danielletown.com 送出要求。

　　想每月收到我的免付費時事通訊，包括我從投資實踐計畫

得到的啟發、我感興趣的公司與相關消息，以及我們開發的最新資源，歡迎上 danielletown.com 訂閱時事通訊。

　　想即時了解我在追蹤的公司，還有我的動態，歡迎追蹤我的社群媒體：

Facebook：Danielle Town

Twitter：@danielle_town

LinkedIn：Danielle Town

Instagram：danielletown

　　我也很想和你互動，所以讀完這本書以後，歡迎來我的社群媒體留言或標記我，讓我知道你也將展開自己的投資實踐計畫。

　　我爸的網站──ruleoneinvesting.com/book──也提供許多投資與金融的相關資源，你可以得到其他地方很難找到的資訊，例如他最喜歡哪些投資大師、那些大師現在在買哪些公司，還有一些實用的計算器與基本會計知識。想走捷徑看財報與數值的話，ruleoneinvesting.com/book 的工具箱就有提供。我爸的工具箱能幫助你搜尋公司相關資訊，將所有提交給證券交易委員會的文件放到同一處，幫你計算成長率、護城河與經營數值，還有幫你算定價與估價，甚至會幫計算結果標記不同顏色，讓你輕易看出哪些公司狀況良好。我爸還會定期釋出即時工作坊，你可以上 ruleoneinvesting.com/book 註冊──我有時候也會露臉

喔！

　　包括 iTunes、Google Play 與 SoundCloud 在內，所有播客應用程式都找得到我們的播客——「InvestED: The Rule #1 Podcast」——你也能上 investedpodcast.com 聽播客。我爸就是在播客上教我如何投資，只要聽播客，你也能得到同樣的投資教育。你也會聽到我巴著我爸，要他回答我所有的問題、偶爾說服他改變想法，還有經常惹彼此發笑，也許你能從中得到一些樂趣。有些從第一集聽到最新一集的聽眾告訴我們，他們後來還回去全部重聽了一遍，確保自己完全理解我們說的話。有任何關於播客的問題或留言，歡迎寄信到 questions@investedpodcast.com。

　　期待收到你的消息，希望你能分享自己尋得財務自由與自立自強的精采故事。

　　一起努力！

丹妮爾

附錄

用數值講述出租屋的故事

財務報表	
沒有損益表或資產負債表	
現金流量表	
淨利	$28,000
營業活動現金	$28,000
維護性資本支出	$4,000
成長性資本支出	$0
偏差成長率	3%
業主盈餘	
業主盈餘（「淨利」加「折舊與攤銷」加「淨變動數：應收帳款」加「淨變動數：應付帳款」加「所得稅」加「維護性資本支出」）	$24,000
自由現金流	
自由現金流（「營運活動淨現金」加「購買不動產及設備」加其他維護性與成長性資本支出）	$24,000

用數值講述檸檬汁小攤的故事

財務報表	
損益表	
營收／銷貨收入	$10,000
費用	$8,000
所得稅	$500
淨利（「營收」減「費用」）	$2,000
資產負債表	
資產	$6,000
負債	$1,000
淨值（「資產」減「負債」）	$5,000
現金流量表	
淨利（取自損益表）	$2,000
折舊與攤銷（取自損益表）	$1,000
淨變動數：應收帳款	（$300）
淨變動數：應付帳款	$100
淨現金（營運活動所提供）	$2,800
維護性資本支出（財報不會提供；讀過現金流量表上維護相關的資本支出，加總起來）	（$500）
成長性資本支出（財報不會提供；讀過現金流量表上的資本支出，加總起來）	（$800）

業主盈餘（「淨利」加「折舊與攤銷」加「淨變動數：應收帳款」加「淨變動數：應付帳款」加「所得稅」加「維護性資本支出」）	$2,800
自由現金流（「營運活動淨現金」加「購買不動產及設備」加「其他維護性與成長性資本支出」；財報通常不會提供相關數字，不過檸檬汁小攤這間公司非常細心）	$1,500
護城河：四大成長率	
過去 10 年的淨利成長	18%
過去 10 年的帳面價值／本益比成長	16%
過去 10 年的營收成長	17%
過去 10 年的營運現金成長	18%
偏差成長率	16%
經營數值（目標是 10% 以上）	
股本權益報酬（ROE）	40%
投入資本回報率（ROIC）	33%
長期負債	$1,000
現金流能在 2 年內還清債款嗎？	可以
業主盈餘	
業主盈餘（「淨利」加「折舊與攤銷」加「淨變動數：應收帳款」加「淨變動數：應付帳款」加「所得稅」加「維護性資本支出」）	$2,800

自由現金流	
自由現金流（「營運活動淨現金」加「購買不動產及設備」加「其他維護性與成長性資本支出」）	$1,500
安全邊際數值	
每股盈餘（EPS）	$20
偏差成長率	16%
偏差本益比	22
最低預期回報率	15%

用數值講述全食超市的故事（2015 年）

財務報表	
損益表	
營收／銷貨收入（全食超市也會計入投資收入）	$15,406,000,000
費用	$14,870,000,000
所得稅	$342,000,000
淨利	$536,000,000
資產負債表	
資產	$5,741,000
負債	$1,972,000,000
淨值（「資產」減「負債」）（財報提供）	$3,769,000,000

現金流量表	
淨利	$536,000,000
折舊與攤銷	$439,000,000
淨變動數：應收帳款	（$21,000,000）
淨變動數：應付帳款	$20,000,000
營運活動淨現金／營運現金	$1,129,000,000
維護性資本支出	（$335,000,000）
成長性資本支出（開發新據點的開銷）	（$516,000,000）
總資本支出	$851,000,000
業主盈餘（「淨利」加「折舊與攤銷」加「淨變動數：應收帳款」加「淨變動數：應付帳款」加「所得稅」加「維護性資本支出」）（全食超市和檸檬汁小攤一樣細心，在 2015 年 10-K 報告第 22 頁提供了現金流數值）	$981,000,000
自由現金流（「營運活動淨現金」減「總資本支出」）（2015 年 10-K 報告第 22 頁）	$278,000,000
護城河：四大成長率	
過去 10 年的淨利成長	20%
過去 10 年的帳面價值／本益比成長	10%
過去 10 年的營收成長	10%
過去 10 年的營運現金成長	5%
偏差成長率	14%

經營數值（目標是 10% 以上）	
股本權益報酬（ROE）	15%
投入資本回報率（ROIC）	16%
長期負債	$62,000,000
現金流能在 2 年內還清債款嗎？	可以
業主盈餘	
業主盈餘（「淨利」加「折舊與攤銷」加「淨變動數：應收帳款」加「淨變動數：應付帳款」加「所得稅」加「維護性資本支出」）	$981,000,000
自由現金流	
自由現金流（「淨利」加「折舊與攤銷」減「維護性資本支出」減「成長性資本支出」）	$278,000,000
安全邊際數值	
每股盈餘（EPS）	$1.48
偏差成長率	14%
偏差本益比	28
最低預期回報率	15%

超級投資者與審計紀錄

投資者	和葛拉漢或巴菲特的關係	投資年資	回報率	資料來源
班傑明・葛拉漢	價值投資之父，華倫・巴菲特的導師	25	17%	Investopedia
華特・許羅斯（Walter Schloss）	曾在葛拉漢手下工作	28	21%	巴菲特在哥倫比亞大學的授課內容
湯姆・芮普（Tom Knapp）	葛拉漢的學生	15	20%	巴菲特在哥倫比亞大學的授課內容
華倫・巴菲特	曾在葛拉漢手下工作	13	29%	巴菲特在哥倫比亞大學的授課內容
比爾・魯恩	葛拉漢的學生	13	18%	巴菲特在哥倫比亞大學的授課內容
查理・孟格	巴菲特的生意夥伴	13	20%	巴菲特在哥倫比亞大學的授課內容
利克・桂林	孟格的朋友	19	33%	巴菲特在哥倫比亞大學的授課內容
斯坦・珀爾米特（Stan Perlmeter）	巴菲特的朋友	17	23%	巴菲特在哥倫比亞大學的授課內容
《華盛頓郵報》基金經理人 1 號	巴菲特的學生	5	27%	巴菲特在哥倫比亞大學的授課內容
《華盛頓郵報》基金經理人 2 號	巴菲特的學生	5	29%	巴菲特在哥倫比亞大學的授課內容
《華盛頓郵報》基金經理人 3 號	巴菲特的學生	5	27%	巴菲特在哥倫比亞大學的授課內容

投資者	和葛拉漢或巴菲特的關係	投資年資	回報率	資料來源
《華盛頓郵報》基金經理人 4 號	巴菲特的學生	5	27%	巴菲特在哥倫比亞大學的授課內容
波克夏・海瑟威公司	巴菲特與孟格經營的公司	52	21%	股票複合年均成長率（compound annual growth rate，CAGR）14 到 275k
朱利安・羅伯遜	葛拉漢與巴菲特	20	32%	Investopedia
大衛・安宏	巴菲特	20	17%	Investopedia
史坦利・朱肯米勒（Stanley Druckenmiller）	葛拉漢與巴菲特	20	30%	Investopedia
愛德華・索普（Edward Thorpe）	巴菲特	20	28%	《天才數學家的祕密賭局》（Fortune's Formula）
賽斯・卡拉曼（Seth Klarman）	巴菲特（250 億元資產）	20	21%	https://www.valuewalk.com/2017/09/seth-klarman-cash-return-time-sell/

全食超市的回收期

年份	自由現金流	成長率	明年預計的自由現金流	我投資期間累積的自由現金流	投資回收期買價
0	$278,000,000	14%	$38,920,000	-	-
1	$316,920,000	14%	$44,368,800	$316,920,000	我的 1 年投資回收期買價
2	$361,288,800	14%	$50,580,432	$678,208,800	我的 2 年投資回收期買價
3	$411,869,232	14%	$57,661,692	$1,090,078,032	我的 3 年投資回收期買價
4	$469,530,924	14%	$65,734,329	$1,559,608,956	我的 4 年投資回收期買價
5	$535,265,254	14%	$74,937,136	$2,094,874,210	我的 5 年投資回收期買價
6	$610,202,389	14%	$85,428,335	$2,705,076,600	我的 6 年投資回收期買價
7	$695,630,724	14%	$97,388,301	$3,400,707,324	我的 7 年投資回收期買價
8	$793,019,025	14%	$111,022,664	$4,193,726,349	我的 8 年投資回收期買價

致謝

　　要不是播客聽眾踴躍發問與留言，我們不可能想到要把投資實踐計畫寫成一本書。我們對你們每一個人都心懷感激，謝謝你們和我們互動，並且分享各自的投資方法。同樣地，少了投資大師關於價值投資法的智慧與傳統，我們不可能寫出這本書，我們感謝開拓投資傳統的大師——班傑明·葛拉漢、華倫·巴菲特與查理·孟格——是這些人發展出價值投資法，並透過演講與著作將自己的投資方法分享給其他人，讓我們得以試圖效仿他們。

　　感謝我們能力非凡的出版經紀人——Christy Fletcher 與 Sylvie Greenberg ——她們熟練又溫柔地帶領我們完成出書的每一個步驟，帶我們認識威廉·莫羅／哈潑柯林斯出版社（William Morrow/HarperCollins）出色的團隊。我們有幸和 Matt Harper 編輯與 Alieza Schvimer 副編輯合作，是他們努力提供深具見解的建議，讓這本書變得更好，也讓它成為發自內心的溫馨故事。我們想感謝企劃編輯 Amy Bendell 從一開始就對我們的作品滿懷熱情，這是成功出書的關鍵，以及所向披靡的 Lisa Sharkey 帶領的團隊—— Tavia Kowalchuk、Shelby Meizlik、Lauren Janiec 與 Amelia Wood。

我們深深感謝所有花時間讀原稿並提供意見的親友：
Kamala Nair、David Kienzler、Jessi Trujillo、Brian Hubbard、Katie
Caves Gahr、Sarah Barthelow、Samantha Carney、Chris Collins、Chris
Hazlitt、Alaina Town Bennett、Adam Bennett，以及 Nuno das Neves
Cordeiro。也感謝一路上傾聽我們的聲音並提供建議的親友，
尤其是 Steve Town、Jeff Town、Lianne Childress、Alexis Lawrence、
Ilana Miller、Devin Licata、Lauren Ivison、Megan Rushall、Afra
Moenter 與 Astrid Utrata。也感謝丹妮爾的前同事們，在她離
開博得市時在公事上傾力相助，尤其感謝 Chris Hazlitt、Mark
Weakley、Laurel Durham、Jason Haislmaier、Adam Sher、Sean
Odendahl、Jason Werner、Lorraine Torres、Joan Sherman、John
Gaddis、Carlos Cruz-Abrams、David Kendall、Jennifer Rosenthal、
Matt McKinney、Kyle White 與 Brad Bernthal。

蓋伊・斯皮爾慷慨地借了他家圖書館裡的一塊空間給我
們，在我們需要時允許我們在查理・孟格的裱框相片下做事，
非常感謝他和 Lory Spier 在我們寫書的過程中不斷鼓勵我們。
也感謝 Katharine Sephton 時時面帶笑容，幫助與支持我們。

深深感謝家人在時而艱困、經常情緒化的寫作與修稿過程
中忍受我們，這一路上不停鼓勵我們前進：梅莉莎、努諾、瑪
莉、艾蕾娜、亞當、丹尼爾與亨特。這本書獻給你們。

創新觀點34

投資心智：邁向財務自由的十二則練習，風靡全美的
人生增值術

2020年11月初版　　　　　　　　　　　　　　　　　　　定價：新臺幣400元
2022年3月初版第三刷
有著作權・翻印必究
Printed in Taiwan.

著　　　者	Danielle Town			
	Phil Town			
譯　　　者	朱	崇	旻	
叢書編輯	陳	冠	豪	
校　　　對	吳	美	滿	
內文排版	林	婕	瀅	
封面設計	兒		日	

出　版　者	聯經出版事業股份有限公司	副總編輯	陳 逸 華
地　　　址	新北市汐止區大同路一段369號1樓	總 編 輯	涂 豐 恩
叢書編輯電話	(02)86925588轉5315	總 經 理	陳 芝 宇
台北聯經書房	台 北 市 新 生 南 路 三 段 9 4 號	社　　長	羅 國 俊
電　　　話	(0 2) 2 3 6 2 0 3 0 8	發 行 人	林 載 爵
台中分公司	台中市北區崇德路一段198號		
暨門市電話	(0 4) 2 2 3 1 2 0 2 3		
台中電子信箱	e-mail：linking2@ms42.hinet.net		
郵 政 劃 撥 帳 戶 第 0 1 0 0 5 5 9 - 3 號			
郵 撥 電 話	(0 2) 2 3 6 2 0 3 0 8		
印　刷　者	文聯彩色製版印刷有限公司		
總　經　銷	聯 合 發 行 股 份 有 限 公 司		
發　行　所	新北市新店區寶橋路235巷6弄6號2樓		
電　　　話	(0 2) 2 9 1 7 8 0 2 2		

行政院新聞局出版事業登記證局版臺業字第0130號

本書如有缺頁，破損，倒裝請寄回台北聯經書房更換。　ISBN　978-957-08-5637-8 (平裝)
聯經網址：www.linkingbooks.com.tw
電子信箱：linking@udngroup.com

國家圖書館出版品預行編目資料

投資心智：邁向財務自由的十二則練習，風靡全美的人生
增值術/ Danielle Town、Phil Town 著. 朱崇旻譯. 初版 . 新北市 . 聯經 .
2020 年 11 月 . 416面 . 14.8×21公分（創新觀點 34 ）
ISBN　978-957-08-5637-8（平裝）
[2022年3月初版第三刷]

1.投資　2.投資分析　3.個人理財

563.5　　　　　　　　　　　　　　　　　　　　　109015647